これからの飲食店開業成功のツボ

森 和也

資金の調達
物件の探し方
立地の読み方
内装・設備
仕入れ術

旭屋出版

まえがき

はじめまして、飲食店の開業コンサルタントをやっている森　和也と申します。何だかんだで店舗業界、飲食業界に20年以上携わっています。今年は、個人や中小企業を対象にした飲食店の居抜き物件を専門的に扱う株式会社リバイブを設立してから7年目にあたりますが、それ以前にも約5年間ほど大手チェーン店向けのスケルトン物件を専門的に扱う有限会社店舗開発サービスという会社を経営していました。合間には、東証1部上場企業子会社の年商40億円のレストランチェーンの代表を務めたり、自社でも焼き鳥、イタリアン、カフェバー等の経営も行ってきました。

これまで規模を問わず数多くの開業者の成功や失敗を見てきましたし、私自身も飲食店での成功や失敗を数多く繰り返してきた経験から、これから新たに飲食店を出店する人がリスクを最小限に抑えて開業するためには、あるいは将来的なリスクをきちんと想定した上で飲食店を経営していくためには、「はじめが肝心」で、まずは絶対的な知識・情報不足を補う必要があると思うに至りました。失敗する時は失敗するべくして失敗していますし、成功する時は成功するべくして成功しているケースが多いからです。はじめのプランニングの時点で将来の成果が見えているといっても過言ではありません。

飲食店って、難しく考えなくても自分にもなんとなくできそうな気がしますよね。「最悪でも食っていければいいや」とか考えてスタートしますよね。まあ、店出すのは簡単です。ある程度のお金さえあれば誰でもできます。20代、30代の若いうちなら、プランニングが粗削りで多少ピントがずれていても、ガムシャラにやっていれば（あまり儲からなくても）何とか1店舗ぐらいは経営できたりします。

ですが、40代、50代になってくると体力勝負の飲食店の現場にずっと立ち続けるのは非常にキツイものです。私の実感からもそうですし、弊社にも40代後半〜50代の経営者の方から「ぎりぎり経営を長年続けてきだけど精神的に疲れ果てたので閉店したい」というご相談や、「足腰の痛みに耐えながら現場に立ち続けてきたけれど、医者からドクターストップの宣告を受けたのでもう閉店したい」というご相談がかなり多く寄せられます。ですから、飲食店を開業するなら、体力のある若いうちだけでなく、10年後、20年後、自分の体力が衰えてからのことも視野にいれておかなければなりません。

ですから、この本ではいわゆる「飲食店のオヤジ」になることをゴール（成功）とするのではなく、儲かる1店舗目を経営しながら人を育てて、3店舗、5店舗、それ以上と複数店舗を経営し、なるべく経営者自らが現場には立たなくても店が回る「複数飲食店のオーナー経営者」になるということをゴール（成功）として設定し、そのためにはどのように開業し、経営すべきかという視点でお話させて頂きたいと思います。

飲食店を開業・経営するのには、色んな知識や経験が必要ですが、これらはそれぞれ単独のものでなくて、複合的に絡み合っていて、バランスよく理解してないといけません。そして、それぞれには絶対にはずせない「ツボ」があります。この「ツボ」をおさえないまま、イチかバチかの勝負だと意気込んで開業しているケースをよく見かけますが、1店舗目がうまくいくかどうかも非常にリスキーですし、たとえ1店舗目はたまたまうまくいっても2店舗目、3店舗目で行き詰まったりしています。

本書では、10章に分けて重要なポイントを、私のこれまでの知識と経験を基に、それぞれを「ツボ」としてまとめました。なかには、業界のブラックボックスになっていて業界の外にいる方には分かりにくいことや、これまでタブーやグレーゾーンになっていてほとんど語られてこなかったこと、コンサルタント自身の知識・経験不足から詳細に語られてこなかったことなども、出来る限りありのままの実態を私の実体験も交えながら書かせて頂いた部分もあります。ぜひ本書をお読み頂いて、それぞれの「ツボ」をおさえて、儲かる飲食店の開業に役立てて頂ければと思います。

2020年1月　森　和也

目次 CONTENTS

1 飲食店を開業するなら、まず知っておきたい！ 外食産業の市場分析……9

1-1 外食消費の主役人口は減っていく……10
1-2 飲食店の市場規模は縮小していない！……12
1-3 居酒屋業態は苦戦が続く？……14
1-4 小規模飲食店には厳しい時代……17
1-5 1店舗あたりの売上高は増えている？……19
1-6 開業して10年続く店は1割？廃業率のウソ、ホント……20

2 競争に打ち勝つ！ 業態開発のツボ……21

2-1 レッドオーシャン戦略とブルーオーシャン戦略……22
2-2 30%以上「ちょっと上」戦略……24
2-3 「専門店化」戦略で、地域一番店を目指そう！……26
2-4 6W2Hの視点で繁盛店をベンチマーキングしよう！……28
2-5 飲食店の3要素と値決め……30
2-6 F+L+R比率65%以内に抑えよう！……32
2-7 投資回収は6ヵ月以内（ROI=200%）を目標にしよう！……35
2-8 コト消費からイミ消費、トキ消費へ……37

3 調理の技術があっても知っておきたい 仕入れとメニュー開発のツボ……39

3-1 大手の弱点をつくメニュー開発をしよう！……40
3-2 人気食材から発想してメニュー開発しよう！……42
3-3 五感を意識してメニュー開発しよう！……43

3-4　一番食べられているものは？……45
3-5　予算感を裏切らないセットメニューを作ろう！……46
3-6　仕入れ食材を絞り込もう！……48
3-7　誰でもできるようにレシピ化・マニュアル化しよう！……49
3-8　メイン問屋とサブ問屋を上手く使い分けよう！……52
3-9　チェーン店仕入れの幻想と現実……54
3-10　ビールは一次卸から仕入れよう！……59

4　絶対に押さえておきたい！
店舗物件探しのツボ……61

4-1　店舗物件流通の仕組みは、こうなっている！……62
4-2　企画料？広告料？不動産屋の手数料のヒミツ……66
4-3　掘り出し物はここにある！本当にインターネットに良い物件はない？……69
4-4　ナイナイの物件とは？……73
4-5　個人の飲食店新規開業者は嫌われる？……75
4-6　不動産業者を訪問する前に必ずやっておくこと……78
4-7　不動産業者訪問時のポイントと即レスの重要性……81
4-8　サブリース業者の物件取引の実態はこうなっている！……85
4-9　一番手申し込みは本当に有利か？家主に印象づけるには？……88
4-10　造作譲渡価格の相場は？……90
4-11　居抜き物件は撤退理由が大事なポイント……92
4-12　資金の無い人ほどスケルトン物件での出店を考えてみよう！……93
4-13　連帯保証人と家賃保証会社の微妙な関係……95
4-14　事業用定期借家契約の落とし穴……97
4-15　家主の与信状況は大丈夫？……99
4-16　飲食店営業許可証と深夜営業……101
4-17　防火対象物と防火管理者……103

5 知っていれば安心！ 店舗設備と内装工事のツボ……105

5-1 ガス設備のチェックポイントはここだ！……106
5-2 電気設備のチェックポイントはここだ！……108
5-3 給排水設備のチェックポイントはここだ！……112
5-4 給排気設備・エアコンのチェックポイントはここだ！……114
5-5 工事区分を確認しよう！……117
5-6 保健所チェックのポイント……119
5-7 中古厨房機器は買いか？どのぐらい持つの？……123
5-8 平面図を書いて具体的な営業イメージを持とう！……125
5-9 激セマ店舗の落とし穴……127
5-10 積極的にDIYしよう……129
5-11 内装業者の選び方……132
5-12 相見積もりの取り方と見積もり書のチェックポイント……134
5-13 内装工事金額の目安……136
5-14 使いまわしの利く設備と要注意設備……138

6 開業前にきちんと、しっかり判断したい 立地診断と売上予測のツボ……141

6-1 足切り基準で物件を絞り込もう！……142
6-2 都市型物件の動線調査……145
6-3 都市型物件の駅からの距離調査……147
6-4 都市型物件の視界性調査……148
6-5 都市型物件の階数調査……151
6-6 都市型物件の店舗間口調査……152
6-7 都市型物件の店前歩行者通行量調査……153
6-8 都市型物件の駅乗降客数調査……155

6-9 郊外型物件の動線調査……157
6-10 郊外型物件の大型商業施設からの距離調査……159
6-11 郊外型物件の視界性調査……161
6-12 郊外型物件の敷地間口と駐車場調査…163
6-13 郊外型物件の店前自動車交通量調査……165
6-14 郊外型物件の大型商業施設店舗面積調査……167
6-15 仮想サンプル店舗を見つけよう！……169
6-16 実際に売上予測をしてみよう！……172
6-17 コバンザメ出店戦略と競合店の考え方…175
6-18 積極的に地方を狙ってみよう！……177

7 目指せ！ 多店舗展開 店舗運営のツボ……183

7-1 サイレントオープンのすすめ……184
7-2 徹底的に現場を熟知しよう！……186
7-3 「利益のピラミッド」を頭に入れよう！……188
7-4 環境整備（5S）が全ての土台……190
7-5 スタッフィングは規定時間に基づいて行おう！……192
7-6 スタッフを多部署化しよう！……194
7-7 理論原価と実際原価を把握しよう！……196
6-8 ABC分析と落とし穴……198
7-9 マニュアルはスタッフのために作ろう！……200
7-10 スタッフに自分の考え方、ビジョンを語ろう！……202
7-11 不正をさせない仕組みを考えよう！……204
7-12 お客様との会話が一番の販促！……206
7-13 媒体販促の鉄則は売れているところをさらに伸ばす！……208
7-14 積極的に新たな知識や外部の情報をインプットしよう！……210

8 意外に知らない基本の「キ」
資金調達のツボ……213

8-1 開業資金の目安を知ろう！……214
8-2 初めての資金調達はここへ行こう！……217
8-3 公庫審査を早める裏ワザ？……220
8-4 事業計画書と損益分岐点（CVP）分析……222
8-5 厨房設備はリースにすべきか？……224

9 飲食店開業の、もう一つの手段
フランチャイズ（FC）加盟のツボ……227

9-1 フランチャイズ（FC）契約とは何ぞや？……228
9-2 FC加盟の連帯保証人に注意！……231
9-3 パッケージライセンス契約とは？……233
9-4 4つの指標で絞り込もう！……235
9-5 撤退店ゼロのマジックを見破る……237
9-6 売上予測の提示の有無と精度を確認しよう！……239
9-7 業績の悪い加盟店にこそ話を聞いてみよう！……240
9-8 同業他店でアルバイトしてみよう！……242

10 そして、このことも知っておきたい
上手な「閉店」のツボ……245

10-1 その解約予告はちょっと待った！……246
10-2 動産屋を活用しよう！……248
10-3 撤退のボーダーライン決めと実験店舗……250

1

飲食店を開業するなら、まず知っておきたい！

外食産業の市場分析

1-1　外食消費の主役人口は減っていく
1-2　飲食店の市場規模は縮小していない！
1-3　居酒屋業態は苦戦が続く？
1-4　小規模飲食店には厳しい時代
1-5　1店舗あたりの売上高は増えている？
1-6　開業して10年続く店は1割？廃業率のウソ、ホント

1-1 飲食店を開業するなら、まず知っておきたい！

外食消費の主役人口は減っていく

まずは、これから皆さんが参入する外食産業市場について、現在はどのような状況で、これからどうなっていくことが予測されるのかを一緒に見ていきましょう。

下の表は、「国立社会保障・人口問題研究所」の「将来推計人口（出生中位・死亡中位）」を抜粋、加工したもので、これまで外食消費の主役といわれてきた18歳〜34歳の世代は、2015年を基準とすると今後10年で約10％減るという予測が出ています。今後20年では、約17％減る予測です。今後10年で約10％減るということは、**毎年およそ1％ずつ減っていく**ということです。

外食消費の準主役といえる35歳〜59歳も減り続け、**増えるのは60歳以上だけ**です。都市部への若者の人口集中を考慮すると、地方ではもっと影響が顕著に現れると予測されます。

将来推計人口

年次	人口（1,000人）					2015年を基準とした増減率				
	総数	0〜18歳	18〜34歳	35〜59歳	60歳以上	総数	0〜18歳	18〜34歳	35〜59歳	60歳以上
2015年	127,095	19,568	22,451	42,655	42,420					
2020年	125,325	18,374	21,224	42,116	43,611	98.6%	93.9%	94.5%	98.7%	102.8%
2025年	122,544	17,270	20,347	40,437	44,489	96.4%	88.3%	90.6%	94.8%	104.9%
2030年	119,125	16,166	19,657	37,778	45,524	93.7%	82.6%	87.6%	88.6%	107.3%
2035年	115,216	15,245	18,562	34,237	47,172	90.7%	77.9%	82.7%	80.3%	111.2%
2040年	110,919	14,504	17,489	31,739	47,186	87.3%	74.1%	77.9%	74.4%	111.2%
2045年	106,421	13,866	16,378	29,974	46,203	83.7%	70.9%	72.9%	70.3%	108.9%

国立社会保障・人口問題研究所「将来推計人口」（2017年推計）より抜粋して加工。
（死亡中位、出生中位）

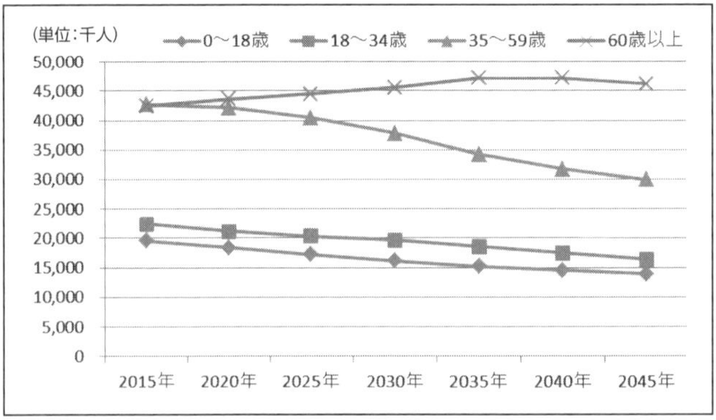

同時に「公益財団法人　食の安心・安全財団」が公表している「外食率と食の外部化率」のデータも見ておきましょう。

外食率と食の外部化率の推移

（億円）

	1990年	1995年	2000年	2005年	2010年	2015年	2016年	2017年
食料・非アルコール飲料(1)	382,907	420,108	394,337	380,542	401,105	450,207	453,984	453,836
アルコール飲料・たばこ(2)	76,759	85,440	90,434	82,040	68,372	68,210	68,628	67,053
食料・飲料・煙草(3)=(1)+(2)	459,666	505,548	484,771	462,582	469,477	518,417	522,612	520,889
たばこ販売額(4)	35,951	40,788	40,793	39,694	34,991	39,051	37,519	32,880
家計の食料飲料支出額(5)=(3)-(4)	423,715	464,760	443,978	422,888	434,486	479,366	485,093	488,009
外食市場規模(6)	256,760	278,666	269,925	243,903	234,887	254,078	254,553	256,804
広義の外食市場規模(7)	280,169	310,100	319,804	299,061	291,780	320,131	324,628	328,430
全国の食料・飲料支出額(8)=(5)+(6)	680,475	743,426	713,903	666,791	669,373	733,444	739,646	744,813
								（%）
外食率(6)/(8)	37.7	37.5	37.8	36.6	35.1	34.6	34.4	34.5
食の外部化率(7)/(8)	41.2	41.7	44.8	44.9	43.6	43.6	43.9	44.1

公益財団法人　食の安心・安全財団「外食率と食の外部化率の推移」より抜粋して加工。

資料①（1）（2）は内閣府「国民経済計算」の推計による（各自暦年、名目）
②（4）は日本たばこ協会調べによる煙草販売実績（定価代金）であり輸入品を含む
③（6）、（7）は日本フードサービス協会の推計による（企業の外食支出を含む）。平成28年、29年の数値は令和元年7月時点の推計値である。

注①平成28～29年の（6）（7）を修正したため、本資料も反映している（令和元年7月現在）。
②（4）たばこ販売額については、従来年度資料しか公表されていなかったが、19年以降、四半期の資料が利用可能となったため、19年以降は暦年データに修正している。
③（7）は料理品小売業市場規模（弁当給食分を除く）に外食産業市場規模を加算した。
④（8）の食品・飲料支出額には企業の食品・飲料支出を含まない。
⑤「家計の最終消費支出」のうちの外食支出は「11．外食・宿泊」に含まれるが、外食部分だけの実績は公表されていない。
⑥国民経済計算（1）（2）は、平成29年データ公表時に（平成30年12月）、平成27年、28年の数値について、修正されているため、本資料も反映している。

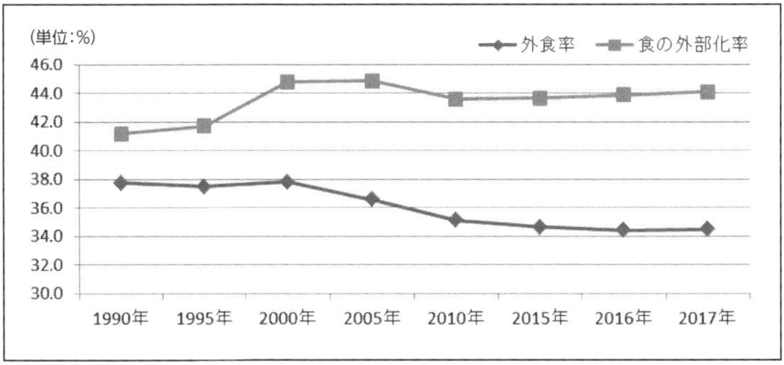

食の外部化率とは、国民がどれだけ家庭内で調理せずに外食や中食に依存したかを表す数値で、外食率は、ゆるやかに減少している反面、食の外部化率はゆるやかに増加しており、いわゆる**「中食」の存在感が強まっている**ことが見て取れます。

飲食店の市場規模は縮小していない！

次に、下の表は、「公益財団法人　食の安心・安全財団」が公表している「外食産業市場規模推移」を抜粋、加工したもので、「外食産業計①」を見ると、1995年ピークに2018年は－20,974億円（－7.5％）も減少しているので、ここだけを見ると年々市場は縮小しています。

ですが、「外食産業計①」は、「集団給食」や「宿泊施設」「機内食」「料亭・バー」も含まれていますから、本書を読んでいる皆さんに直接関係性の強い項目の「飲食店」と、「喫茶店」、「居酒屋・ビヤホール等」を中心によく精査してみる必要があります。

外食産業市場規模推移

	実数（億円）						
	平成 2年 (1990)	平成 7年 (1995)	平成12年 (2000)	平成17年 (2005)	平成18年 (2006)	平成19年 (2007)	平成20年 (2008)
外食産業計①	256,760	278,666	269,925	243,903	245,523	245,908	245,068
給食主体部門	192,171	212,054	209,745	191,664	192,511	195,044	195,191
営業給食	157,662	173,100	171,433	155,313	158,016	161,135	161,634
飲食店	109,462	122,753	129,241	121,565	124,083	127,510	128,435
食堂・レストラン	77,517	88,129	92,120	86,254	88,313	90,141	90,800
そば・うどん店	9,133	9,847	11,089	10,657	10,633	10,834	10,720
すし店	14,436	15,138	14,335	12,915	13,061	13,716	13,673
その他飲食店	8,376	9,639	11,697	11,739	12,076	12,819	13,242
機内食等	2,122	2,494	2,563	2,539	2,530	2,514	2,542
宿泊施設	46,078	47,853	39,629	31,209	31,403	31,111	30,657
集団給食	34,509	38,954	38,312	36,351	34,495	33,909	33,557
学校	5,203	5,017	4,853	4,711	4,801	4,813	4,897
事業所	18,601	21,358	21,192	19,341	18,862	18,197	17,809
社員食堂等給食	12,443	14,466	14,477	13,443	13,049	12,609	12,345
弁当給食	6,158	6,892	6,715	5,898	5,813	5,588	5,464
病院	9,080	10,801	10,029	9,807	8,229	8,206	8,152
保育所給食	1,625	1,778	2,238	2,492	2,603	2,693	2,699
料飲主体部門	64,589	66,612	60,181	52,239	53,012	50,864	49,877
喫茶・居酒屋等	28,313	27,623	25,047	21,975	21,989	21,225	20,964
喫茶店	15,244	13,577	12,396	11,074	11,019	10,593	10,359
居酒屋・ビヤホール等	13,069	14,046	12,651	10,901	10,970	10,632	10,605
料亭・バー等	36,276	38,989	35,134	30,264	31,023	29,639	28,913
料亭	4,336	4,660	4,198	3,617	3,708	3,543	3,456
バー・キャバレー・ナイトクラブ	31,940	34,329	30,936	26,647	27,315	26,096	25,457
料理品小売業	29,567	38,326	56,593	61,056	61,860	62,169	60,777
弁当給食を除く	23,409	31,434	49,878	55,158	56,047	56,581	55,313
弁当給食（再掲）	6,158	6,892	6,715	5,898	5,813	5,588	5,464
外食産業（料理品小売業を含む）	280,169	310,100	319,804	299,061	301,570	302,489	300,381

すると、意外な事実が見て取れます。1995年と2018年を比較すると、「飲食店」は＋20,582億円（＋16.8％）増えています。**「飲食店」の市場規模は全然縮小していない**のです。

次に、「居酒屋・ビアホール等」を見てみると、1995年/2018年では－3857億円（－27.5％）減少しています。1990年のバブル崩壊後、1995年に遅れてピークを迎え、その後の市場は縮小傾向です。しかし、代わりに、「その他の飲食店」が3649億円（＋37.9％）も伸びています。これは**居酒屋の撤退が進んだ代わりに焼肉店などの業態に専門店化がすすんだ**という見方もできます。さらに、「喫茶店」は1995年/2018年では－1932億円（－14.2％）減少しています。大手チェーンも増えているのを目にしますが、ファストフードやコンビニなどに市場を奪われているという見方ができます。

（億円）

平成21年 (2009)	平成22年 (2010)	平成23年 (2011)	平成24年 (2012)	平成25年 (2013)	平成26年 (2014)	平成27年 (2015)	平成28年 (2016)	平成29年 (2017)	平成30年 (2018)
236,599	234,887	228,282	232,217	240,099	246,148	254,078	254,553	256,804	257,692
189,038	187,555	181,261	185,698	191,154	195,493	202,598	204,320	207,297	207,926
156,151	154,347	148,317	152,583	158,284	162,172	168,893	170,664	173,448	174,223
126,079	124,946	122,230	124,683	129,088	132,204	136,247	139,464	142,579	143,335
88,513	87,774	85,462	88,158	91,150	94,348	97,923	99,325	101,422	101,509
10,667	10,785	10,637	10,717	11,506	11,696	12,373	12,499	12,875	13,041
13,452	12,863	12,847	12,753	13,551	13,916	14,386	15,187	15,308	15,497
13,447	13,524	13,284	13,055	12,881	12,244	11,565	12,453	12,974	13,288
2,469	2,522	2,366	2,440	2,496	2,558	2,667	2,672	2,696	2,696
27,603	26,879	23,721	25,460	26,700	27,410	29,979	28,528	28,173	28,192
32,887	33,208	32,944	33,115	32,870	33,321	33,705	33,656	33,849	33,703
4,982	4,969	4,712	4,905	4,919	4,968	4,982	4,899	4,882	4,883
17,006	17,169	17,164	17,158	16,878	17,210	17,463	17,495	17,527	17,335
11,830	11,978	11,968	11,977	11,747	11,953	12,132	12,126	12,113	11,925
5,176	5,191	5,196	5,181	5,131	5,257	5,331	5,369	5,414	5,410
8,161	8,297	8,231	8,130	8,082	8,021	8,014	7,917	8,012	7,988
2,738	2,773	2,837	2,922	2,991	3,122	3,246	3,345	3,428	3,497
47,561	47,332	47,021	46,519	48,945	50,655	51,480	50,233	49,507	49,766
20,163	20,213	20,110	19,977	20,798	21,301	21,937	21,518	21,579	21,834
10,045	10,189	10,182	10,197	10,611	10,921	11,285	11,256	11,459	11,645
10,118	10,024	9,928	9,780	10,187	10,380	10,652	10,262	10,120	10,189
27,398	27,119	26,911	26,542	28,147	29,354	29,543	28,715	27,928	27,932
3,275	3,242	3,217	3,173	3,364	3,509	3,531	3,432	3,338	3,338
24,123	23,877	23,694	23,369	24,783	25,845	26,012	25,283	24,590	24,594
60,858	62,084	62,979	64,648	64,934	67,725	71,384	75,444	77,040	78,647
55,682	56,893	57,783	59,467	59,803	62,468	66,053	70,075	71,626	73,237
5,176	5,191	5,196	5,181	5,131	5,257	5,331	5,369	5,414	5,410
292,281	291,780	286,065	291,684	299,902	308,616	320,131	324,628	328,430	330,929

公益財団法人　食の安心・安全財団「外食産業市場規模推移」より抜粋して加工。

居酒屋業態は苦戦が続く？

居酒屋業態が苦戦しているデータは他にもあります。下の表は、「社団法人日本フードサービス協会（ＪＦ））の「外食産業動向調査」を抜粋・加工したものです。

2008年までは業態によるバラツキは多少ありますが、概ねどの業態も既存店（開業後13か月経過店舗）が売上前年比100％を超えるのが難しく、新店の出店によって既存店のマイナス分を穴埋めして、ようやく全店前年比で100％超えを達成していました。

2009年以降は既存店の売上前年比データが公表されなくなったので全店の売上前年比データからの推測になりますが、**「パブレストラン/居酒屋」の全店前年比が5年連続前年比を割り込んでいる**ことから、既存店も新店もかなりの苦戦を強いられていることが予測されます。

大手企業の全店売上高と既存店売上高の推移

全店	全体	ファストフード	ファミリーレストラン	パブレストラン／居酒屋	ディナーレストラン	喫茶	その他
1994年	105.7%	103.9%	108.3%	106.0%	103.4%	109.8%	105.6%
1998年	102.4%	99.9%	104.2%	104.0%	98.7%	112.0%	98.9%
2002年	101.7%	101.1%	101.8%	100.6%	98.4%	110.5%	100.5%
2006年	102.8%	104.0%	100.0%	109.2%	102.9%	102.4%	103.2%
2007年	104.1%	107.5%	100.0%	103.9%	105.5%	104.2%	104.0%
2008年	101.3%	103.7%	98.4%	100.0%	98.9%	102.8%	103.1%
2010年	100.5%	102.1%	99.3%	97.2%	98.7%	99.8%	95.5%
2012年	101.6%	101.1%	102.7%	99.5%	105.3%	102.2%	103.7%
2014年	99.8%	97.9%	103.2%	95.0%	104.0%	100.1%	106.3%
2016年	102.8%	106.0%	100.4%	92.8%	104.3%	101.2%	103.4%
2018年	102.3%	103.3%	101.3%	98.5%	103.2%	100.8%	103.3%
既存店	全体	ファストフード	ファミリーレストラン	パブレストラン／居酒屋	ディナーレストラン	喫茶	その他
1994年	98.6%	97.2%	99.9%	98.9%	97.7%	101.2%	—
1998年	95.9%	96.7%	95.4%	96.0%	94.2%	99.1%	—
2002年	94.4%	95.2%	94.3%	91.1%	94.4%	98.0%	—
2006年	100.1%	101.8%	98.6%	96.7%	100.5%	101.5%	—
2007年	101.1%	105.6%	97.4%	96.6%	98.9%	101.4%	—
2008年	99.2%	101.3%	96.7%	98.4%	96.6%	100.2%	—

社団法人日本フードサービス協会「外食産業動向調査」より抜粋して加工。

2009年以降は既存店売上高のデータは非公表となった。

ただし、データを公表している大手企業の業績を見ると、大量出店によるマスコミ露出のリバウンドの影響のない企業では、売上高の前年比が既存店ベースでも、全店ベースでも回復基調にある企業もあります。

「鳥貴族」の売上高前年比率推移と店舗数推移

（各年度7月末決算期）

	2016年	2017年	2018年	2019年
全店前年比（%）	132.5	120.8	116.2	105.7
既存店前年比（%）	107.6	100.4	96.3	94.8
期末店舗数	492	567	665	659

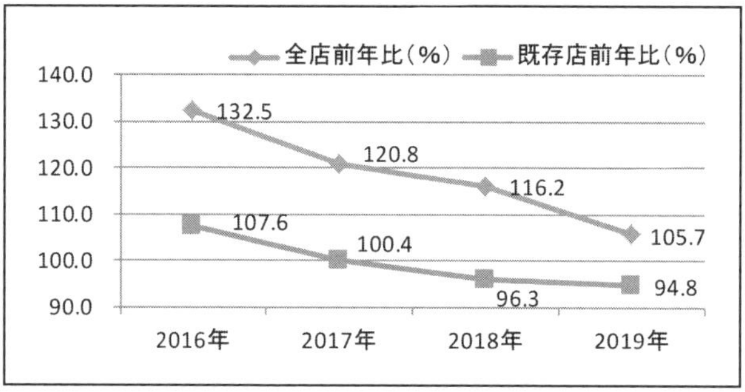

「エー・ピーカンパニー」の売上高前年比推移と店舗数推移

（各年度3月末決算期）

	2013年	2014年	2015年	2016年	2017年	2018年	2019年
全店前年比（%）	140.8	141.1	120.2	110.7	111.4	96.8	93.5
既存店前年比（%）	101.1	100.6	95.0	93.4	94.3	92.6	92.9
期末店舗数	94	128	148	181	193	198	200

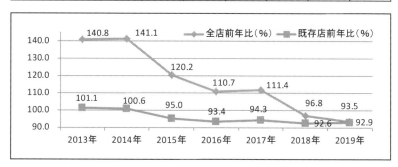

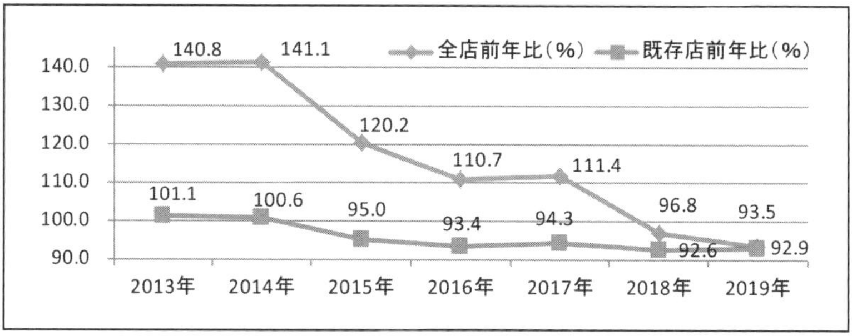

大手企業の業績

2018年1月～2018年12月

FF	マクドナルド
全店前年比	106.9%
既存店前年比	106.9%

2018年1月～2018年12月

FR	すかいらーく
全店前年比	103.5%
既存店前年比	100.4%

2018年4月～2019年3月

居酒屋	エー・ピーカンパニー
全店前年比	93.5%
既存店前年比	92.9%

2018年4月～2019年3月

FF	モスバーガー ※
全店前年比	92.8%
既存店前年比	92.5%

※食中毒事件あり

2018年7月～2019年6月

FR	ジョイフル
全店前年比	97.4%
既存店前年比	98.0%

2018年6月～2019年7月

居酒屋	鳥貴族
全店前年比	105.7%
既存店前年比	94.8%

2018年3月～2019年2月

喫茶	ドトールコーヒー
全店前年比	99.1%
既存店前年比	99.2%

2018年9月～2019年8月

FR	サイゼリヤ
全店前年比	99.4%
既存店前年比	98.4%

2018年4月～2019年3月

ラーメン	餃子の王将
全店前年比	104.7%
既存店前年比	102.3%

2018年3月～2019年2月

喫茶	コメダ珈琲
全店前年比	113.4%
既存店前年比	106.4%

2018年1月～2018年12月

居酒屋	ワタミ
全店前年比	101.6%
既存店前年比	101.4%

2018年4月～2019年3月

ラーメン	幸楽苑
全店前年比	105.0%
既存店前年比	101.5%

2018年3月～2019年2月

FF	吉野家
全店前年比	103.7%
既存店前年比	100.8%

2018年1月～2018年12月

居酒屋	WDI
全店前年比	105.2%
既存店前年比	101.1%

2018年3月～2019年2月

ラーメン	日高屋
全店前年比	103.1%
既存店前年比	100.7%

2018年3月～2019年2月

FF	すき家
全店前年比	102.7%
既存店前年比	103.3%

2018年1月～2018年12月

居酒屋	グローバルダイニング
全店前年比	101.0%
既存店前年比	101.3%

2018年8月～2018年9月

回転ずし	スシロー
全店前年比	111.5%
既存店前年比	104.4%

2018年4月～2019年3月

回転ずし	かっぱ寿司
全店前年比	97.3%
既存店前年比	100.1%

2017年11月～2018年10月

回転ずし	くら寿司
全店前年比	105.2%
既存店前年比	100.7%

2018年4月～2019年3月

日本料理	うかい
全店前年比	105.1%
既存店前年比	98.7%

2018年4月～2019年3月

焼肉	牛角
全店前年比	104.5%
既存店前年比	99.0%

1-4 飲食店を開業するなら、まず知っておきたい！

小規模飲食店には厳しい時代

飲食店の市場規模が大きくなっているということは店舗数が増えたのでしょうか？

下の表は、総務省統計局の「事業所・企業統計調査」と「経済センサス」からデータを抜粋・加工したものです。事業所・企業統計調査と経済センサスは調査手法が異なるため、連続したデータとして取り扱うことはできませんが、どちらも全体の事業所数（店舗数）としては、調査を重ねる度に減少しています。つまり、**飲食店の数は増えていない**と言って良いでしょう。

従業者規模別飲食店の推移1

	1999年	2001年	増減	2004年	増減	2006年	増減
総数	607,112	608,855	100.3%	575,631	94.5%	571,895	99.4%
1～4人	416,074	403,940	97.1%	376,668	93.2%	369,517	98.1%
5 ～9人	108,616	113,387	104.4%	106,855	94.2%	104,083	97.4%
10 ～19人	49,828	54,136	108.6%	55,660	102.8%	58,317	104.8%
20 ～29人	16,238	19,305	118.9%	20,548	106.4%	22,457	109.3%
30 ～49人	12,079	14,181	117.4%	12,834	90.5%	13,990	109.0%
50 人以上	4,277	3,788	88.6%	2,944	77.7%	3,415	116.0%
派遣・下請従業者のみ	0	118	—	122	103.4%	116	95.1%

総務省統計局「事業所・企業統計調査」のデータを加工して作成

1999年、2001年飲食店店舗数＝「60一般飲食店」＋「61その他の飲食店」-「612バー、キャバレー、ナイトクラブ」

2004年、2006年飲食店店舗数＝「70一般飲食店」＋「71その他の飲食店」-「712バー、キャバレー、ナイトクラブ」

従業者規模別飲食店の推移2

	2009年	2012年	増減	2014年	増減	2016年	増減
総数	673,385	506,822	75.3%	514,064	101.4%	492,649	95.8%
1～4人	427,088	297,129	69.6%	301,090	101.3%	281,567	93.5%
5～9人	127,414	101,570	79.7%	101,670	100.1%	98,112	96.5%
10～19人	68,940	62,949	91.3%	64,170	101.9%	64,773	100.9%
20～29人	27,464	26,200	95.4%	26,439	100.9%	27,036	102.3%
30～49人	16,118	13,492	83.7%	14,495	107.4%	15,144	104.5%
50人以上	5,903	5,482	92.9%	5,626	102.6%	5,224	92.9%
出向・派遣従業者のみ	458	—	—	574	—	793	138.2%

総務省統計局「経済センサス」のデータを加工して作成

飲食店数＝「76飲食店」－「760管理，補助的経済活動を行う事業所」－「766バー，キャバレー，ナイトクラブ」

もう少し細かく見ると、2012年と2014年の東日本大震災の影響が色濃いデータを除けば、とくに従業者数９人以下の小規模店は減少傾向で10〜49人以下の中規模店舗は、おおむね横ばいか増加傾向にあると言って良いでしょう。また、従業者数50人以上の大型店舗は1999年/2006年と2009年/2014年を見ると、大幅に減少しています。

つまり、**規模の小さな個人店が中規模店舗にシェアを奪われていっている**、と同時に、いわゆる**大箱の店舗も時代に合わなくなり閉店している**と見て取ることができます。また、小規模飲食店の閉店は、とくに売上不振によるものだけでなく、2000年代前半からは団塊世代の個人経営の飲食店主が60歳〜70歳を迎え、高齢化によるリタイアしたことの影響も個人店の減少を後押ししている理由として推測されます。

飲食店の規模別の店舗の傾向

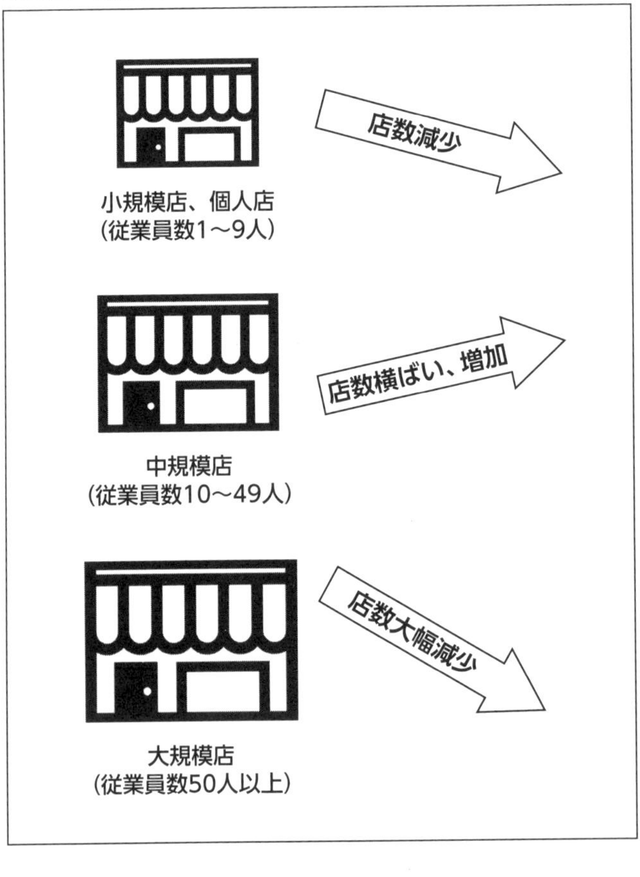

1-5 飲食店を開業するなら、まず知っておきたい！

1店舗あたりの売上高は増えている？

これまで見てきたように、飲食店の市場規模が拡大していて、店舗数が減少しているということは、1店舗あたりの売上高が増えているのでしょうか？データを検証してみると、やはり**増えています**。ですがこれは、先項でも見たように、大型店が増えているわけではなく、小規模店舗が減少し、中規模店舗が増加した結果とみることができます。

外食産業市場規模の推移

	1996年	1999年	2001年	2004年	2006年	2009年	2012年	2014年	2016年
一般飲食店、遊興飲食店【①】	836,356	804,957	794,748	737,372	724,295	673,385	610,782	619,629	566,571
バー、キャバレー、ナイトクラブ【②】	218,917	197,845	185,893	161,741	152,400	126,866	102,003	103,439	74,461
A 事業所数【①-②】	617,439	607,112	608,855	575,631	571,895	546,519	508,779	516,190	492,110

～2006年までは、総務省「事業所統計調査」より抜粋して加工。
2009年～は総務省「経済センサス活動調査」より抜粋して加工。

（単位：億円/年）

	1996年	1999年	2001年	2004年	2006年	2009年	2012年	2014年	2016年
飲食店【③】	128,995	128,390	124,228	120,739	124,083	126,079	124,683	132,204	138,767
料飲主体部門【④】	67,916	61,401	56,746	52,280	53,012	47,561	46,519	50,655	50,650
バー、キャバレー、ナイトクラブ【⑤】	35,106	31,491	29,047	26,521	27,315	24,123	23,369	25,845	25,845
B 全体売上高【③+④−⑤】	161,805	158,300	151,927	146,498	149,780	149,517	147,833	157,014	163,572

日本フードサービス協会・食の安心・安全財団
「外食産業市場規模の推移」より抜粋して加工。

（単位：万円/年）

	1996年	1999年	2001年	2004年	2006年	2009年	2012年	2014年	2016年
1店舗当たり売上高（上記B/A）	2,621	2,607	2,495	2,545	2,619	2,736	2,906	3,042	3,324

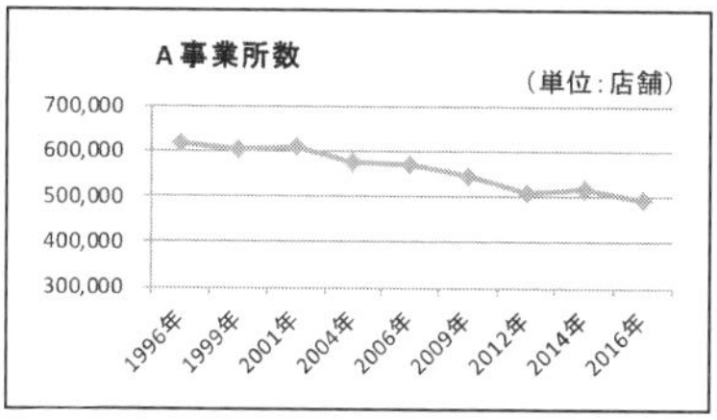

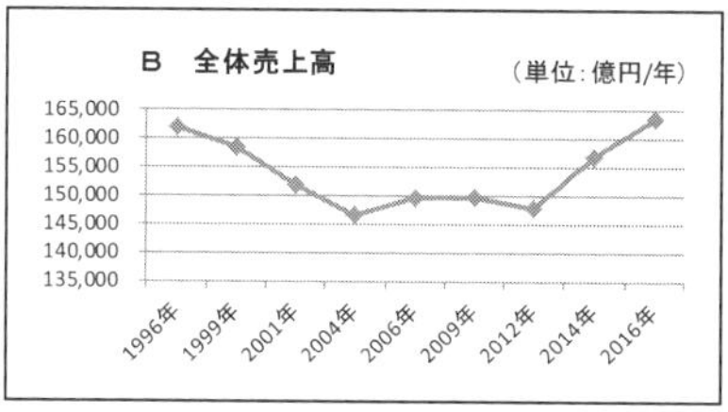

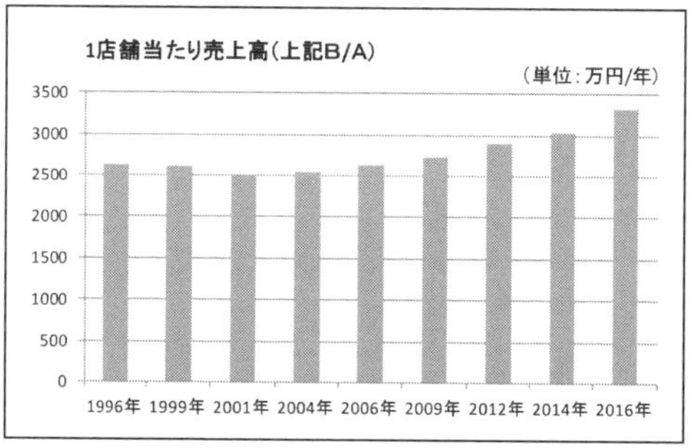

1-6 飲食店を開業するなら、まず知っておきたい！

開業して10年続く店は1割？ 廃業率のウソ、ホント

では、新規に飲食店を開業して1年以内に廃業する店舗は、どのぐらいあるでしょうか？ 1年以内で約40%が閉店とか2年以内に70%、10年以上では90%…とか、まことしやかに言われていますが、これらの説の多くは、きちんとした元データの提示が無いまま論じられています。

公表されている飲食店の廃業率に関連したデータを探してみると、日本政策金融公庫が過去に3回行った「新規開業パネル調査」というものがあります。これは公庫の融資取引先としてある時点で開業した飲食店を、**継続して5年間の追跡調査をしたもの**です。

直近2回のこのパネル調査を見てみると、2006年に開業した店舗が、2010年末に廃業している割合は全業種15.2%、「飲食店・宿泊業」23.2%。2011年に開業した店舗が2015年末に廃業している割合は全業種10.2%、「飲食店・宿泊業」18.9%というものでした。いずれも、「飲食店・宿泊業」の廃業率は、全業種の中で最も高くなっています。尚、途中の1年以内の廃業率や、2年以内の廃業率等のデータは公表されていません。

業種別廃業状況

	飲食店、宿泊業	全業種
2006年～2010年末　※1	23.2%	15.2%
2011年～2015年末　※2	18.9%	10.2%

政策金融公庫「新規開業パネル調査」（2011年、2016年実施）の業種別廃業状況より抜粋。

※1　サンプル数は、2010年末時点で全業種2897、うち飲食店・宿泊業は440。

※2　サンプル数は、2015年末時点で全業種3046、うち飲食店・宿泊業は598。

つまり、「飲食店・宿泊業」を便宜上、「飲食店」だけだとすると、**ある年に新規開業した10店舗が、4年後に廃業しているのは2店舗で8店舗は生き残っている**ということです。ただし、この調査結果は、あくまでも公庫融資の取引先の調査であり、公庫融資を受けず（受けられず）に新規開業した店舗の閉店や、大手企業の多店舗舗展開の閉店店舗は含まれていないことに注意して見なければなりません。

2

競争に打ち勝つ！

業態開発のツボ

2-1　レッドオーシャン戦略とブルーオーシャン戦略
2-2　30%以上「ちょっと上」戦略
2-3　「専門店化」戦略で、地域一番店を目指そう！
2-4　6W2Hの視点で繁盛店をベンチマーキングしよう！
2-5　飲食店の3要素と値決め
2-6　F+L+R比率65%以内に抑えよう！
2-7　投資回収は6ヵ月以内（ROI=200%）を目標にしよう！
2-8　コト消費からイミ消費、トキ消費へ

2-1 競争に打ち勝つ！

レッドオーシャン戦略とブルーオーシャン戦略

「レッドオーシャン」とか「ブルーオーシャン」という言葉を聞いたことがあるでしょうか？市場の状況を海の状況に例えたマーケティング用語で、レッドオーシャンとは「血で染まった海」＝血で血を洗う激しい争いが繰り広げられている市場のことで、その逆にブルーオーシャンとは「まだ血で染まっていない青い海」＝争いの無い平和な市場のことです。

「❶外食産業市場分析」で見たように、飲食店の市場規模は拡大しているものの、小規模飲食店は激しい競争にさらされて、新規開業の飲食店（宿泊業含む）の廃業率が全業種中で最も高いことを考慮すると、外食市場は基本的にレッドオーシャンだといって良いでしょう。

そこで、それぞれの市場で取るべき戦略として、INSEAD（欧州経営大学院）教授のW・チャン・キムとレネ・モボルニュが提唱したのが「レッドオーシャン戦略」と「ブルーオーシャン戦略」で、それは以下のようなものです。

分類	考え方・目的	具体的戦略
レッドオーシャン戦略	既存市場において、競合を打ち負かし、シェアを拡大させる。	「差別化」と「低コスト化」のいずれかを選択。
ブルーオーシャン戦略	潜在ニーズを見つけ出し、競争の無い新市場を創造していく。	「差別化」と「低コスト化」の両方を追求。

レッドオーシャン戦略をとって業態開発をするには「差別化」戦略か「低コスト化」戦略を選択することになりますが、「低コスト化」戦略はいわゆるバイイングパワーによって低価格を実現して競争優位性を確保するということで、低価格戦争になると資本力のある大企業には勝てませんので、**これから新規開業する場合は、必然的に「差別化」戦略を取らなければならない**ということになります。

ブルーオーシャン戦略をとって業態開発するには、潜在ニーズをまずは見つけなければなりませんが、これは飲食店でいうと、たとえばエジプト料理専門店を人口の少ない地方都市に出店するというようなことです。成功すれば、市場シェアの独占と自社ブランドの確立というメリットをもたらしますが、そもそもの潜在ニーズを読み違えると「大ゴケ」するリスクがあります。さらに、シェア独占が一時的なものにならないように、「差別化」と「低コスト化」の努力を継続的にしていかなければなりません。

本書でこれ以降にお話しする業態開発のツボは、大ゴケのリスクのあるブルーオーシャン戦略でなく、レッドオーシャン戦略を取り、どのように差別化して業態開発するのかということに主眼をおいて見ていきたいと思います。

レッドオーシャン戦略の中の「差別化」戦略をとるということは、経営戦略として古典的な「ランチェスター戦略」の弱者の戦略と同一の戦略と言えます。つまり、**「小が大に勝つ」には、他者と違ったものを作り、違った売り方をする差別化戦略を取らなければならない**ということです。

安易な安売りは、自らの首をしめるだけになりますので、絶対に大手に対抗して安売り競争をしないようにして下さい。

飲食店におけるランチェスター戦略					
強者の戦略			弱者の戦略		
基本戦略	ミート戦略(差別化させない)		基本戦略	差別化戦略	
5大戦略	広域戦	大きな市場を狙う 一等地出店	5大戦略	局地戦	ニッチな市場を狙う 二等地出店
	確率戦	新規客を多数獲得し、 一定数リピートさせる		一騎討ち	少ないお客様を確実に リピートさせる
	遠隔戦	大量の広告宣伝 マスコミ露出		接近戦	口コミ重視 SNS活用
	総合戦	大量仕入れ フルラインメニュー		一点集中	専門店化 こだわりメニュー
	誘導戦	低価格イベント キャンペーン		陽動作戦	ゲリラ的なイベント 日替わりメニュー

30%以上「ちょっと上」戦略

さて、外食市場をもう少し細かく、たとえば「喫茶市場」とか「ハンバーガー市場」というように細分化して見てみると、業態には、①導入期→②成長期→③成熟期→④衰退期ライフサイクルがあることが判明します。

そして、③成熟期には大手による低価格競争が起こります。成長期と成熟期の境目はそのチェーン店の店舗数や売上高がおおむね20%以上増加しているかどうかです。

さらに、③成熟期から④衰退期に移る間には、低価格より**「ちょっと上」の業態**が出てくるのです。しばらくすると「さらにその上」が出てくる市場もあります。下記は一例です。

分類	成熟期の業態	ちょっと上	さらにその上
喫茶店	ドトールコーヒー カフェ・ド・クリエ ベローチェ、プロント	スターバックスコーヒー タリーズコーヒー	ルノアール、椿屋珈琲店 コメダ珈琲店
ハンバーガー	マクドナルド、ロッテリア ファーストキッチン	モスバーガー フレッシュネスバーガー	シェイクシャック ウマミバーガー カールスジュニア
焼肉	牛角、牛繁、安楽亭	トラジ、叙々苑 うしごろ	THE WAGYUMAFIA
うどん・そば	はなまるうどん さぬきうどん小町	丸亀製麺	
ファミリー レストラン	デニーズ、ロイヤル すかいらーく	サンマルク	

このような流れが大まかに見て取れますので、現在、大手が激しい価格競争をしている市場で、まだ「ちょっと上」の業態が出て来ていない市場を見つけて業態開発するというのも有効な戦略です。

たとえば、次の「すし業界」は、まだ100円回転ずしが成熟期というよりもまだ成長期にあるためか、まだ全国的にメジャーなこれといった「ちょっと上」の業態は出てきていませんが、局地的には「ちょっと上」の業態が出始めています。

分類	成熟期の業態	ちょっと上	さらに上
すし	スシロー、くら寿司 はま寿司	すしざんまい（東京都） すしまみれ（東京都） 寿し常（東京都ほか）	

価格帯を30％以上上げ、品質も少し上げるのがこの戦略の特徴です。品質とは、商品（料理そのもの）はもちろん、雰囲気やサービスも含まれます。細かい説明は省きますが、30％以上価格を変えると、ようやく人は「別のもの」と認識するようです。ですから、価格帯の上げ幅が30％より少ないと、低価格競争に巻き込まれるだけになりますのでご注意下さい。逆に言うと、30％以上価格を変えると、新たな客層に自店の魅力を伝えることができます。

過去の牛丼チェーンの価格戦略の例

400円の牛丼を280円に下げて（30％ダウン）、
今まで牛丼を食べなかった新たな顧客を取り込んだ。

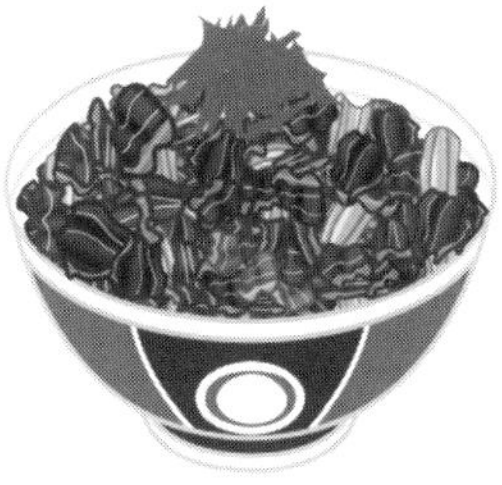

●松屋：390円▶290円（2000年）
100円（25.6％）の値下げ

●吉野家：400円▶280円（2001年）
120円（30％）の値下げ

●すき家：400円▶280円（2001年）
120円（30％）の値下げ

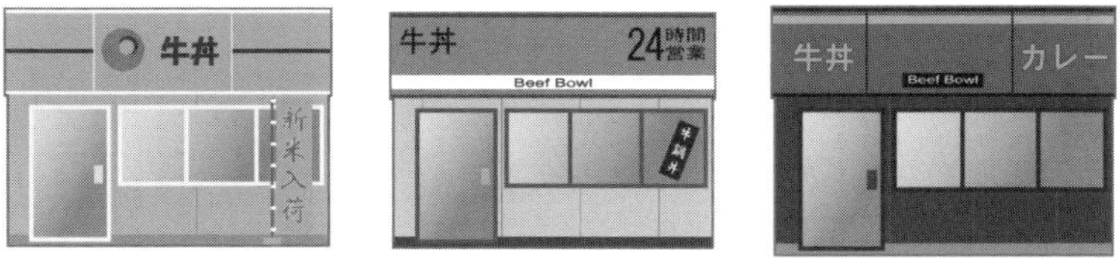

「専門店化」戦略で、地域一番店を目指そう！

次に、2000年代前半から長く今日までトレンドになっているのが、「専門店化」戦略です。下記は一例です。

和食	からあげ専門、讃岐うどん専門、干物専門
丼、定食	海鮮丼専門、かつ丼、ローストビーフ丼専門
イタリア料理	ナポリピザ専門、ナポリタン専門
洋食	オムライス専門、ハンバーグ専門、ステーキ専門
韓国料理	サムギョプサル専門、ビビンパ専門
中華料理	餃子専門、火鍋専門、チャーハン専門

最近、さらに都内では、アボカド料理専門店、パクチー料理専門店、トマト料理専門店、チーズ料理専門店…と、食材ごとに専門店化してきている傾向もあります。

専門店化といっても、人によって好き嫌いが大きく分かれる料理や食材の店や、今までにない料理や食材は一過性のブーム（流行）で終わってしまう危険があります。例えば、過去の例ではジンギスカン専門店やスープカレー専門店です。今現在の一過性のブームでないのか、自分のやりたい業態の市場性をよく見極めてください。

「ちょっと上」戦略の店でも「専門店化」戦略の店でも、自分がやりたい店に「似ている」繁盛店があったら、どんどん視察してみましょう。いわゆる、**ベンチマーキング**です。これは大手チェーン店でも実際にやっている方法で、他社の業態コンセプトをチェックしながら、自社の業態コンセプトの構築をしていく方法です。「似ている」の視点は、料理内容、利用動機、客単価、サービススタイルです。

「差別化」と言っておきながら、「他店のベンチマーキング」を実施すると他店と似たような業態になりやすいのではないか？という疑問もあると思いますが、商圏がかぶらない限り、ある程度は似た業態になってしまっても構いません。大事なのは、**その商圏で一番になることです。**極端な例を言えば、北海道で視察したA店の業態をそのまま九州に持っていってB店を開業し、地域一番店になれば、それで良いのです。

飲食業界はパクり、モノマネが日常茶飯事に行われる業界で、システム、仕組みが単純であればあるほど簡単にモノマネできてしまいます。ですから、たいしたアレンジの無いモノマネ業態を出店すると、商圏がかぶってくる場合は、最後は価格競争になります。大手が狙ってこない売上高の小さい（1店舗年商４千万円以下程度）スキマ業態であれば、「やったもん勝ち」で先行者利益を得られるチャンスも十分にありますが、たいしたアレンジの無いモノマネ業態は、なるべく早いうちにその業態のオリジナル店舗や、**後発者が追い付けないような参入障壁**を築かなければなりません。

広がる専門店化のトレンド

担々麺専門店

チャーハン専門店

カオマンガイ専門店

ナポリタン専門店

2-4 競争に打ち勝つ！

6W2Hの視点で繁盛店をベンチマーキングしよう！

ベンチマーキングする時は、自社の業態開発をする時と同じ視点で、下表の６Ｗ２Ｈについて意識的に視察しましょう。

他店舗の視察は、慣れていないと料理の評論ばかりになりがちですが、厨房内が見えるなら、どういうスタンバイをしているかとか、どういう調理器具を使用して味のブレを無くしているのかとか、どこまで半加工品を使っているかなど、調理の面で見るべきところはたくさんありますし、サービス面でも全体の流れはもちろん、メニュー構成、店内ディスプレイ、トークなど、気をつけて見るところはたくさんあります。具体的な視察ポイントをまとめると、以下の通りです。

誰が	WHO	人数と雇用形態、キッチン人数、サービス人数、正社員、アルバイト、外国人
誰に	WHOM	お客様の属性(サラリーマン、OL、学生、主婦、老人、一人客、団体客、近隣勤務者、常連さん、一見さん、観光客、低所得者層、高所得者層)
いつ	WHEN	営業時間、ピークタイム、定休日の有無
何を	WHAT	料理、調理方法、使用器具、使用食材、メニュー数、バリエーション
どこで	WHERE	立地、駅からの距離、商圏人口、店前歩行者(自転車)通行量、街の特性(繁華街、ビジネス街、住宅街)、階数、広さ、席数、家賃
なぜ	WHY	社会的需要の有無、どんなニーズを持った人が来店しているのか
いくらで	HOW MUCHI	価格、単品価格、セット価格、曜日、時間帯サービス
どのように	HOW TO	サービスの方法、セルフ、フルサービス、食券、お冷、おしぼり、料理の提供方法、オーダー受けの方法(伝票、OES端末)、提供時間、テーブルの広さ、カウンターの有無、テーブル調味料、備品スタンバイの状況、サービストーク、メニューの見せ方、食材スタンバイ状況

これらのポイントをおさえて視察したうえで、「自分だったらここはもうちょっとこうするな」、「あのやり方はこうしたほう良いな」という感じで他社のやり方を参考に、自店の業態コンセプトをまとめていきます。こうすると考えるべき項目の抜け、漏れが少なくなります。

とくにこの中で、**【なぜ】は一番大事な項目**です。自分がやりたい店舗とお客様が利用したいと思う店舗イメージの間にギャップは無いのか？本当に社会的需要があるのか？よく考えてみましょう。

脱サラ開業の方でありがちな失敗が、たとえば「休みの日に趣味で打っていた十割蕎麦の味が部下や同僚に好評だから、こだわりの蕎麦屋をやりたい」というような自分がやりたいから、できるからというような、**プロダクト・アウト**の発想で事業をやってしまうことです。本当に十割蕎麦を食べたい人がそんなにたくさんいるのでしょうか？部下や同僚からの高評価はただのお世辞かもしれません。逆に**マーケット・イン**の発想はどういうものかというと、「この辺りには中高年も多く住んでいるが、ラーメン屋ばかりでゆっくり美味しい蕎麦を食べたりお酒を飲めるところが無いから蕎麦屋をやろう」というような、現実のマーケットのニーズを掴んだり問題解決することがマーケット・インの発想です。

別の言い方をすると**「お客様のために」考えられたことと「お客様の立場で」考えられたことの違い**ということもできます。「お客様のために」美味しい蕎麦を食べさせてあげたいという考えは単なる独りよがりにすぎず、「お客様の立場で」考えると、蕎麦屋が必要とされているのは確かだとしても、十割蕎麦にこだわるよりも、もっと親しみやすい二八蕎麦のほうが喜ばれるかもしれない、という視点で考えるということです。飲食店の経営は自己実現の場でもあるという側面を持っているので、**つい独善的な「お客様のために」で発想しがち**ですから十分に注意しましょう。

【どのように】では、サービスに注目することになりますが、小規模な個人店は店主のキャラクターが強いことが多く、お客様との会話のセンスなど、その人がいないと成り立たないような属人性の高い店もあると思います。個人として接客の勉強にはなりますが、あまりそこばかりを注目しても仕方のない面もあります。見るべきはスタッフレベルでハイクオリティな接客ができている店です。何か他店とは違う（自動的に接客レベルが上がる）システムがあったり、スタッフの評価制度があったりするはずです。分からなければ店主やスタッフに直接聞いてみるのも良いでしょう。

ベンチマーキングのポイント

料理の評論ばかりでなくオペレーション全体を見よう。

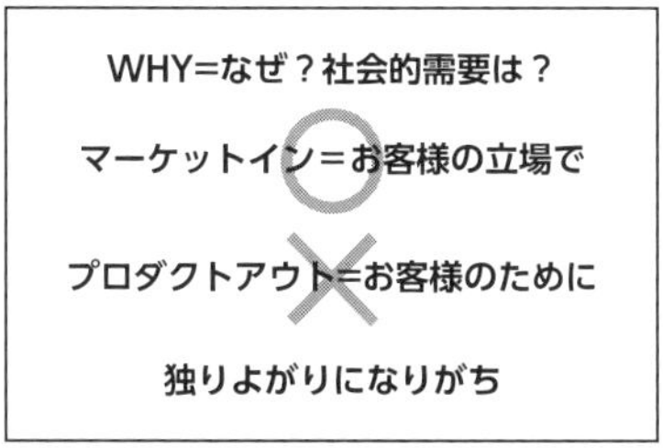

WHY=なぜ？社会的需要は？
マーケットイン=お客様の立場で
プロダクトアウト=お客様のために
独りよがりになりがち

2-5 競争に打ち勝つ！

飲食店の3要素と値決め

さて、ベンチマーキングが済み、業態作りの方向性が見えてきたら、飲食店の3要素に基づいて自店の基本コンセプトを詰めていきましょう。飲食店の3要素とは「味」「雰囲気」「サービス」の3つで、これらが「価値＝Value」を生み出します。

そして最終的に、「価値」≧「価格」になるように「値決め」を行います。**「値決めは経営」という格言があるぐらい重要事項**です。これが「価値」≦「価格」だと、お客様が来ない店、儲からない店になります。

「●●を××の雰囲気で、△△な方法で□□円で提供する」というのが基本コンセプトです。たとえば、

「本格エスプレッソコーヒーをイタリアのバルのような雰囲気で、セルフサービスで250円で提供します」

「こだわりの十割蕎麦を古民家のような雰囲気で、フルサービスで600円で提供します」

このぐらいまで固まってくると基本コンセプトの完成です。

この時にまず、しっかり作りこんでおかなければならないのは「味＝料理」です。原価計算レシピまでしっかり作りこんでおきましょう。現在も飲食店に勤務している人で現在勤務中の会社から引き続き仕入れができる人は、食材はその仕入れ価格で、できない人はネット等で探した仕入れ業者の価格や近所のスーパー等で実際に食材が売られている価格でしっかりと**原価計算レシピまで作りこんでいなければ、ここで決めた価格設定は机上の空論になるので、基本コンセプト自体が崩壊してしまいます。**

また、「雰囲気」について考えるときは内装や什器による空間作りだけでなく、使用する食器や従業員のユニフォームなども雰囲気づくりの重要な要素となりますので、しっかりイメージしておきましょう。

さらに、その店にいるお客様自体もその店の雰囲気を作ります。中高年を対象にした落ちついた雰囲気の店にしたいのに低価格の設定にすると、若年者が寄り付いて騒がしい店になり、本来の対象としたいお客様は居心地が悪くなり店を離れてしまいます。**「値決め」によって、来店するお客様ターゲット層をコントロールして店全体の雰囲気をつくる**ことも頭に入れておきましょう。価格が一番分かりやすく届くお客様へのメッセージです。単純に原価がいくらだから、販売価格がいくらという価格の決め方は絶対にしてはいけません。

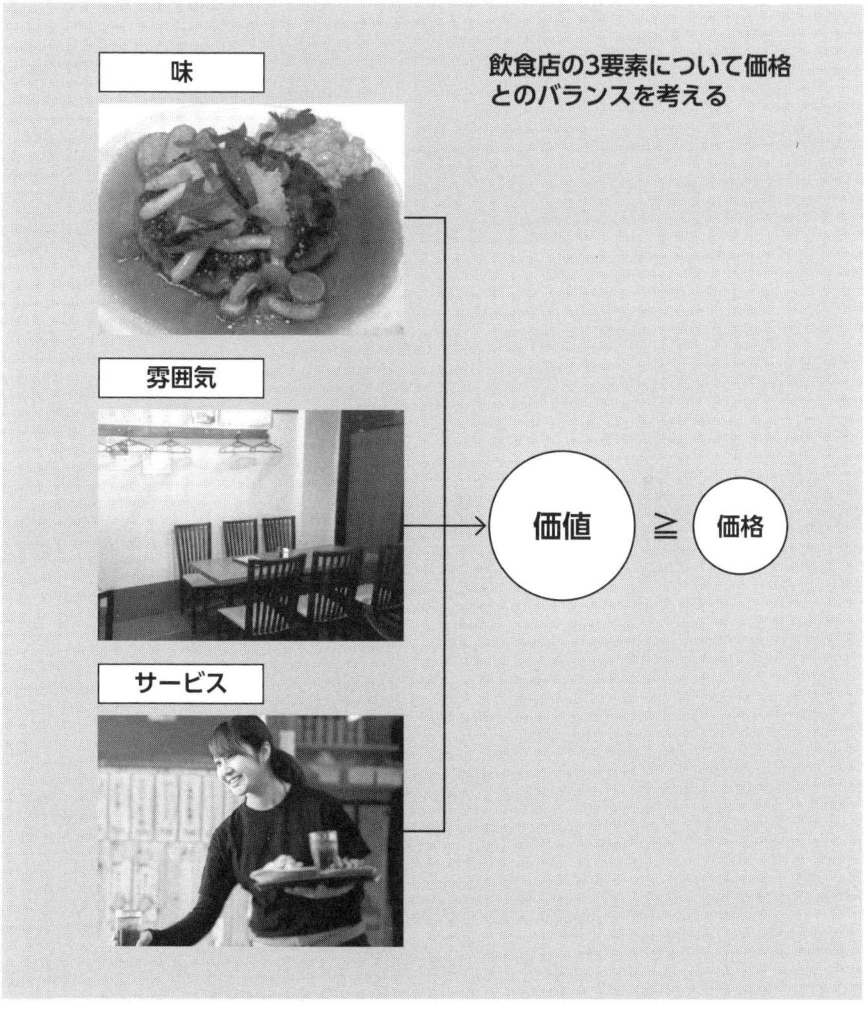

2-6 競争に打ち勝つ！

F+L+R比率＝65%以内に抑えよう！

さて、次は少し具体的な数字の話です。これから飲食店を出店したいという方なら『FLコスト』という言葉は聞いたことがあると思います。F＝Food Cost（食材費）、L＝Lavor Cost（人件費）のことです。主要なコストという意味でプライムコスト（Prime Cost）とも言われます。

FLコスト比率は、一般的に売上対比60％以内を目安に業態を作ることがひとつの優良業態の神話のように語り継がれてきています。しかし、これは自己所有で家賃のかからない店舗を商店街内等で経営している飲食店（多くは家族経営）が多かった時代の、いわば『生業の飲食店が利益を出す時の目安となる数字』です。

昔はそういう飲食店が圧倒的に多く、その場所に合う（適合する）業態を開発するというスタイルだったので、ＦＬコストだけを見ていれば良かったのです。しかし、これから新たに開業する人は、店舗が自己所有の人は少なくて、ほとんどの人がどこかの店舗物件を賃借してテナントとして入居するはずです。ですから、この時代に飲食店をはじめるのならば、ＦＬコストの次に大きな比率を占める、**「R＝家賃」のことまでも含めて考えないと、大きな見落としになります。**

つまり、F＝何を、L＝どんな風に、の２つのポイントだけでなく、F＝何を、L＝どんな風に、R＝どこで提供するのかの３つのポイントについて考えなければいけないということです。私は、**F＋L＋R比率（以下「FLR」）は65%以内を推奨**します。

FLR65％以内の業態を作った場合、水道光熱費で5％、消耗品費で2～3％、広告宣伝費で2～3％、その他経費3％、減価償却費5％とFLR以外の経費合計で、どんな業態でも共通しておおむね17％～19％ぐらいの経費がかかるとすると、全経費合計で82～84％となり、**営業利益は16～18％確保できる**ことになります。

やや古い統計データですが、経済産業省の「平成10年商工業実態基本調査」（平成10年調査で終了）を見ると、「飲食企業」の売上高営業利益率は、飲食店平均で8.6％ですが、**小規模企業（従業員1～4人）では17.3％**もあります。営業利益率50%以上等の恐らく経営者が給与を取っていない店舗や、自宅兼店舗で家賃が無料でないと実現できないであろう中小企業のデータも入っていますので、多少は割り引いて考える必要がありますが、一般的に「飲食店の営業利益は10％以上を目標にしよう」とよく言われたりしますが、規模間格差を考慮すると、**10%の営業利益を目指すというのでは、あまりに目標として低い数値目標**です。個人店で月30万円程度の給与を取った後でも、広告宣伝費や減価償却費の割合が小さく、営業利益率が20％以上という繁盛飲食店はザラにあります。平均値に惑わされないようにしましょう。

飲食企業の規模別売上高営業利益率（参考）

（単位:％）

種類	全企業	中小企業			大企業	規模感格差
			小規模企業	中規模企業		
一般飲食店	8.6	11.4	17.3	6.9	3.6	7.8

飲食企業における売上高営業利益率の分布

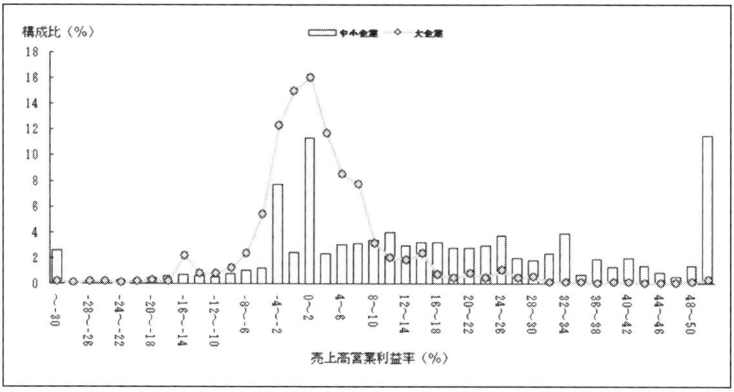

出典：経済産業省「商工業実態基本調査」より

また、下記は最近の勝ち組と言われている大手チェーン店のFLR比率モデルですが、あらゆる業態で65%以内に収まっていることが分かります。

大手チェーン店のFLR比率モデル

●セルフさぬきうどん:F25%+L27%+R11%=63%
●ラーメン店:F30%+L25%+R8%=63%
●丼店:F34%+L21%+R9%=64%
●セルフ喫茶店:F25%+L22%+R15%=62%
●お好み焼き:F28%+L26%+R10%=64%
●生パスタ専門店:F28%+L25%+R10%=63%

●和食ファミレス:F32%+L23%+R9%=64%
●焼肉店:F30%+L24%+R10%=64%
●鍋専門店:F25%+L24%+R12%=61%
●居酒屋:F30%+L23%+R10%=63%
●立ち飲み:F33%+L24%+R7%=64%

●激安居酒屋:F32%+L24%+R11%=67%
●激安イタリアン:F34%+L24%+R12%=70%
●激安定食店:F38%+L22%+R8%=68%
●激安ステーキ:F38%+L23%+R7%=68%

●回転寿司:F50%+L20%+R10%=80%

ただし、どんなことにも例外はあるもので、FLRが65%以上でもきちんと勝ち組として成り立っている業態もあります。薄利多売でいくチェーンです。たとえば回転寿司です。

回転ずしは売上絶対額の非常に大きな業態で、月に2,000万円売上げると、FLR　以外の　その他経費の割合は小さくなるので、営業利益率が10%としても200万円が残ります。その他の激安を売りにしたチェーン店では、F比率が高くなっていますが、L比率を低く抑えてFLR=70%以内にはおさまっています。

2-7 競争に打ち勝つ!

投資回収は6か月以内（ROI＝200%以上）を目標にしよう!

次に、初期投資の回収はどのぐらいでなされるべきかを見てみましょう。指標としてＲＯＩ＝投下資本利益率という指標があります。ここでは分子にキャッシュフローベース（税引き後利益＋減価償却費）で考える以下の式を利用します（分子に営業利益を持ってくるやり方もあります）。

$$\text{ROI（投下資本利益率）} = \frac{\text{税引後利益＋減価償却費}}{\text{投資金額（店舗保証金除く）}}$$

たとえば税引後利益＋減価償却費が年1000万円で、投資に3000万円かけると、ＲＯＩは33.3%になります。約3年で投資が回収できるということです。90年代後半はこれが、25%、5年以内の回収を目標とするところが多かったのですが、2000年代初頭頃から、33%、3年以内に回収を目標とする飲食店が増えてきました。それだけ、飲食業界の業態寿命が短くなり、トレンドの移り変わりが激しくなったということです。

ですが、この指標はあくまでスケルトン（床、壁、天井むきだしの状態）から内装工事をした場合ですし、さらに、店長人材をオーナーとは別に雇用して年間400万円程度の人件費が設定されていますので、これからあなたが自身が店長として飲食店を経営するのであれば、これらを差し引いて考えなければなりません。たとえば、スケルトンで20坪の物件で1600万円かけなければならないとしたら、居抜き物件の場合は、おおよそ1/2の800万円ほどの投資金額で済むでしょう。造作譲渡が無償であったり、改装工事が最低限で済めばさらに安く開業できるケースもあると思います。

そして、店長給与をオーナー給与として考慮すると、個人店でのＲＯＩの計算式は以下のようになります。スケルトンから新築内装で店長を雇用した店の場合のＲＯＩが37.5%、2〜3年以内回収ぐらいの店舗でも、**居抜き改装＋オーナー店長の店**では、改装費用次第では、ＲＯＩは200%以上、つまり、**6ヵ月以内での投資回収も十分に可能**だということになります。

個人店での ROI の計算式

$$\text{個人店のROIの計算式} = \frac{\text{給与+税引後利益+減価償却費}}{\text{投資金額（店舗保証金除く）}}$$

目標
=100～200%以上

●スケルトンから新築し、店長を雇用した場合

新築工事(20坪)	1600万円
店長給与	400万円
税引後利益+減価償却	600万円

$$ROI = \frac{600\text{（万円）}}{1600\text{（万円）}} = 37.5\%$$

●居抜きを改装し、オーナーが入店した場合(Ⅰ)

改装工事(20坪)	800万円
オーナー給与	400万円
税引後利益+減価償却	600万円

$$ROI = \frac{400\text{（万円）} + 600\text{（万円）}}{800\text{（万円））}} = 125\%$$

●居抜きを改装し、オーナーが入店した場合(Ⅱ)

改装工事(20坪)	400万円
オーナー給与	400万円
税引後利益+減価償却	600万円

$$ROI = \frac{400\text{（万円）} + 600\text{（万円）}}{400\text{（万円））}} = 250\%$$

2-8 競争に打ち勝つ!

コト消費からイミ消費・トキ消費へ

お客様のご来店理由として「家から近いから」とか「入りやすかったから」というような**衝動型来店**のお客様を狙った日常的な食事を提供する店ではなく、**目的型来店**のお客様を狙った店であれば、もう一つだけ業態開発時に考えてみるべき視点があります。それは、あなたの考えている業態が、お客様の「イミ消費」「トキ消費」という観点にかなっているかどうかという視点です。

1990年代〜2000年初頭までは、それまでのモノを購入することに価値を置いた「モノ消費」の時代から、体験することに価値を置いた「コト消費」の時代に移り変わってきました。そして2008年のリーマンショック、2011年の東日本大震災を経た**2020年現在は、「コト消費」から「イミ消費」「トキ消費」の時代に移り変わりつつある**ようです。

「コト消費」は、分かりやすいところで言うと、スターバックスコーヒーです。スターバックス体験という言葉も生まれましたが、「スタバでコーヒーを飲む」というコトを通して、アメリカ文化、エスプレッソ文化というものを日本人に新たに体験させていたわけです。飲食店で「感動」という言葉が流行ったのはこの頃です(1990〜2000年初頭)。

これらに対して、「イミ消費」とは、ただ単に料理を食べる(消費する)という体験でなく、それを食べる(消費する)ことで自然や社会に貢献できるという付加価値が含まれた消費スタイルです。2008年のリーマンショック後ぐらいから2011

年の東日本大震災を経て、やたらと飲食店で「日本を元気に！」というスローガンが掲げられるようになりました。

また、「トキ消費」とはスマホとＳＮＳの浸透によって新たに登場した消費スタイルで、「非限定性・再現性」「参加性」「貢献性」という３つの特徴を持っている消費スタイルです。たとえば、音楽フェスやオリンピックなどのスポーツイベントがこれに該当するそうです。

最近の飲食店の例でいうと、**クラウドファウンディング**で地域の飲食店の開業を応援したりするのは社会貢献＝「イミ消費」であり、限定性や参加性、貢献性という「トキ消費」です。

飲食店があふれて「感動」という言葉があまり使用されなくなって10年以上経っています。飲食店は、ただ単に料理を提供していれば良いだけの時代は終わりました。あなたの店が料理を提供する以外の付加価値（存在意義）が問われているといっても過言ではありません。

目的型来店の店を作るなら、**飲食店の経営を通じて社会とどのように関わっていくかという視点**も考えて業態開発を行うことを心掛けましょう。

あなたの店にご来店されるお客様は、あなたの店に
どんな意味（価値）を求めているのでしょうか？

3

調理の技術があっても知っておきたい

仕入れと
メニュー開発のツボ

3-1 大手の弱点をつくメニュー開発をしよう！
3-2 人気食材から発想してメニュー開発しよう！
3-3 五感を意識してメニュー開発しよう！
3-4 一番食べられているものは？
3-5 予算感を裏切らないセットメニューを作ろう！
3-6 仕入れ食材を絞り込もう！
3-7 誰でもできるようにレシピ化･マニュアル化しよう！
3-8 メイン問屋とサブ問屋を上手く使い分けよう！
3-9 チェーン店仕入れの幻想と現実
3-10 ビールは一次卸から仕入れよう！

3-1 調理の技術があっても知っておきたい

大手の弱点をつくメニュー開発をしよう！

前章で見たような「ちょっと上」戦略や「専門店化」戦略をとるにあたっては、それを体現した「看板メニュー」を作りましょう。**看板メニュー開発は、誰もが食べたことがあるようなメジャーな料理で行うのが鉄則**です。例えば、中華料理屋で1番目、2番目に人気があるメニュー、洋食レストランで1番目、2番目に人気があるメニューという感じです。こういったメニューをあなたの店でしか食べられないオリジナルメニューにしましょう。**マイナーなメニューで看板メニューを作るのは、そもそもの需要が無い可能性が高いので非常にリスキー**です。

専門店、ちょっと上というからには、当然、お客様が納得するように料理、食材の質も当然上げるべきでしょう。そして、大手の店では食べられないようなものである必要があります。調理の技術は一朝一夕にそう簡単には上げられませんので、注目すべきは食材です。大手が取り扱えないような食材に注目しましょう。これは、そのまま**大手の弱点をつくメニュー開発**をするということになります。

大手チェーンのメニュー開発は、ただ単に美味しいものを作ればそれで良いのではなく、たとえば100店舗あるとしたら100店舗で売っても食材の欠品を起こさないだけの食材の物量を確保しなければなりません。これは結構大変なことで、大手チェーンの商品開発部では、食材の物量が安定的に供給されないことを理由に、お蔵入りになってしまうメニューが結構あります。また、消費期限が短く、店舗やチェーン全体での鮮度管理が難しい食材も敬遠されがちです。大手チェーンでは、もしその食材を使用するメニューの売れ行きが悪い場合は、廃棄処分するしかありませんが、個人店では、その食材を使った臨時メニュー（日替わりメニューなど）を提供する等して、大きなロスは防ぐことができます。

そこで、これから1店舗目を開業するという方は、**小さな専門問屋やメーカー（生産者）から積極的に情報を仕入**れて、そこでしか仕入れられないような価値ある食材を見つけて積極的にメニュー開発に生かすと良いでしょう。

小さな専門問屋は様々な種類があり、中華専門、イタリアン専門など料理の種類で分かれているものもあれば、食材として乳製品専門、野菜専門、オーガニック食材専門というように分かれていたりもします。これらの小さな問屋はインターネットでホームページを持っていることがほとんどなので、「飲食店　仕入

大手チェーン店のメニュー開発の弱点

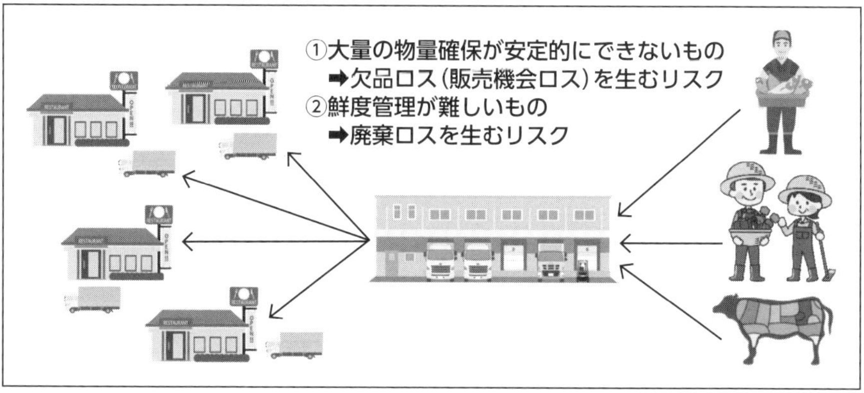
①大量の物量確保が安定的にできないもの
➡欠品ロス（販売機会ロス）を生むリスク
②鮮度管理が難しいもの
➡廃棄ロスを生むリスク

れ先」などの検索ワードで検索すればたくさんの専門問屋が出てくるはずです。

面白そうな食材を見つけたら、調理方法もその問屋さんに聞いてみると良いでしょう。「こうすると美味しいですよ。他のお店ではこんな風に使っていますよ」という情報を教えてくれることも多いです。

カレーに使う野菜に特徴を出す、パスタに使うチーズに特徴を出すなど、**食材から発想してメニュー開発してみる**という方法です。メジャーな料理でも大手の店では味わえない一味違った料理が出来上がるはずです。

ただし、大手の弱点、苦手とすることを自店でやろうとすることについて注意しなければならないのは、当たり前のことですが「オリジナリティ＋美味しいこと」です。個人店がよく陥ってしまうのが、オリジナリティ＝自家製と考えて**何でもかんでも自家製にしてしまう「自家製病」**です。しかし、レベルの低い自家製では全く意味が無く、単なる自己満足です。そのことに気づかず、手間がかかっているからといって、高い価格設定にしてしまっている店もあります。**自家製でも美味しくないメニューでは本末転倒**なのでくれぐれも注意して下さい。

3-2 調理の技術があっても知っておきたい

人気食材から発想してメニュー開発しよう！

飲食店の人気食材には定番のモノと流行のモノがあり、流行の人気食材は、たとえば10年ぐらい前ならフォアグラ、少し前ならローストビーフ、現在はチーズというように移り変わっていきます。定番の人気食材でいうと温泉玉子、明太子、納豆などがあげられます。これらの**人気食材とメジャーな料理を組み合わせる**というのも手堅いメニュー開発方法です。

一見、大丈夫かな？？という組み合わせのものでも、メジャーな料理と組み合わせることによって意外と「まとまった味」になることも多いです。ぜひ取り組んでみて下さい。

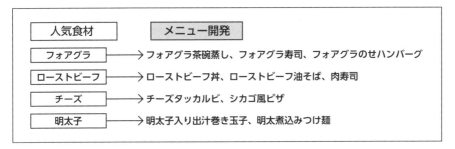

人気食材	メニュー開発
フォアグラ	→ フォアグラ茶碗蒸し、フォアグラ寿司、フォアグラのせハンバーグ
ローストビーフ	→ ローストビーフ丼、ローストビーフ油そば、肉寿司
チーズ	→ チーズタッカルビ、シカゴ風ピザ
明太子	→ 明太子入り出汁巻き玉子、明太煮込みつけ麺

ローストビーフの油そば

チーズタッカルビ

シカゴ風ピザ

肉寿司

フォアグラのせグラハンバーグ

明太煮込みつけ麺

3-3 調理の技術があっても知っておきたい

五感を意識してメニュー開発しよう！

次も、やや抽象的な話になってしまい恐縮ですが、「視覚」「聴覚」「嗅覚」「触覚」「味覚」の５つを意識してメニュー開発に取り組みましょう。このうち、「味覚」はさらに「甘味」「辛味」「酸味」「苦味」「旨味」の５つに分けられます。

お客様が**新たに飲食店を探す際には、多くの方がインターネットなどで情報収集**しています。

新たに飲食店を探す際の情報源TOP10

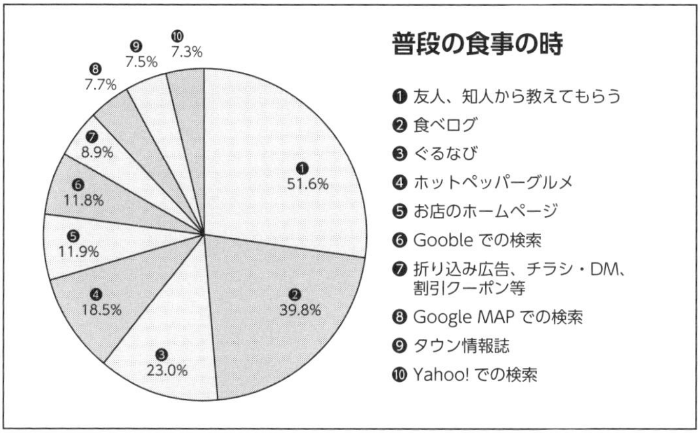

※TOP10からは、「特段の情報に基づいているわけではなく、その場所でたまたま見つけた」、「当てはまるものはない」の回答を除いている。

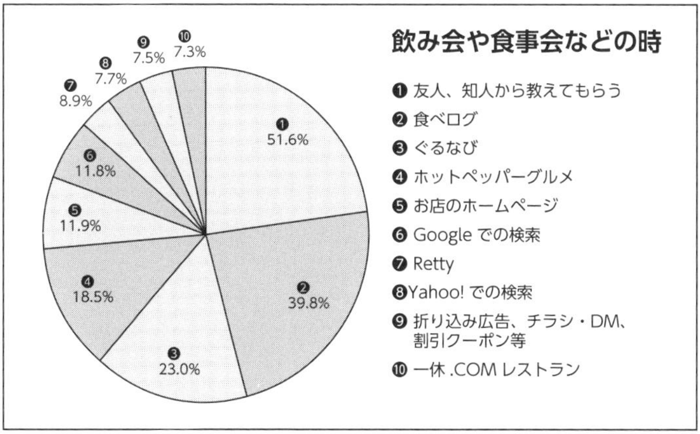

出典：日本政策金融公庫「外食に関する消費者調査結果」（2019年7月発表）

お客様がインターネット等のメニュー写真やメニュー説明等を見て、パッとイメージで伝わりやすいのは、五感のうち、**「視覚」＝見た目**と、**「触覚」＝食感**です。

「視覚」…カラフルな見た目。インパクトのあるデカ盛り。
お客様の目の前で調理する臨場感。
「触覚」…つるつるした歯触り。フワフワした食感。
アツアツでもちもちの食感。

とくに「視覚」は現代では、インスタグラムなど「SNS映え」する料理画像であれば、広告宣伝費をかけずに世間に宣伝することができますので意識して取り組みましょう。

また、「味覚」のうち伝わりやすいのは「辛味」と「旨味」です。

「辛味」…激辛メニュー
「旨味」…濃厚メニュー

激辛メニューや濃厚メニューは、**クセになる味**を作りやすいのが特徴で、強烈なファンを作ることができます。

3-4 調理の技術があっても知っておきたい

一番食べられているものは？

メニュー開発、商品開発というと、とかく目新しいメニューやオリジナリティばかりを追求しがちですが、反面、**「自店で一番食べられているものは何か？」**という発想で食材やメニューを見直してみるという視点も大切です。

たとえば、**定食屋でいうと、「ご飯」「味噌汁」**。どんなに美味しい「おかず」を作っても、やはりご飯と味噌汁が美味しくなければ魅力は半減でしょう。また、食材というか、調味料を見直してみるという視点もあります。「お寿司屋さんで一番食べられているものは何か？」というと、つい、マグロかな？アジかな？回転寿司ならサーモンかな？となりがちですが、「ご飯」はもちろん、**「しょうゆ」**が一番食べられているのです。しょうゆは種類によってかなり味が違いますので、個人個人によって好みがあり、地域性があったりします。ある大手回転すしチェーンでは、このことに気づいて何種類ものしょうゆを揃えて、お客様の嗜好に合せています。洋食店でいうと、**「サラダドレッシング」**の美味しさで集客できている店もあります。パスタでもハンバーグでも何にでもセットでついてくるサラダを自店で一番食べられているメニューととらえて、自家製ドレッシングの美味しさを追求することによって、何でもないサラダをどこにも負けない看板商品になるぐらいまで磨き上げたのです。このような、**調味料のバラエティさや美味しさを追求するのも立派な商品開発、メニュー開発戦略**だと言って良いでしょう。

さらに、居酒屋でいうなら「お通し」です。全てのお客様が食べるもので、せっかく自店の料理をアピールしたり、お客様に喜んでもらうチャンスなのに、「あり合わせ」のようなお通しだったり、店が利益を得るポイントととらえて、どこでも食べられるような枝豆や冷や奴など原価のかからないものをとりあえず提供している店が多いのは非常に残念なことです。**「お通し」はファーストインパクトで、非常にお客様の印象に残りやすいですし、これが美味しいと「ハロー効果」で、「ここで食べるものは何でも美味しい」という後に続く料理にもプラスイメージがずっと続き、追加オーダーにもつながりやすい**ので、アイディア豊富で色々と試してみたいという方は、ぜひ「お通し」から、お客様に喜んでもらえる料理は何か考えてみると良いと思います。お通しからはじめて、「看板メニュー」にまで育て上げるという手もあります。

3-5 調理の技術があっても知っておきたい

予算感を裏切らないセットメニューを作ろう！

さらに、できれば看板メニューと組合わせて相性が良い「サブメニュー」も作りましょう。理由はセット販売することで**自然と客単価が上がり、粗利を獲得しやすい**からです。

たとえば、A商品（売価1,000円、原価280円）とB商品（売価380円、原価80円）をランチセット（売価1260円、原価360円）としてセット販売すると、Aだけを単独で売るよりも客単価は260円上昇し、粗利金額は180円増えます。お客様からすると別々に注文するよりも120円引きという**お得感も感じてもらえます。**

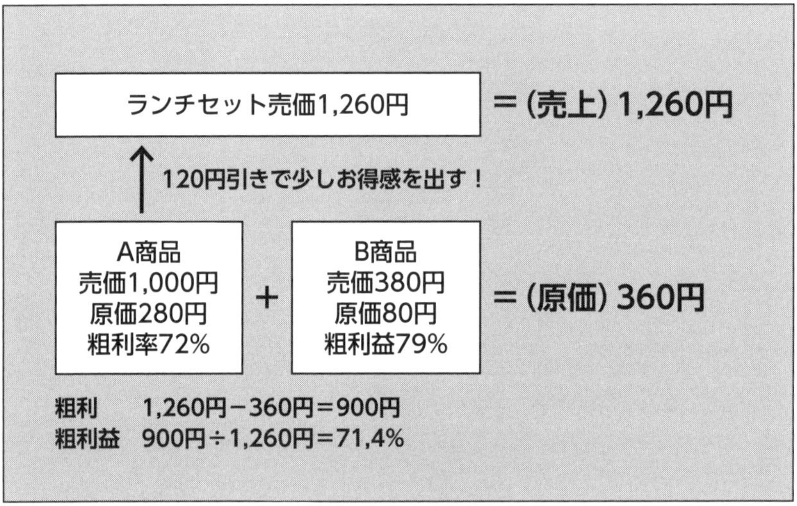

このセット販売で大事なのは、「AもBも食べたい」と思わせるような魅力的であることはもちろんですが、セット販売した時に**30%以上値段が高くならないようにすること**です。なぜなら、お客様はお店を選ぶときに、まず第一に意識的にせよ無意識的にせよ、大体の予算を考えて来店しているはずです。この時にその予算感を大きく上回ってしまうと最後の会計時に「なんか思ったより高かったな」と悪い印象が残ってしまいます。

話は少しそれますが、そういう意味ではたとえば1杯250円の立ち食い蕎麦屋の競合店は1杯1,000円の蕎麦屋でなく、1杯380の牛丼店です。自店の価格帯はいくらなのかを忘れずにセットメニュー開発に取り組みましょう。

人はなんとなく予算をイメージしてお店を決めている

3-6 調理の技術があっても知っておきたい

仕入れ食材を絞りこもう！

メニュー開発を考えるときは、食材の上手な使い回しを考えましょう。A料理にa食材を使うなら、B料理にもa食材を使うことを考えるということです。もちろん、同じ食材ばかりだとお客様にも飽きられますし、見抜かれてしまいますので、適度なバランスが必要です。

たとえば、洋食業態なら、「タコ」という食材はパスタにも使えますし、ピザにも使えますし、リゾットにも、アヒージョにも使えます。さらに、パスタ料理でもソースや具材の組み合わせを変えて色々なパスタを作ることが出来ます。また、「しめじ」という食材であればピザやパスタ、リゾットに加え、和風ハンバーグやアヒージョの具材で使うこともできます。

このような感じで食材を上手に使いまわして、仕入れ食材を絞っても、メニューにバラエティさがあって、かつお客様が食べて満足することができるメニューを開発しましょう。

仕入れ食材を絞り込むと、**鮮度管理がやりやすくなるので、料理の品質が向上しますし、ロスも少なくなります。**また、副次的効果として保管スペースも少なくて済むので初期投資も抑えることができます。

業態にもよりますが、1店舗で300アイテムを超える食材を扱うと、かなり管理が煩雑になってきます。

食材の上手な使い回し

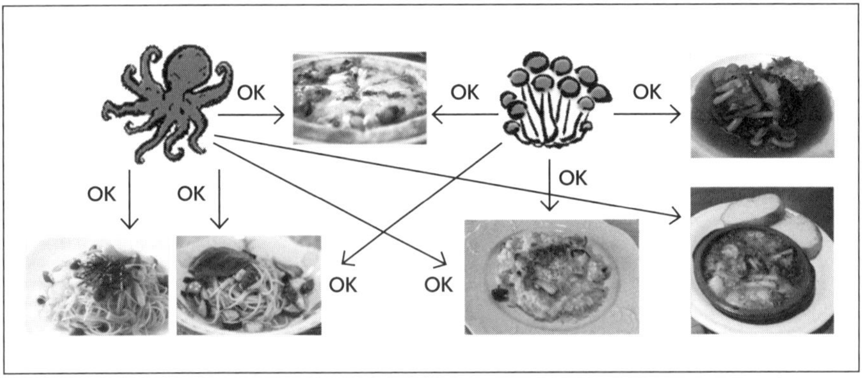

3-7 調理の技術があっても知っておきたい

誰でもできるようにレシピ化・マニュアル化しよう！

これから飲食店を開業する方は、自分の役割がホールで接客するのがメインという方よりも、どちらかというと厨房で調理するのがメインという方のほうが多いと思いますが、飲食店経営を長い目で見ると、**自分一人しか調理ができないという状態は好ましくありません。**

調理は自分にしかできないと思い込み、定休日を設ける店もありますが、定休日を設けなくても他に調理することができるスタッフを育成して、任せてしまえば良いのです。定休日を設けること自体は悪いことではありませんが、突発的な病気やケガへのリスクヘッジでもありますし、今後、2店舗、3店舗…と店舗展開していくつもりなら必ず調理スタッフの育成に取り組まなければなりません。

調理スタッフの育成に必要なのが、「原価計算レシピ」と、「調理マニュアル」です。「原価計算レシピ」には、食材の分量だけでなく、食材原価も一緒に記入します。完成画像も必ず添えましょう。これを作るにはまずは、**全ての食材を1g単位、1ml単位、1個単位などに計算した「食材１g表」を作ることから始めましょう。**

調理マニュアルは、ただ単に料理の手順を記載するのではなく、味のブレやすいところを重点に、どうしたら味がブレずにスピード提供できるのかを考えてマニュアル化する視点が必要です。

たとえば、液体のA、B、Cという調味料を、10mlずつ計量スプーンで3回測って使用するなら、A、B、Cの調味料を予めミックスしたものを用意しておいて30mlレードルで1回測って使用したほうが効率は良くなります。この時に、「使用前には十分攪拌すること」という注意事項をマニュアルに記載すれば味のブレは少くなります。動画にして残しておくと、より分かりやすくなりますので、時間が許せば、ぜひ動画で作成したいところです。

誰でもできるようにするのは、かなり手間のかかる作業です。ですが、料理の標準化に成功して味のブレが無くなるようになると、結果として原価率も一定に安定します。ぜひ、頑張って取り組みましょう。

食材1g表（例）

分類	商品名	容量	単位	金額（円）	gあたり（円）
調味料	カレー粉	400	g	1,100	2.8
調味料	赤唐辛子　輪切り	200	g	580	2.9
調味料	アチュートバルサミコ3年	500	ml	550	1.1
調味料	釜揚げ桜えびピンク・500g	500	g	1,100	2.2
魚介肉類	白素干	500	g	1,050	2.1
魚介肉類	骨なし秋さけ　60g×10枚	10	個	750	75.0
魚介肉類	ボイルムール貝（殻付）	500	g	360	0.7
魚介肉類	バナメイむきえび　6L	600	g	1,180	2.0
魚介肉類	やわらかいいか生食用	500	g	650	1.3
乳製品	カットバター（5g×270個）　1350g	270	個	2,600	9.6
乳製品	LL牛乳	1,000	ml	220	0.2
乳製品	生クリーム	1,000	ml	1,050	1.1
乳製品	パルメザン粉　1kg	1,000	g	1,600	1.6
乳製品	ミックスチーズ（ホワイト）　1kg	1,000	g	800	0.8
乳製品	モッツアレラピッツェリア　1kg	1,000	g	1,400	1.4
乳製品	ゴルゴンゾラドルチェ約500g	500	g	2,650	5.3
乳製品	マスカルポーネ500g	500	g	900	1.8
乳製品	カチョカバロ　プレーン　100g	100	g	450	4.5
乳製品	エメンタールK　約3.5kg	3,500	g	2,300	0.7
乳製品	ミモレット　約1.5kg　18M	1,500	g	4,300	2.9

牛肉のアスパラ巻きソテーゴルゴンゾーラソースの原価計算レシピ

税抜き売価	780円
原価率	31.4%

原材料名	使用量	単位	単位あたり原価(円)	使用原価（円）
牛バラスライス　4枚	40	g	0.85	34
アスパラ	4	本	30	120
塩	0.1	g	0.1	0.01
ブラックペッパー（BP）	0.1	g	1.75	0.175
バター（小分け）	2	個	8	16
生クリーム	50	ml	1	50
ゴルゴンゾーラ	5	g	2.65	13.25
原価合計				245.11

牛肉のアスパラ巻きソテーゴルゴンゾーラソースの調理マニュアル

（仕込み）
①アスパラの根元の固い部分を２㎝ほど切り落とす。
②さら切った根元から３㎝ほどをピーラーで皮をむく。
③麺テボでアスパラを２分半茹でた後、キッチンンペーパーにとって十分冷ます。
④牛バラをアスパラに隙間が出来ないように巻き付ける。

（調理）
⑤テフロンフライパンAを強火で熱し、表面が温まったら中火でバター２個を溶かす。
⑥牛バラを巻いたアスパラ4本を入れ、塩、BPを振り、表面がこんがりと焼き色がつくように満遍なく全面をよく焼いて取り出す（あまりいじくりまわさない）。
⑦生クリーム50mlを加えてゴルゴンゾーラ５gをちぎり入れたら、すぐに火を止めてフライパンをゆすり、余熱で溶かす。
⑧器にアスパラを盛り、フライパンのソースをかける。
（スパチュラを使ってソースを底からこそげとる）。

POINT

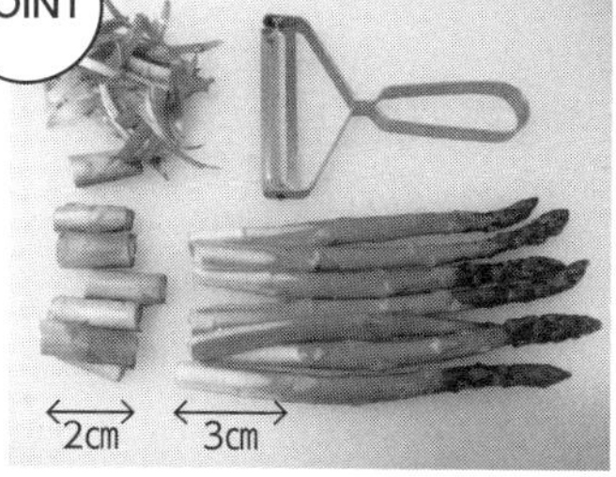

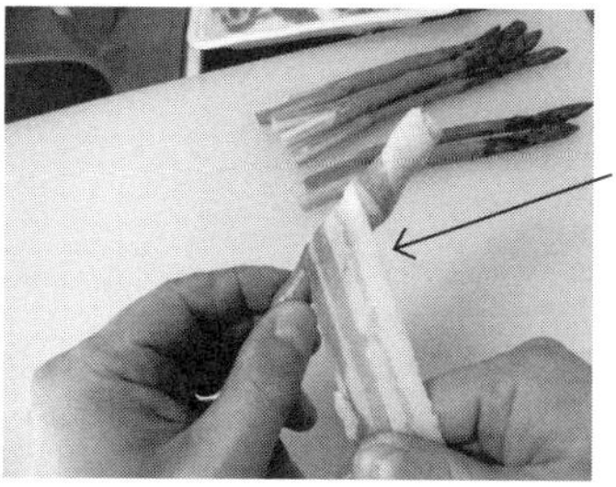

3-8 調理の技術があっても知っておきたい

メイン問屋とサブ問屋を上手く使い分けよう！

「❸-1 大手の弱点をつくメニュー開発をしよう！」で、小さな専門問屋から積極的に情報を仕入れて…、というお話をさせて頂きましたが、**小さな専門問屋はあくまでもサブ問屋**として位置付けましょう。**どこで仕入れても変わらない商品をなるべく安く仕入れをするには、なるべく大きな問屋から仕入れるのが原則**です。一部のモノ以外は、大手チェーンと同じような値段で仕入れることが可能です。

大きな問屋はたとえば同じマヨネーズでも複数の種類から選ぶことが出来ますし、突発的なメーカー側の事情での欠品などに対しても代替品の対応も早いという長所もあります。自分の開業するエリアで毎日のように大手問屋のトラックが走り回っていれば、毎日納品が可能かもしれません。これは店舗運営にあたっては、食材保管スペースが小さくて済み、鮮度劣化もおこしにくいという点で大きなメリットになりますので、ぜひ交渉してみて下さい。

また、問屋を選ぶ際には相見積もりを取るのが基本ですが、一旦取引業者を決めたら価格だけを条件に頻繁にコロコロ問屋を変えるようなことは避けるべきです。問屋をともに成長していくパートナーとしてとらえ、時には無理なお願いも聞いてもらいながら、**お互いにメリットとなるような対等な関係**で長いお付き合いを心がけましょう。

ちなみに、価格だけで言うと問屋から仕入れて買うよりも近くのスーパー等で買ったほうが安い場合も多いです。「旬」の情報もある程度は得られます。ただし、**毎日仕入れに行くのは時間的に非常に無駄なコストになりますし、体力的にも大きな負担**になります。毎日、その日の食材を市場で見てからメニューを決めるような店なら話は別ですが、そうでない場合はスーパー等に買いに行くのはたまのこととして、基本は問屋さんに食材配送してもらう体制をとることをおすすめします。

大手業務用食品問屋

会社名	売上高(億円)	決算月
㈱トーホーフードサービス	143,066	19/1月期
ユーシーシーフーヅ㈱	100,794	19/1月期
尾家産業㈱	100,124	19/3月期
高瀬物産㈱	100,034	19/3月期
㈱西原商会グループ	86,400	19/2月期
㈱久世	66,066	19/3月期
㈱大光	62,911	19/5月期
㈱サトー商会	49,823	19/3月期

いずれもグループの卸売会社売上含む

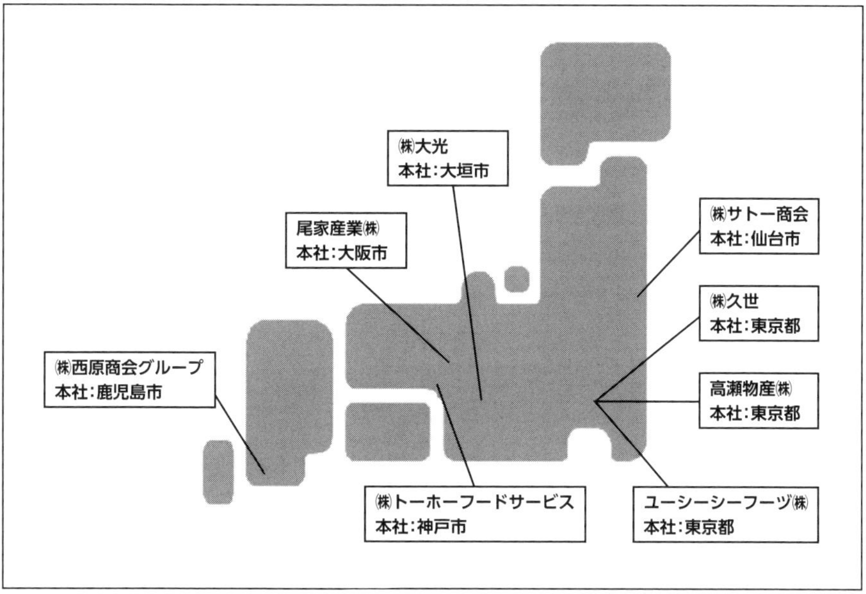

3-9 調理の技術があっても知っておきたい

チェーン店の仕入れの幻想と現実

中小規模の飲食店の経営者の方や独立希望の方とお話をしていると、こんなことをよく聞かれます。

『○○は、チェーン店だからなんでも安く仕入れているんでしょ？だからあんなに安く売れるんだよね？』

『フランチャイズの○×チェーンに加盟すれば、食材も安く仕入れられるんでしょ？』

生ビール1杯190円とか、派手な激安キャンペーンなどを大手がやると目立ちますから、そのように思われるのも無理が無いのですが、**現実的には正しいもの(本当に仕入れが安いもの)とそうでないもの**がありますし、利益度外視の激安商品を看板にして、影でしっかりと利益の取れる商品を売るような商品構成になっていたり、客数を多くすることによって利益率は落としても利益額はアップさせる戦略をとっていたり、裏側では人件費を大幅にカットした店舗オペレーションに改善したりなどの営業努力をしています。全て、「仕入れが安いから安い価格で販売できる」という単純なものではありません。

また、チェーン店は、5店舗～10店舗ぐらいの規模でも、味を全店で安定させたり、店舗の生産性を向上(店舗の人件費をカットする)させるために、自社のセントラルキッチンや外部の食品工場などにソースや加工食品のレシピを渡してオリジナル商品(ＰＢ)を作ってもらう(仕様書発注)ことがあります。しかし、取引規模が小さい段階では、価格面でのメリットはほとんど出てきません。フランチャイズチェーンなどは、チェーンのオリジナル食材として加盟店に食材を仕入れさせてマージンを得るためにこの方法をとることも多いのです。

ですから、私はこうお答えします。

「確かにいくつかのものは非常に安価に仕入れをしているものもありますが、ほとんどのものは、貴方の店とさほど変わらい値段で仕入れていますよ」

「フランチャイズチェーンに加盟したから安く仕入れられるとは限りませんよ。同じぐらいの品質のものなら、むしろ高くなったりして…」

幻想

大手チェーン店は大量仕入れしているから安価に仕入れているのでは？

現実

大手チェーン店は、一部のもの以外は個人店とほぼ同じ価格で仕入れています

こう言うと皆さん意外だという顔をされたり、怪訝そうな顔をされたりする方がほとんどです。これまで、その理由については長くなることもあり、あまり話したことはありませんでしたが、良い機会なのでここに書いてみたいと思います。

食材は、「メーカー（生産者）→問屋→小売店・飲食店」という経路を経て流通します。後で書きますが、大量に取引できれば価格は安くなりますが、よほど大きなチェーン店でない限り、スーパーで並んでいる価格とそれほど変わらないか、むしろ高値で仕入れをすることになります。スーパーよりも飲食店のほうが配送コストが多くかかるからです。これは、問屋の立場で**物流コスト**を考えてみるとよく分かります。

ある商品を100個単位で1回に配送しても良いスーパーと、1個単位で小分けして何か所かに分けて配送しなければならない飲食店では、当然、飲食店のほうが配送コストが高くなります（下図参照）。

飲食店の仕入れ

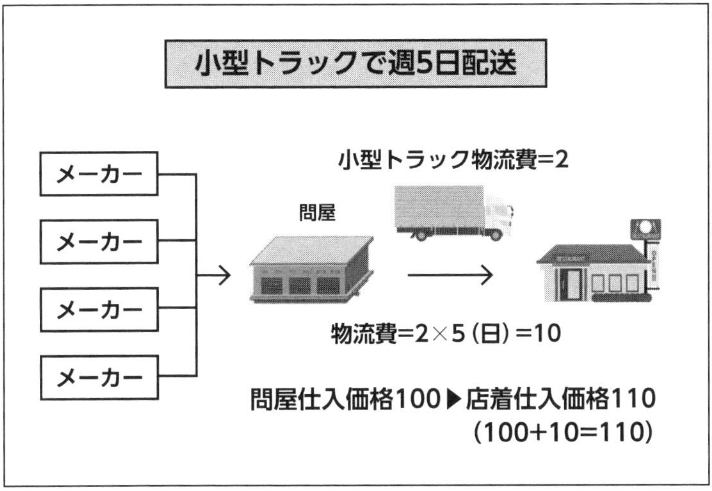

スーパーの仕入れ

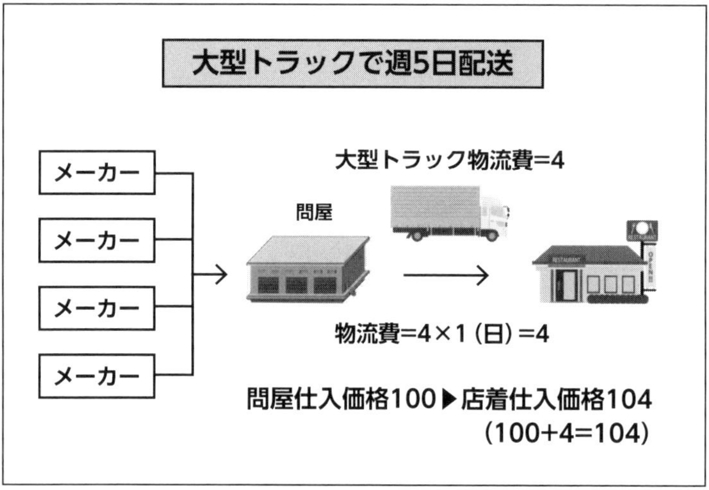

大容量の業務用専門の食材などスーパーに並んでいないものは価格の比較が難しいですが、一般家庭でも使用される同量のしょうゆや油などで価格を比較してみると分かると思います。急な欠品でスーパーに買いに行き、『なんだ、スーパーのほうが安いじゃないか…』という経験をされたことのある飲食店経営者の方も多いと思います。

では、個人飲食店とチェーン飲食店ではどうでしょうか。

飲食店への食材配送は、配送コストを抑えるために基本的には、その店の専用便ではなく、問屋の管理するトラックによる「地域ごとに区切られた混載便」になっています。チェーン店も個人店も関係なく1台のトラックにその地域内の色々な配送先の荷物が乗っているということです。つまり、問屋に配送してもらっているチェーン店ならば、**配送コストから見れば、チェーン店も個人店も変わらないので、店舗の仕入れ価格（店着仕入価格）に大きな差がつくことは無い**ということです。そして、実際にそのようになっています。

問屋仕入れでの配送コストが変わらないとすると、自社物流に乗り出すか3PL（サードパーティーロジスティクス、大手商社などと共同でそのチェーン店の地域商品センターを運営し専用車で各店舗に配送する業者）業者を使って配送コストを削減しなければなりませんが、コンビニチェーンなどのように大量にドミナント出店しているようなチェーン店でないと逆にコスト高になり、運営は難しいのが実情です。ですから、多くの外食チェーン店では、まとまった取引（大量仕入れ）

をすることによってのスケールメリットを出すことがメインになってきます。

スケールメリットの出し方は段階があり、第一段階として、5～10店舗ぐらいになって、ある程度の取引の金額がまとまってくると、そのチェーンで多く使用するようになった食材については、問屋がメーカーに価格交渉できるようになりますので、飲食店側も少しずつ有利な条件で取引できるようになります。逆に言うとそれまでは、問屋さんにいわば「泣いてもらう」だけなので、そんなに無茶に価格交渉をしても安く仕入れられるものではありません。

第二段階として、50店舗ぐらいの店舗規模(厳密には取引金額ですが)になってくると、大量に使う食材などは、メーカーからの営業マンが直接チェーン店の本社にやってきて営業をかけてくるようになり、さらにメーカーからの「キックバック」が生じてきたりします。これはチェーン店で働いている現場の店長や社員はもちろん、スーパーバイザークラスでもほとんど知らされない金額です(現場の社員は納品伝票に書かれている納品価格だけを見るか、納品価格さえ記載されていないチェーン店もあります)。

さらに、第三段階として100店舗ぐらいの店舗規模(厳密には取引金額ですが)では、とくによく使う食材などを海外現地生産工場で自社仕様に生産させてコストダウンしたりするようなことも可能になります。大きな問屋や総合商社などが、商流として自社口座を経由させることを前提に、海外工場や海外生産者を紹介してくれたりもします。

こうして、大きなチェーン店になればなるほど、取引金額が増えれば増えるほ

大手チェーン店が大量取引による価格メリットを享受しているもの

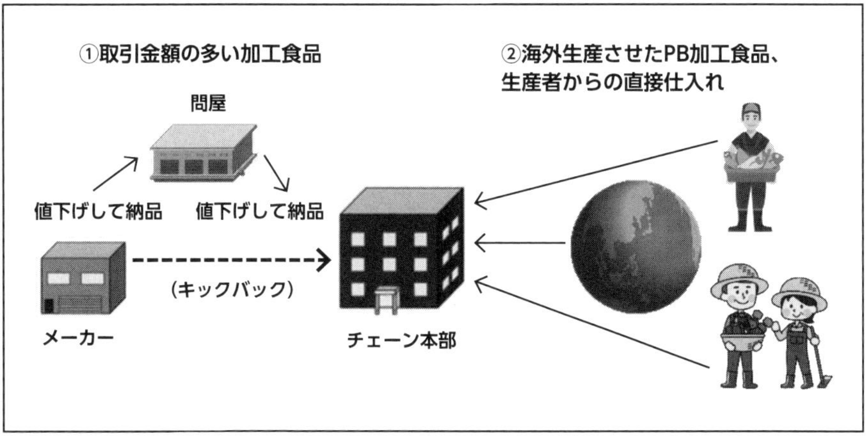

ど安価に仕入れることができるようになることは事実です。ただし、**特別なのはあくまでも取扱量の多い一部のモノ**です。

逆に言うと、あるA食材について、個人店はよく使用するから100円で仕入れていても、100店舗以上あるようなチェーンでも取引量が少なければ、120円という**個人店よりも高値で仕入れているというようなケースもある**ということです。

また、一般的な食品とは別に、ビールというアイテムはとくに大手チェーンが優遇を受けているアイテムです。グラス、ジョッキ、ビアサーバーなどは、今でも問屋を通して販売促進としてお店に無償提供してもらえることが多いのですが、かつては個人店であっても、そのメーカーのビールをメインに取り扱うだけで、現金でご祝儀があったり、さらにロゴ入りの看板を作成してもらえたりなどという特典が当たり前のようにありました。

しかし、2005年からは、大手ビールメーカーがビール類のオープン価格化を発表し、問屋に対する「数量リベート」が廃止されて卸機能に応じて支払う「機能リベート」に移行したりする等、問屋でのビールの取り扱い環境は大きく変わり、飲食店に対してかつてのような羽振りの良い販売促進はできなくなってしまいました。

しかし、今でも問屋を通してでなく、メーカーから直接リベートを受け取っている飲食店も存在します。協賛というカタチで受け取ることが多いようです。個人店でも年間数万円～数十万円単位で受け取っていますし、弊社では飲食店のM&A情報も扱っていますが、これまでに私が目にした例では、居酒屋を10店舗ほど経営している年商10億円ぐらいのチェーンで、年間5千万円の販売奨励金を得ているという会社もありました。

このような実態は、もちろん店舗の納品伝票に記されている納品価格には現れてこないので、チェーン店の現場の店長やスーパーバイザーなどでも知り得ません。

ちなみに、こういうキックバックやリベートなどのメリットは後述するＦＣチェーンの加盟店にはあまり還元されないと思っておいて良いでしょう。

いかがでしたか？イメージされていた通りでしたか？

3-10 調理の技術があっても知っておきたい

ビールは一次卸から仕入れよう！

もう一つだけ、ビールの仕入れに関連して、飲食店経営者の方が誤解されていることの1つがビール（4大ビールメーカーのビール）の流通経路です。ビールの流通は、メーカーから問屋を経由するのですが、酒類取扱いの免許を持った問屋しかできません。そして、飲食店がビールを仕入れるのには、**一次卸の問屋からの場合と、二次卸の問屋から仕入れる場合の2つのルートが存在します。**

ビールは一次卸から仕入れるのが有利！

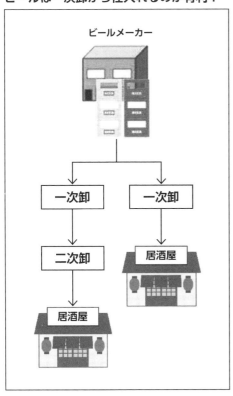

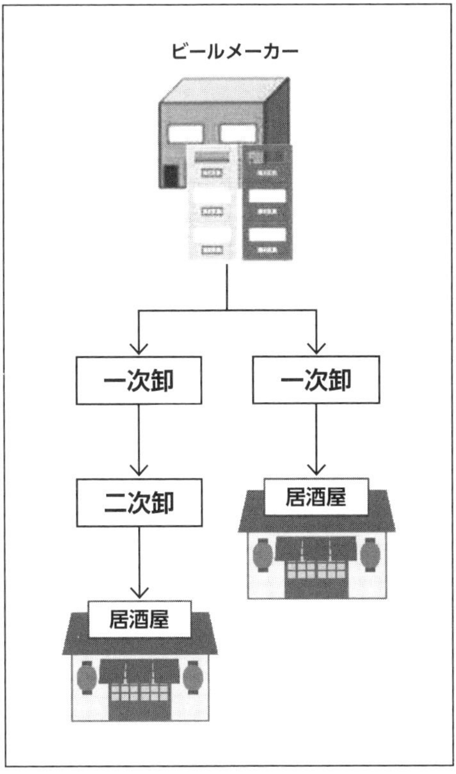

当然、一次卸から買ったほうが安いのですが、大手ビール会社の営業マンが直接店舗まで営業フォロー(リテールサポート)で訪れてくれることもあり、意外と自分の付き合っている酒屋が大手ビールメーカーと直接取引している一次卸なのだと誤解している(思い込んでいる)飲食店経営者の方が多いようです。

以前に、こんなことがありました。ある酒屋A(二次卸)と長年取引していた居酒屋経営企業B社の新業態開発時に、B社がそれまでお付き合いの無かった大手食材卸会社C社(一次卸)を利用することに決定し、その大手C社がビールも取り扱っていたので、私はビールについてもC社から見積もりを取りました。古くから付き合いのある酒屋AはこのB社の経営者とは友人付き合いもあったので、かなりの安値でビールを卸していると自負していましたが、大手C社が出してきた見積価格は、酒屋Aからの仕入れ価格よりもかなり安く、B社のビール年間販売数量で金額に換算すると、なんと数百万円の差でした。

そこで、B社としては、長年付き合っていた酒屋Aに、価格を大手C社と同価格にしてもらえないと今後も継続してお付き合いを継続することは難しいと、大手C社の見積価格を提示したところ、なんとその価格は、酒屋Aが一次卸から仕入れている価格より安かったため、酒屋Aは直接、大手ビール会社の営業マンに交渉して、ビール会社からそのB社分だけは特別措置をとってもらうという条件で、何とかその酒屋AはB社との今までの取引を維持することができました。

それほど、**一次卸から買ったほうが安い**のです。もちろんB社の経営者も一次卸、二次卸という段階的流通システムを知らず、酒屋Aは大手ビール会社と直接取引口座があると誤解していた(思い込んでいた)ようです。

酒類卸売免許を持っている卸問屋でも、4大ビールメーカーと取引口座を持っている一次卸少ないですが、ビールの出数が多く、大手食材問屋と取引があれば、4大ビールメーカーの一次卸でないかどうかを確認してみることをおすすめします。

4

絶対に押さえておきたい！

店舗物件探しのツボ

4-1 店舗物件流通の仕組みは、こうなっている！
4-2 企画料？広告料？不動産屋の手数料のヒミツ
4-3 掘り出し物はここにある！本当にインターネットに良い物件はない？
4-4 ナイナイの物件とは？
4-5 個人の飲食店新規開業者は嫌われる？
4-6 不動産業者を訪問する前に必ずやっておくこと
4-7 不動産業者訪問時のポイントと即レスの重要性
4-8 サブリース業者の物件取引の実態はこうなっている！
4-9 一番手申し込みは本当に有利か？家主に印象づけるには？
4-10 造作譲渡価格の相場は？
4-11 居抜き物件は撤退理由が大事なポイント
4-12 資金の無い人ほどスケルトン物件での出店を考えてみよう！
4-13 連帯保証人と家賃保証会社の微妙な関係
4-14 事業用定期借家契約の落とし穴
4-15 家主の与信状況は大丈夫？
4-16 飲食店営業許可証と深夜営業
4-17 防火対象物と防火管理者

4-1 絶対に押さえておきたい！

店舗物件の流通の仕組みは、こうなっている！

飲食店を開業し成功するには、良い物件との出会いが欠かせませんが、そのためには、実際の賃貸店舗物件がどのように流通しているのかを理解しなければなりません。しかし、その流通の仕組みを理解するためには、少し回り道に感じると思いますが、実はまずは一般的な不動産の**売買物件の流通の仕組み**を知っておく必要があります。

なぜなら**賃貸の店舗物件の流通の仕組みは、宅地建物取引業法で売買物件ほど厳格に規定されている部分が少なく、比較的自由な取引である側面がある一方、実際的には売買物件の流通の仕組みに準じている**面があるからです。

このことは一般的にはあまり知られておらず、インターネット等にも解説しているサイトなども現在のところ見当たりません。この辺りが、一般の開業希望者の方が店舗物件の流通の仕組みが良く分からないと感じる一因になっているのではないかと思います。

それでは、早速、売買物件の流通の仕組みをみてみましょう。まず、売買物件では、所有者(依頼主)が不動産業者に買主を見つけてほしいと媒介を依頼する場合、**専任媒介契約、専属専任媒介契約、一般媒介契約**のいずれかの媒介契約を指定して依頼します。

それぞれの特徴を簡単に図と表にまとめると右ページのようになります。

売買では、宅建業法34条ですべての媒介契約で契約書の作成と交付が義務付けられており、専属専任媒介契約や専任媒介契約では法律で売主への状況の報告義務や指定流通機構への登録義務が設けられています。ここで**指定流通機構に登録された物件は他の不動産業者も買主を見つけて紹介(客付け)することができます。**

専任媒介契約

依頼主は自ら買主を見つけることも出来る。

専属専任媒介契約

依頼主は自ら買主を見つけることが出来ない。

一般媒介契約

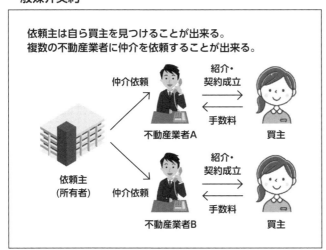

依頼主は自ら買主を見つけることが出来る。
複数の不動産業者に仲介を依頼することが出来る。

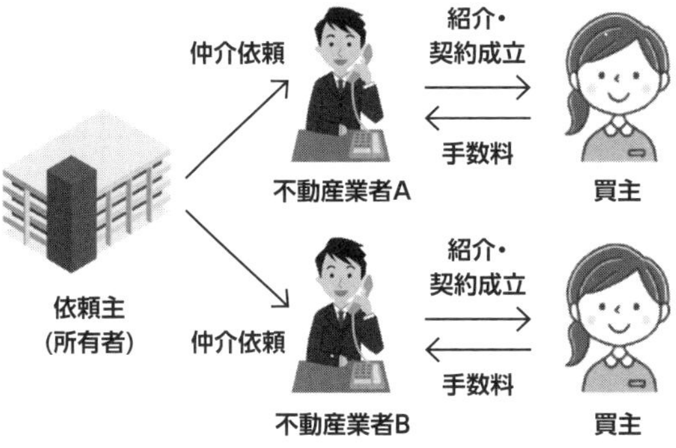

媒介契約の違いによる特徴(売買)

	専属専任媒介契約	専任媒介契約	一般媒介計画
契約書の作成・交付義務	あり	あり	あり
家主から他業者への依頼	出来ない	出来ない	出来る
家主の自己発見取引	認められない	認められる	認められる
契約有効期間	3ヶ月以内	3ヶ月以内	無制限
不動産業者の依頼主への報告義務	1週間に1回以上	2週間に1回以上	なし
不動産業者の指定流通機構(レインズ)への登録義務	あり	あり	なし(任意で登録可)

これに対して、賃貸借物件では、下図のようになります。売買の場合と比べると随分ゆるやかです。

媒介契約の違いによる特徴(賃貸)

	専属専任媒介契約	専任媒介契約	一般媒介計画
契約書の作成・交付義務	なし(任意)	なし(任意)	なし(任意)
家主から他業者への依頼	出来ない	出来ない	出来る
家主の自己発見取引	認めらない	認められる	認められる
契約有効期間	無制限	無制限	無制限
不動産業者の依頼主への報告義務	なし(任意)	なし(任意)	なし(任意)
不動産業者の指定流通機構(レインズ)への登録義務	なし(任意で登録可)	なし(任意で登録可)	なし(任意で登録可)

賃貸では媒介契約書の作成・交付は宅地建物取引業法で義務付けられてはいません。実際には、とくに一般媒介契約の場合、ほとんどは媒介契約書が書面で交わされることは無く、「任せたよ」「はい、分かりました」程度の**口頭での契約**になります（口頭契約でも意思表示の合致があれば有効に成立）。これは、店舗に限らず、アパートやマンションでも同様です。

そして、媒介契約の内容自体も（分類は売買の媒介契約に準じてはいますが）、実際は当事者間の自由になっています。もちろん不動産業者側も依頼主への報告義務や**指定流通機構（レインズ）への登録義務も無く、当事者同士の任意**で取り決めることが可能です。

物件が、どのような依頼を家主から受けているのか（取引態様）は、多くは物件資料の右下欄に記載されています。専属専任媒介や専任媒介の場合は、「専任媒介」、一般媒介の場合は「媒介」とのみ記載されているのが一般的です。

専任媒介

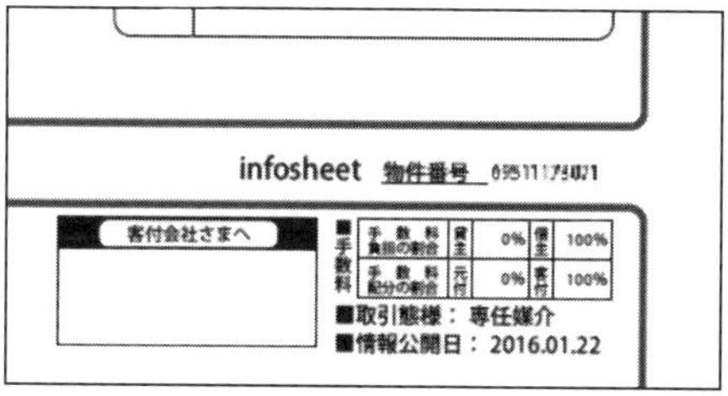

一般媒介

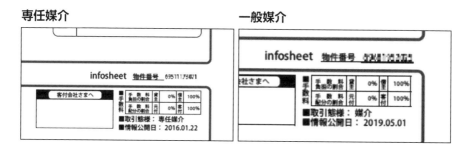

ですが、賃貸物件においては、たまに１つの物件に対して複数の不動産業者の「専任媒介」の物件資料が出回ることがあります（本来の媒介契約の性質上はあり得ないはずですが）。これは家主と専任媒介契約を書面で交わしていない（「口頭専任」と呼ばれています）ため、不動産業者の勘違いによる「専任媒介」の記載によるものや、または、他の不動産業者へのけん制として、「専任媒介」と記載されている場合に、そのような事態になります。

4-2 絶対に押さえておきたい！

企画料？広告料？
不動産屋の手数料のヒミツ

皆さんが店舗物件を賃借する際には、家賃の1か月分の仲介手数料を不動産業者に支払うことが一般的です。

不動産業者が得られる仲介手数料は、賃貸借の場合でも宅地建物取引業法の規制を受け、家主、借主の双方から合計で**家賃の1ヶ月分を上限とした仲介手数料**を得ることができますが、一般的には借主側から100％＝家賃の1か月分の仲介手数料を得ています。自社単独で借主を見つけられた場合は下図のようになります。

自社単独で借主を見つけられた場合

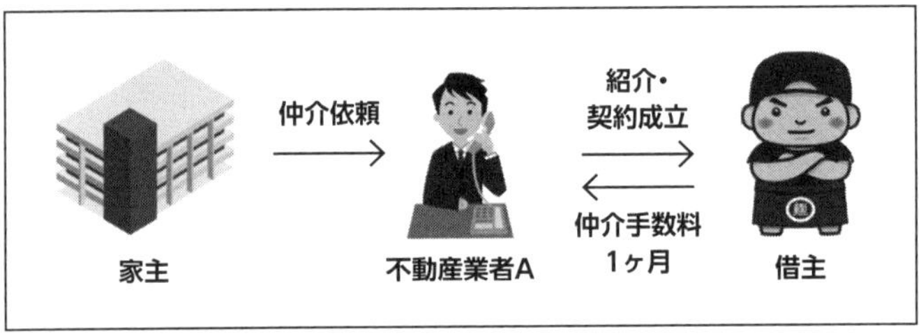

そして、自社単独で借主を見つけられずに、他社の客付けで契約が成立した時は下図のようになります。

他社の客付けで借主を見つけられた場合（理論上）

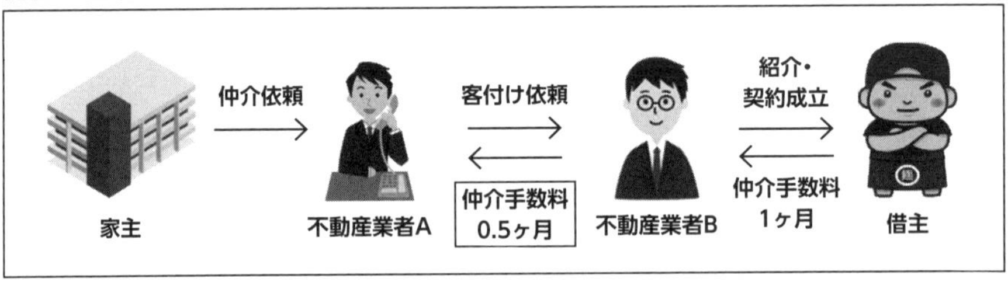

この場合、不動産業者A（元付け業者と呼びます）も不動産業者B（客付け業者と呼びます）も本来なら理論上0.5か月分の仲介手数料（「分かれ」と呼ばれます）となるわけです。

しかし、実際にはもう少し複雑で、不動産業者A（元付け業者）は貸主から「広告料」という名目で1か月分の賃料相当額を得て、不動産業者B（客付け業者）は不動産業者A（元付け業者）と**手数料を折半すること無く借主からの仲介手数料1か月分はまるまる得られる**ことが多くなっています。

アパートやマンションの物件でたまに手数料無料を宣伝している不動産業者を見たことがあると思いますが、こういう仕組み（貸主から「広告料」が出ている）になっているから可能なのです。

通常、この「広告料」の原資は家主が借主から徴収した礼金の中から充てられるので、実質的には借主が2か月分の賃料相当額を不動業者に対して負担しているのと同じことです。

また、礼金→広告料という迂回した流れをとらず、直接的に借主から「企画料」という名目で1ヶ月分の賃料相当額を徴収して、不動産業者AもBも実質1か月分の賃料相当額の報酬が得られるように調整したりすることもあります。

さらに言えば、不動産業者Aは家主から1か月分の広告料を得て、かつ自分で借主を見つけた場合は、仲介手数料1ヶ月と合計して2か月分の報酬を得ることもあります。

これは不動産業界では家主と借主の双方から手数料を得られるので「両手の商売」と言われています。

実際の店舗物件の流通の仕組みと手数料の関係（例）

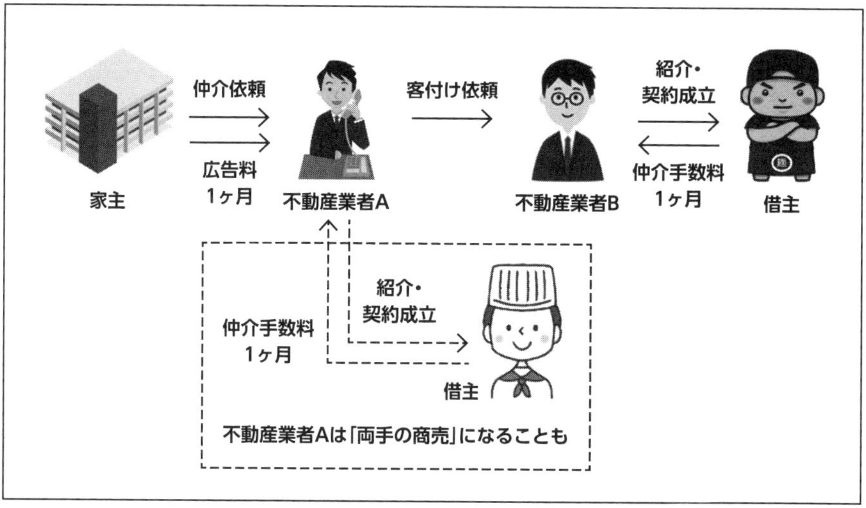

要は宅地建物取引業法上の「仲介手数料」という名目で得られる報酬の上限は1か月ですが、**他の名目でなら報酬を得ても良いという解釈で、この辺りかなり法律的にグレーゾーンな話**ですが、そういう慣習になっているものなので、そこで揉めてみても何も解決しません。そういうことになっていると割り切りましょう。借りたい人が多い物件なら不動産業者はあなたに紹介しなければ良いだけの話なのですから…。

このような構造になっていますから、元付け業者から直接物件の紹介を受けたほうが家主との話が早いですし、余計な金銭的負担をしなくてはならなくなる可能性も低くなります。また、**保証金よりも礼金のほうが減額交渉が通る可能性がある**のはこういう構造（不動産業者の手数料が「両手」→「片手」になる）になっているからです。

しかし、一概に元付け業者だけを追いかけておけば良いというものではありませんし、同じ不動産業者でも元付けの立場になることもあれば客付け業者の立場になることもありますので実質、すべての不動産業者をどちらかに完全に分類することは不可能です。また、客付け専門の不動産業者は、物件（情報）数も多くて、家主側よりも借主側に立ってくれやすい側面もありますので一長一短です。

4-3 絶対に押さえておきたい！

掘り出し物はここにある！本当にインターネットに良い物件はない？

さて、前項の仕組みを理解したら、具体的に不動産業者はどういう順で情報を出していくかを見てみましょう。

一般的な物件情報の流通の順序

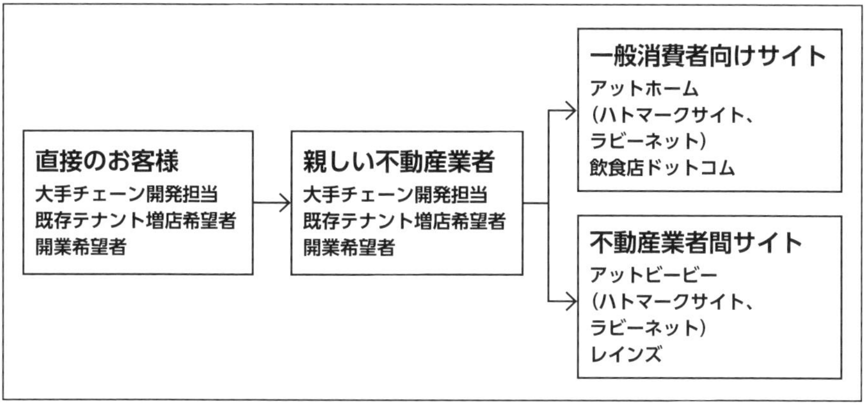

まずは当然、自社の直接のお客様に声かけします。そこで借主が見つからなければ、親しい不動産業者に客付け依頼します。そこでも借主が見つからなければ、インターネット上に物件情報を公開して広く募集することになります。

不動産業者は、基本的に大きく分けて公益社団法人全日本不動産協会（ラビーネット）に所属しているか、公益社団法人全国宅物取引業協会連合会（ハトマークサイト）に所属していて、それぞれの団体と提携している「アットホーム」及び「アットビービー」という不動産情報サイトと国務大臣の指定流通機構「レインズ」を利用しています。

このうち「レインズ」は売買不動産ではよく使われますが、賃貸不動産では検索性の高さから「アットビービー（アットホーム）」がよく使用されています。

日常的によく飲食店の居抜き店舗物件を扱う不動産業者は最近では、「飲食店ドットコム」というサイトも使用しています。ただし、これは有料登録しないと利用できないため日常的に飲食店向きの居抜き店舗物件を扱っていない会社は利用していません。

インターネットで情報公開する時、不動産業者は、「アットホーム」や「飲食店ドットコム」のような一般消費者向けに情報公開するか、「アットビービー」や「レインズ」のような業者間ネットにだけ情報公開するかを選びます。両方を選択する不動産業者もいれば、一般消費者向けサイト→業者間ネットの不動産業者もいれば、業者間ネット→一般消費者向けサイトという順で公開する不動産業者もいる等、その業者の方針により様々です。

一般消費者向けサイトには基本的に元付け業者が物件広告を出していますが、物件によっては客付け業者も物件広告を出していることもあります。

「取引様態」の欄に「専任」と記載のある業者の広告と「媒介」と記載がある業者の広告の2種類が出ている場合は、「媒介＝一般媒介」のことなので、「専任」のほうが元付け業者ということになります。

しかし、専任媒介を受けている業者が無く、一般媒介だけで家主が依頼している場合は、元付け業者が複数いることになります。この場合、どの業者が元付け業者でどの業者が客付け業者かは一般消費者向けサイトでは分からないようになっています。先に述べた「企画料」などが設定されている場合でも、元付け業者の物件資料にも客付け業者の物件資料にもどちらも記載されていることもあり、

専任媒介業者がいる場合、元付けは「専任」、客付けは「媒介」で広告を出す。

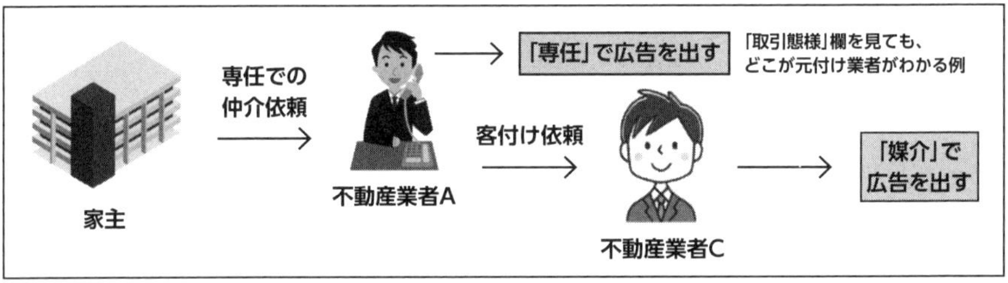

一般媒介の場合、元付けも客付けも同じ「媒介」で広告を出す。

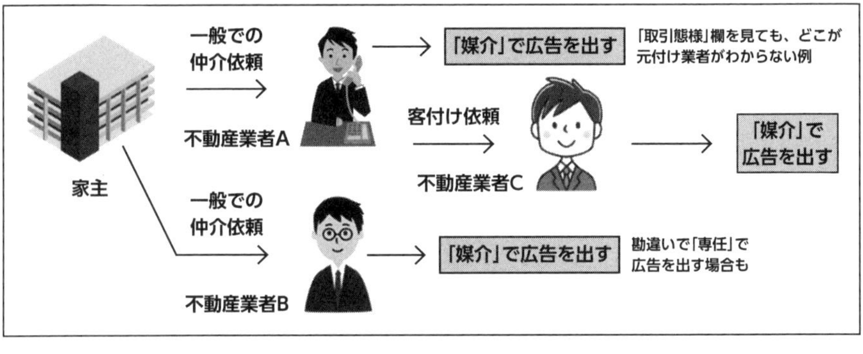

その場合はそこで見分けることも難しいです。

ちなみに、「ヤフー不動産」などに掲載されるのは「アットホーム」で一般消費者向けに公開設定されている情報が掲載されています。

一般的な店舗物件情報の流通の仕方を考えると、一般消費者向けサイトは、一番風下の位置にありますが、一般消費者向けのサイトに情報公開されている物件であっても、**掘り出し物は出てきます。**

なぜなら、ケースによっては**いきなり一般消費者向けサイトの「アットホーム」や不動産業者サイトの「レインズ」に掘り出し物の物件情報を出すことがある**からです。

どのようなケースかというと、例えばいわゆるアパマン物件の管理（仲介でない）が中心の不動産業者などが大型マンションの1階店舗のテナント募集する際に、テナント候補の見込み客情報が少ない場合や、A市が拠点の管理業者が遠隔地のB市の管理物件に空きが出てもB市のテナント候補の見込み客情報が少ないような場合です。

これらの場合の物件情報は**一番風上の情報と変わらない性質**を持っているということになりますので、インターネットでも十分に良い物件の情報を入手できるチャンスがあるということです。

ただし、このような物件は最近では、目ざとい飲食店居抜き専門のサブリース業者（詳しくは「8店舗物件開発のツボ」参照）が常にこれらのサイトを監視していて一瞬のうちに借りてしまうので、**スピードが重要**になってきます。ただし、「サブリース業者はお断り」の方針の家主や不動産業者も多いので、しばらく情報が掲載されているからといって、その物件が掘り出し物でないということはありません。

これらのことから、開業希望者の方はインターネットのサイトは「アットホーム」と「飲食店ドットコム」をメインに見ていれば良いということです。

●athome（アットホーム）
https://www.athome.co.jp/
●飲食店ドットコム
https://www.inshokuten.com/

レインズ情報はどこで収集するのかというと、店舗専門業者やサブリース業者のサイトから収集します。

サブリース業者は当然レインズ情報も見ていますので、自社のサブリース物件以外にも仲介業務もやる業者ならば、普通に仲介物件としてレインズから収集した情報を掲載していることがあります。

代表的なサブリース業者のwebサイト

●ABC店舗
https://www.abc-tenpo.com/

●レスタンダード(居抜き市場)
https://inuki-ichiba.jp/

●あどばる(ぶけなび)
https://bukenavi.jp/

●店舗流通ネット(テンポバックス)
https://www.tenpo.biz/tenpobacks/

●テンポイノベーション(居抜き店舗.com)
https://www.i-tenpo.com/

4-4 絶対に押さえておきたい！

ナイナイの物件とは？

いわゆる、「内内（うちうち）の物件」とか「ナイナイ物件」「オモテに出ない物件」というのをお聞きになったことがある方も多いと思いますが、これはどのような物件かというと、代表的なのは先にも述べたような不動産業者が自社単独で、かつインターネット等に広告を出さずに自社顧客内で次の借主が見つかる物件【パターン①】と、もうひとつは現借主が解約するにあたって、解約予告を出す前に次の借主を現借主が見つけてきて不動産業者に逆に紹介する物件【パターン②】です。（次ページの図参照）

ちなみに現借主が、次の借主を見つけるサポートが弊社のメイン業務でもあります。これについては、「10上手な閉店のツボ」で改めて説明させて頂きます。

ナイナイの物件のメリットは、**提示条件満額で申し込みを入れれば、他者と競合することなく物件契約できること**です。

勘違いされやすいですが、必ずしも格安の掘り出しモノの物件というわけではありません。もちろん格安のこともありますが、相場並みのこともあります。

これに対して、広く公開されているインターネットでの情報は全ての方が見られる情報ですから、良い物件が見つかっても競合が非常に激しくてなかなか申し込みを入れても借りられないかもしれません。

掘り出しモノ物件、ナイナイの物件に出会うためには、1軒1軒、街の不動産業者を訪問して回り、「ナイナイの物件」を紹介してもらう必要がありますが、初めて飲食店を開業する方がやみくもに不動産業者を回ってみても、そう簡単には紹介してもらえません。後に紹介する事前準備をきちんとして不動産業者に的確な対応を積み重ねる必要があります。

ナイナイの物件パターン❶

広告を一切出さず、自社顧客内で契約成立。

ナイナイの物件パターン❷

現借主が、新借主を紹介して契約成立。

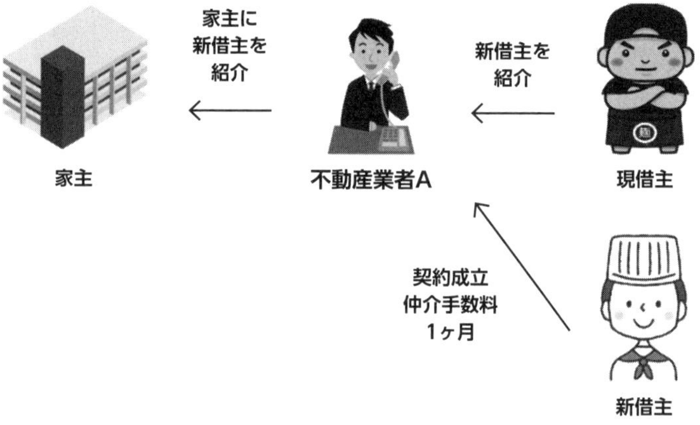

4-5 絶対に押さえておきたい！

個人の飲食店新規開業者は嫌われる？

多くの個人の飲食店の新規開業希望者の方は、不動産業者を初めて訪問すると「自分は客なのに随分素っ気ない態度をとられるな～」と感じるかもしれません。結論から申し上げると、とくに「個人」の飲食店新規開業希望者はいくつかの理由から**不動産業者からはしばしば嫌われがち**です。

そもそも自社の管理物件に空き物件が常にあるわけでは無いので、1日に何人も来る開業希望者に断り続けるのも大変ですし、仮に空き物件があっても空室で悩むアパートやマンションの家主と違い、好立地のビルの家主は自分のビルの管理を任せている管理不動産業者に対する発言力も強く、**管理不動産業者は家主側に立っており、できるだけ優良なテナントを誘致したいと考えている**からです。

もう少し細かく、個人の飲食店開業希望者が嫌われる理由をみていくと、以下の4点が挙げられます。

❶資金力が不明瞭
❷事業実績がなく信用力が無い
❸相場を分かっていない
❹賃貸店舗の流通構造を知らない

まず、①に関してはお分かり頂けると思いますが、事業実績のある法人であれば会社案内やホームページなどである程度の資金力の有無を推察することができますし、担当者の記憶にも残りやすいですが、個人で何の事業実績も無ければ、仮に個人で100億円の現金を持っていても不動産業者にはそのことは分かりませんし、推察しようがありません。

次に②に関しては、仮に賃貸借契約をしても、これまで飲食店を営業した経験などが無かったりすると飲食店経営自体が不安（＝家賃支払いが不安）ですし、仮に飲食店経営がうまくいかなくても、しばらくは他の事業で得られる収入により安定して家賃を支払い続けることができる等の何らかの家賃支払いの安定性を保証するような事業実績が無いとやはり家賃支払いが不安だと感じられることもお分かり頂けると思います。

個人の方がたまに、「信用をつけるために500万円の資本金で法人登記しようかと思っている」とか言うのを聞きますが、事業実績が無ければ300万円とか500万円の資本金では大した信用にはなりませんし全く無駄でしかありません。個人事業で始めたほうが、現在の法律では、個人事業で2期とその後、法人登記して2期の合計4期間は消費税が免除されますので無意味な法人登記は無駄であり、むしろ損をしますので絶対にやめておきましょう。**大事なのは会社であるとか法人であるという体(テイ)では無くて事業実績です。**

さて、これら①、②に関してはなかなか払拭しがたいのは仕方ありません。不動産業者も仕方ないことだと分かっているので、大事なのは③、④です。これらに関しては、個人の新規開業者でもある程度の経験と勉強をすれば払拭できる項目です。自分に親身になってくれる不動産業者を見つけるには、その土地の相場と店舗流通の諸事情を相手(＝不動産業者)の立場に立って理解することが唯一の方法です。

もう一度言いますが、**基本的に家主から管理業務を委託されている管理不動産業者というのは家主側に立っています。**なぜなら、先に見たように媒介の依頼は家主が管理不動産業者にしてくれる(＝仕事をくれる)ものであり、さらに言うと、管理不動産業者は家主から継続的に管理収入(家賃の何%かの管理費)を得ることで成り立っています。不動産業界ではこの管理収入が得られる物件を管理物件と呼びますが、多くの不動産業者では家主の信頼を勝ち得て、この管理物件を増やすことこそが不動産業者の目標とするところです。テナントは入居時に仲介手数料をもらうお客様ではありますが、不動産業者からみると**重要度は家主≧テナントなのです。**

さらに言えば忘れがちですが、法人個人や事業実績の有無を問わず、「飲食」テナント自体が事務所や物販のテナントに比べて嫌われがちです。

なぜなら、事務所や物販店舗に賃貸していた物件を飲食店に賃貸する時は、消防法上、新たに避難設備や消防設備を家主側が負担設置しなければならないケースも多く、さらに建築基準法上、200㎡以上の大きな区画では飲食店を全く新規にテナントとして入居させると用途変更を申請せねばならない等、家主側の負担がかなり発生することが多いからです。

また、飲食店に賃貸していた実績のある建物でも臭い、煙、生ゴミなどの問題はもちろん、撤退する時にも飲食店固有の設備の撤去の問題があり、預かる保証金が少ないと原状回復(借りる前のもとの状態に戻すこと)もままならない事態になりかねないこともあるので、嫌われがちなのです。

これらの事情を知らずに家主側に無理な交渉をするように不動産業者に依頼したり、その地域の相場を無視した物件を探すように依頼したりすると、それだけで相手にされなくなります。不動産業者からすると、冷たいかもしれませんが、いちいち全ての個人の開業希望者にこれらの事情を説明している暇はありませんし、メリットもありません。

不動産業者には1日に何人もの新規開業希望者が訪れますし、その中には信用も実績もあり相場観も物件流通の仕組みも知り尽くしたチェーン店の開発担当者も何人も訪れます。その中で良い物件を勝ち取るにはどうしたら良いのでしょうか？

次項以降に、私が実際に大手チェーン店でやっていた方法を基に、個人の新規飲食店開業でも不動産業者から嫌われずに、親身になってくれる不動産業者を見つけることができる訪問の仕方を紹介させて頂きます。

不動産業者は基本的には家主重視

4-6 絶対に押さえておきたい！

不動産業者を訪問する前に必ずやっておくこと

出店希望候補地の不動産業者を1軒ずつ訪問して回る前にいくつかの準備が必要です。一つずつ見て行きましょう

❶物件の希望条件をまとめたA4チラシを作る。

物件の希望条件（広さ、階数、賃料条件）や出店したい業態の情報などを分かりやすくＡ４用紙1枚にまとめたチラシを準備しましょう。

携帯電話の番号とメールアドレス、できればFAXの番号も忘れずに入れておいて下さい。基本的に、古くからやってるようないわゆる街の不動産業者は高齢の方も多く、そのような業者との物件情報のやりとりはFAXになることも多いです。

「いい物件紹介して下さいよ～」というのは不動産業者がよく言われることですが、出店希望者によって「良い物件」の定義が違います。たとえば、イタリアンをやりたいという人でも繁華街でやりたい人もいれば、住宅街でやりたい人も、色々な人が不動産屋に来店されるので、1階限定なのか、地下や2階でも良いのか、広さは最低何坪～何坪なのか。

賃料は相場によるとはいえ、大体どのぐらいを想定しているのか。不動産業者に全部覚えておいてもらうことは不可能なので細かく記載しておく必要があります。

物件募集チラシ（例）

とんこつラーメン店開業
店舗物件探しています！

居抜きOK
スケルトンOK

階数：1階のみ（間口3.6m 以上）
面積：1階8坪～12坪
家賃：坪@2万円～3万円

連絡先：山田太郎
TEL：090-1234－5678
FAX：03－1234-5678
メール：yamada@yamada.co.jp

イタリアンレストラン向き店舗物件探しています！

人通り無くても大丈夫です！
即決しますので
よろしくお願いします！！

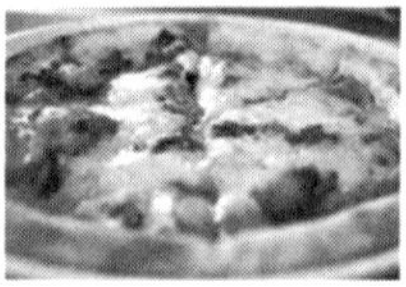

居抜きのみ

階数：1階、B1、2階
面積：1階15坪～20坪
家賃：坪@2万円～3万円

連絡先：山田太郎
TEL：090-1234－5678
FAX：03－1234-5678
メール：yamada@yamada.co.jp

❷インターネットで相場と出回り情報をチェックする。

1階で坪＠3万円が相場の土地で、「1階で10坪で20万円以内の物件を探しているんです」と相場からかけ離れたことを言っても相手にされません。また、長期間決まらずに空きテナントになっている物件を紹介されて「これは見たことあるんですけど、歩行者が少なくて場所が悪いですね」とか「この物件は間口が奥まってて通りから見えにくいですね」等すでに長い間真剣に探していて、**出回り情報についてはチェック済みであることがわかるような返答**をしないと、これまた不動産業者からまともに相手にされません。

❸街歩きをして出店候補地を道路単位で地図上にマーキングする。

大まかに、どこにコンビニがあるとか有名チェーンがあるとかの情報も頭に入れておいて下さい。不動産業者から「あそこのコンビニの隣が今度空くよ」というような情報を口頭で言われることがあります。その時にパッとそのコンビニなりの目印が思い浮かばないと、不動産業者からは、「この人は本当にこの街で事業をしたいと思ってるのか？」と不審に思われても仕方ありません。

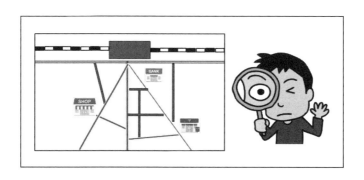

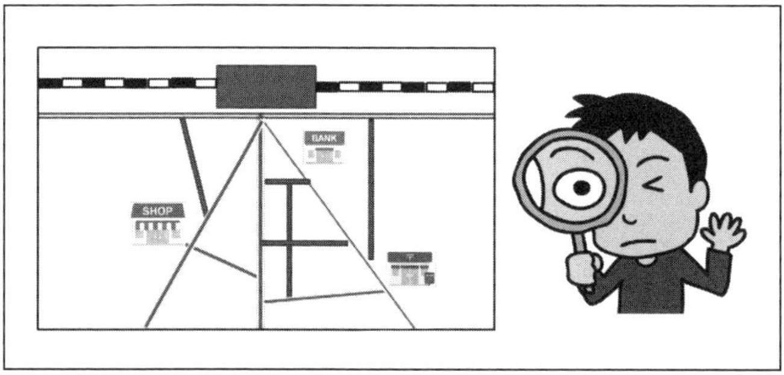

❹街歩きをして「テナント募集」の看板が出ている物件をチェックする。

物件のシャッターや窓などに「テナント募集」の看板を出している業者はその物件の元付け業者と思って間違いありません。客付け業者を介さずに直接元付け業者に問い合わせることが可能な物件ですから、その物件に興味があれば、すぐにそこに表示されている電話番号に電話して状況をヒアリングするか、その街の不動産業者であることが分かっていれば、訪問の優先順位1位にして、直接その不動産業者を訪問すると良いでしょう。

もし他の不動産業者を訪問してその物件を紹介されたら、「その物件情報は既に紹介されています」と返答すれば良いです。

テナント募集の看板は元付け業者と直接交渉するチャンス！

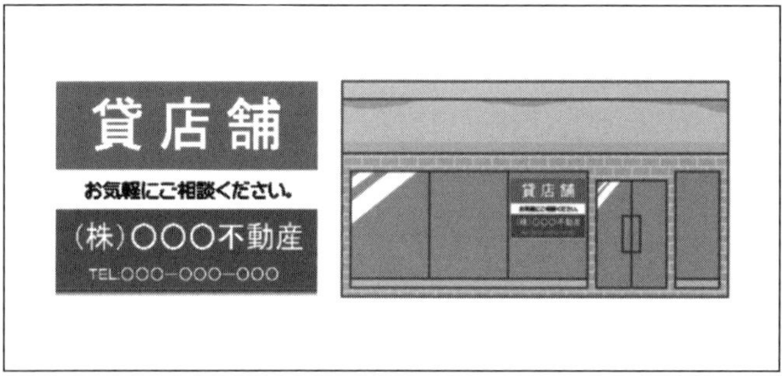

ここまで準備して、ようやく駅前からしらみつぶしに全ての不動産業者を訪問していきます。

4-7 絶対に押さえておきたい！

不動産業者訪問時のポイントと即レスの重要性

不動産業者を訪問してやることは、「こんにちは～！この辺りで借りられるお店を探しています」と挨拶して、チラシを渡して見てもらう。これだけで十分です。逆にクドイ説明は不必要です。不動産業者の方も忙しいので長々と説明を聞いていられない方も多いです。

簡単なようですが、逆にいうと**「良い物件紹介して下さいよ～」だけではなかなか不動産業者に希望物件の条件は伝わりませんし、覚えてもらえません。**必ず、チラシを置いていきましょう。

訪問の際に、注意したいのは、名刺に記載してある免許の更新回数です。

「国土交通大臣免許(1)○○号」「東京都知事免許(9)××号」などと出ているのが免許番号。複数の都道府県にまたがって事務所がある場合が国土交通大臣免許、1つの都道府県内にある場合が都道府県知事免許です。カッコ内の数字が免許の更新回数を示しています。更新は1996年以降は5年に1度、それ以前は3年に1度の間隔で行われていますので、これでおおよその営業年数を知ることが出来ます。

仲介依頼を数多く受けるには、永くその場所で営業し、不動産業者として家主から信頼されていないといけないので、カッコ内の数字が(3)～(5)以上の業者であれば、良い物件に出会える可能性が多くなってきます。

免許の更新回数をチェックしよう！

また、不動産業者を回っているとたくさんの物件情報が出てきますが、**物件の出店可否は即答する**ように心がけましょう。この時に、あらかじめ決めておいた「どの辺りなら出店したいという目星」が役に立ちます。初めての開業時の物件探しで**よくやってしまう失敗**が、**何でも検討しようとすること、または検討するふりをすること**です。「せっかく紹介してくれたのだから。無下に断ってはいけない」という配慮は逆効果です。

このような態度は不動産業者からしてみると、本当に紹介して欲しい物件はどんな物件なのかがわかりにくくなってしまったり、「まだ本気で物件を探していないんじゃないか」「良い物件を紹介しても、その価値を理解してもらえないのではないか」という不信感につながり、その人への**物件の紹介の優先順位順序は下がってしまいます。**簡単に言うと、「もうちょっと勉強して出直してらっしゃい」ということになります。**不動産業者はナイナイの物件は、こっそりと決めてしまいたいのです。**ダメな物件は即、お断りしましょう。

同じようによくやってしまう失敗が、**何でもかんでもいきなり「この物件は(家賃、造作譲渡金額など)交渉できますか？」と聞いてしまうこと**です。せっかくあなただけのためにどこにも出回っていない情報をイチ早く紹介してくれているのに、これでは話になりません。「ナイナイの物件」は提示条件満額の申込みが基本であり、大手チェーンなら礼金を上乗せしてでもおさえにいくほどです。不用意な「交渉できますか？」は不動産業者に「わかってないヤツ」と思われて、2度とナイナイの物件を紹介してもらえなくなる可能性は十分にあります。

有力な不動産業者ほどチェーン店も含めてたくさんの開業希望者の訪問を受けます。出店したい物件というのは似通っていることが多いので、良い物件ならたくさんの「出店申込書」を集めて家主に選んでもらうこともできますが、不動産業者は、結局は契約の決まった1社からしか仲介手数料を得ることができないので、開業希望者のデータをストックしたいという意図でも無ければ、**誰にも彼にも良い物件を紹介することはしません。**

基本的には借主の会社の安定性や、業態(臭い・煙が無い、他のテナントとの相性)などを考慮して物件を借主に紹介しますが、**「話が早いこと(＝即レス)」**というのも不動産業者が重視することのひとつです。**資金的な体力の無い個人は、このこと(即レス)を武器にしなくてはなりません。**大手のチェーンでは少数精鋭のところで物件を紹介されてから申込みまで１日～２日、多人数でやっているところは社内稟議などを通すのに１週間ぐらいかかるところもあります。個人では即日申込みできることが大きな武器です。

なかなか話がすすまない借主では、返答を待っている間にどこかの不動産業者が現テナントの閉店情報を聞きつけて、同じ家主から仲介依頼を受けてしまうかもしれません。専任媒介契約をしていなければ、家主はどこの業者に何社に仲介依頼しようとも何ら問題ないからです。不動産の仲介業者は１（＝成約）か０（＝成約無し）の商売なので、**情報がどこかから漏れて、他の不動産業者に成約のチャンスを横取りされることに敏感です。**

物件をメールやＦＡＸで紹介してもらったら（すぐに見に行って）すぐに返答するだけでかなり印象は違ってきます。

せっかく良い物件を紹介されているのに**「えーっと、3日後の夕方から内見できますか？」と言ってるようでは話になりません。**「すぐにでも内見したいですが、最短でいつ内見できますか？」が的確な返答であり、できれば物件資料を見た段階で良さそうなら、「ありがとうございます。すぐに申込み書を送りますので絶対他には紹介しないで下さい」と即レスできるぐらいまで、出店したい場所については熟知している必要があります。

ちなみに、私が大手のチェーン店の店舗開発サポートをしている時は、社判を押した住所と賃借条件がブランクの入居申込書を事前に預かっていて、良い物件を紹介されたら数時間後には住所と賃借条件を記入して折り返し入居申込書をＦＡＸで送付して提出していました。

不動産業者からすると「3日も放っておかれるなら、他の人にも紹介しよう」となるのです。ただし、申し込みだけして、契約しないというような不届きな行為をやるのは信用を失うだけなので止めてください。実際にこれを連発して、複数の不動産業者から出入り禁止処分になったチェーン店もあります。

また、脱サラ開業の方でよく、勤務中で時間がとれないことを内見できない理由にされる方がいますが、場所（立地）や外観の確認は早朝でも深夜でも行えますし、ガスや電気などの設備容量もある程度は電話1本でインフラ会社に調べてもらうことも可能です（詳しくは「5店舗設備と内装工事のツボ」参照）。

冷たいことを言うようですが、**物件を探している人が勤務中かどうかという事情は、家主や不動産業者には関係の無い事情**です。本気で良い物件を確保したいのであれば、行動を起こして熱意を示すしかありません。

訪問の頻度に関しては、できれば免許更新回数の多い**有望業者ならば週に1回は訪問**して新しい物件が出ていないか聞いてみるようにしましょう。少ししつこいぐらいに訪問しないとなかなか印象づけられないものです。訪問できない場合には**定期的に「チラシ」をＦＡＸするだけでも構いません。**

ちなみにチェーン店の開発担当者でも一定の関係性を築くまでにはそのぐらいの頻度で顔を出して訪問しています。

好物件を紹介されたら必ずやること

❶断るなら、自分の条件には合わないことを伝えて速やかに。

❷何でもかんでも条件交渉はNG。
予算内であれば、基本的には提示条件の満額で申し込むこと。

❸内見依頼は、できれば即日。遅くとも翌日にすること。

4-8 絶対に押さえておきたい！

サブリース業者の物件取引の実態はこうなっている！

居抜き物件を探していると、「転貸」の物件を目にすることも多いと思います。これは建物の所有者から借り受けた物件を転貸するという物件で、そのような転貸を専門的に行う会社を、一般的に**サブリース業者**と呼んでいます。店舗物件情報の取引態様に【専任媒介】や【媒介】のほかに【代理】【貸主】というのを目にすると思いますが、サブリース業者の転貸物件はこの【代理】か【貸主】で掲載されています。

【代理】は所有者にかわって不動産管理会社などが所有者と同等の権利を持って契約行為を行う取引で、【専任媒介】や【媒介】と同じように仲介手数料が発生します。

【貸主】というのは文字通り貸主であって、所有者が不動産会社だったりする物件では昔からよく目にする取引態様で、本来なら仲介手数料は発生しないのですが、最近よく目にする飲食店居抜き物件専門のサブリース業者の転貸物件の場合、「仲介手数料」の名目が「不動産手数料」などの名目に変わった費用を借主が貸主に対して支払わなければならなくなっていることが多く、非常にグレーゾーンな取引になっているのが実態です。

2000年代初頭ぐらいから居抜き店舗のサブリース業者の登場によって、いわゆる「居抜き」の市場が形成され、開業希望者は初期投資は軽減され、閉店する場合もスケルトンに戻さなくても済むなど出店も閉店もかなり負担が軽くなった良い面もあるのですが、**当然、家賃にはサブリース業者の上乗せされた家賃が設定されていますし、物件によっては礼金、保証金も上乗せされているため、**できればサブリース業者の物件は避けたいと思う方も多いようです。

サブリース業者がどのぐらい上乗せしているかというと、もちろん物件の元の家賃により異なりますが、家賃は、月５％～20％ぐらい上乗せされている物件が多いようです。なかには50%ぐらい上乗せされている物件も見たことがあります。また保証金や礼金はどの物件も一律で、保証金10ヵ月、礼金2か月で募集している場合が多いです。

実際にレインズで所有者が保証金6ヵ月、礼金1か月という条件で募集していた物件が数か月後、やはりサブリース業者の転貸物件になり保証金10か月、礼金2か月という条件で募集しているようなケースはよく目にするパターンです。

サブリース業者の取り扱う物件は広くインターネットで募集公開されるものが多いですが、それでもやはりとくに優良な物件は既に自社の賃貸物件にテナントとして入居実績があり、トラブルの無い優良な借主などにこっそりと優先的に紹介されているようです。

さらに、広く募集されてる物件でも、**借り手がどうしても契約したい場合、さらに募集条件に礼金をプラス1か月、2か月と上乗せ**して申し込む申込者も多く、誰もが借りたいような物件はある程度大手の会社が乗り出してくることもあり、**早い者勝ちの先着順にしていない**ため、これから新規開業する信用力の無い個人ではなかなか太刀打ちできなかったりします。

またさらに言うと、前述の【媒介】や【代理】の場合は仲介手数料1か月分はかかりますが、宅地建物取引業法の適用を受け、重要事項説明の義務がある等、借主はある程度は行政機関の監督によって保護されていますが、【貸主】の場合は仲介手数料はかかりませんが先に述べた「不動産手数料」など名目を変えた費用をどのみち支払わなければなりませんし、宅地建物取引業法の適用を受けないため当然、行政の監督の対象にもなりませんので借主は契約書面にどのようなことが記載されているかを十分に注意する必要があります。

サブリース業者の契約書は、これまでのテナントとの間で起こった飲食店に賃貸する場合特有の様々なトラブルを乗り越えて作成されており、一般的な賃貸借契約書に比べて非常に頁数も多く、こと細かに作成されており、当然ながら貸主有利に作成されています。当然、文言変更の交渉はまず不可能なので、ある程度そのあたりは覚悟して契約に臨んでください。

サブリース契約の例

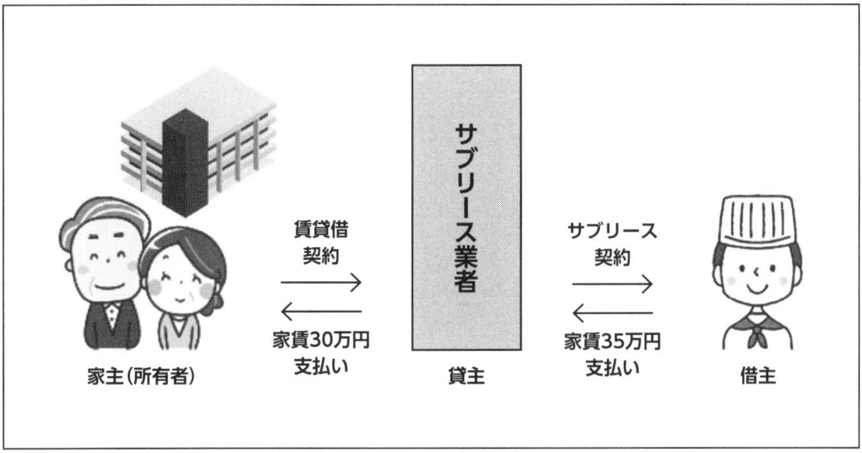

取引態様	取引内容	宅建業法	特徴
貸主	不動産会社等から直接、物件を借ります。不動産会社等は貸主として取引します。	適用なし	借主は仲介手数料の負担がありません。ただし、サブリースの場合、別名目の手数料を借主負担が一般的。
代理	不動産業者とは別に、物件を所有する貸主がいて、この貸主を代理して不動産会社が取引します。	適用あり	原則として仲介手数料が発生しサブリースの場合、借主負担が一般的。
仲介（媒介）	賃貸契約が円滑に進むよう、不動産会社が貸主と借主の間に入り取引します。	適用あり	借主負担の仲介手数料が発生。

4-9 絶対に押さえておきたい!

一番手申し込みは本当に有利か?
家主に印象付けるには?

好物件を紹介してもらうことができたら、ようやく申込みというステップに移るわけですが、出店希望者の方のよくある勘違いに、**一番手で申し込みを入れれば、その物件を賃借する権利は必ず一番手申込者が最優先されるという勘違い**があります。

良い店舗を借りるには「即レス」を心掛けたほうが良いのは前にも述べましたが、ナイナイ物件で無ければ、その物件または不動産業者によって**「申し込み先着順型」審査**の場合と**「オーディション型」審査**の場合があります。

ある程度、複数社からの申し込みが見込めるような好立地や好条件の物件では、借り手の与信力のしっかりした所に賃貸したいという家主や元付け業者の意向により、応募締め切りまでの間に応募のあった申し込みは申し込み順に関係なく一律同じ条件で審査する「オーディション型」審査が多くなっています。

それでは、オーディション型審査の場合、一番手申込みをしても全く意味が無いかというとそうでもありません。**やりたい業態の自社のプレゼン資料を申込書に添えて提出して、家主に気に入ってもらえれば、予定より早く募集締め切りにして契約してもらえることもあります。**家主用プレゼン資料は大手チェーンならどこも作っています。個人ならなおさら作っておかなければいけない資料ですが、残念ながら多くの方が作っていません。

入居申込書の店舗の使用目的にたとえば、「飲食業(カフェ)」とだけ記載して提出しただけではどんなカフェをやりたいのか家主はチンプンカンプンですが、プレゼン資料があれば、イメージしてもらいやすくなります。

初めての出店で実店舗がまだ無い場合でも、具体的にメニュー内容や、外観、内観のイメージが近い店舗の画像をインターネットなどで拾い集めて家主にイメージしてもらいやすい資料を準備しておきましょう。

家主はインターネットを使用しない高齢の方も多いので、既存店のある方でもインターネットがあるからそれを見てもらえば分かるだろうというのは不親切で、**紙ベースで作るのが基本です。**

また、「申し込み先着順型」の物件でも、あくまで**提示条件満額での申込み**でありかつ、**すぐに契約できる**場合に限られます。金融機関融の融資審査待ちでの契約の場合などは、家主や不動産業者の意向によっては後申込みでもそちらが優先される場合もあります。尚、融資審査を早める裏ワザは「8資金調達のツボ」で紹介します。

家主用プレゼン資料

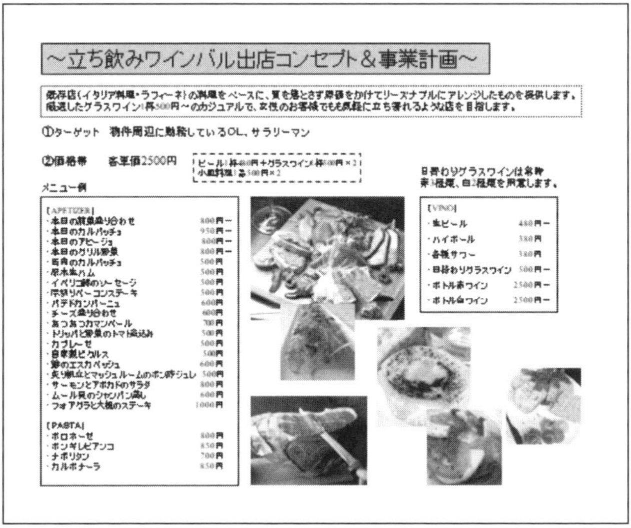
〜立ち飲みワインバル出店コンセプト＆事業計画〜

既存店（イタリア料理・ラフィーネ）の料理をベースに、質を落とさず原価をかけてリーズナブルにアレンジしたものを提供します。
厳選したグラスワイン1杯500円〜のカジュアルで、女性のお客様でも気軽に立ち寄れるような店を目指します。

①ターゲット　物件周辺に勤務しているOL、サラリーマン

②価格帯　客単価2500円　ビール1杯400円＋グラスワイン2杯500円×2　小皿料理1品500円×2

日替わりグラスワインは各種赤3種類、白2種類を用意します。

メニュー例

【APETIZER】
・本日の前菜盛り合わせ　800円〜
・本日のカルパッチョ　950円〜
・本日のアヒージョ　800円〜
・本日のグリル野菜　800円〜
・馬肉のカルパッチョ　500円
・原木生ハム　500円
・イベリコ豚のソーセージ　500円
・厚切りベーコンステーキ　500円
・パテドカンパーニュ　600円
・チーズ盛り合わせ　600円
・あつあつカマンベール　700円
・トリッパと野菜のトマト煮込み　500円
・カプレーゼ　500円
・自家製ピクルス　500円
・鰯のエスカベッシュ　600円
・炙り帆立とマッシュルームのポン酢ジュレ　500円
・サーモンとアボカドのサラダ　800円
・ムール貝のシャンパン蒸し　600円
・フォアグラと大根のステーキ　1000円

【PASTA】
・ボロネーゼ　800円
・ボンゴレビアンコ　850円
・ナポリタン　700円
・カルボナーラ　850円

【VINO】
・生ビール　480円〜
・ハイボール　380円
・各種サワー　380円
・日替わりグラスワイン　500円〜
・ボトル赤ワイン　2500円〜
・ボトル白ワイン　2500円〜

③女性にも気軽に立ち寄って頂けるようなお洒落な雰囲気を作ります。

外観イメージ

店内イメージ

制服イメージ

④営業時間　ランチタイム 11時〜15時
ディナータイム 17時〜24時　※25日営業を想定しています。　※ランチはディナー営業状況をみて実施。

⑤事業計画

売上	1812500	
原価	659375	36%
人件費	300000	17%
家賃	183600	10%
水道光熱費	90625	5%
広告宣伝費	50000	3%
[illegible]	50000	3%
営業利益	478900	26%

ディナー

客単価	2500	円		
営業日	25	日営業		
客数	25	名	原価	原価率
売上	1562500	万円／月	546875	35%

ランチ

客単価	500	円		
営業日	25	日営業		
客数	20	名	原価	原価率
売上	250000	万円／月	112500	45%

4-10 絶対に押さえておきたい！

造作譲渡価格の相場は？

居抜き物件は大きく分けて3種類に分けられます。

①造作譲渡価格が0円で、造作は前借主の残置物扱いの物件。

②造作譲渡価格が設定されていて、前借主から造作を買い取る物件。

③は少ないですが、家主が自分でレストランなどを経営していた店舗を設備付きで貸し出す時などに、借主はレストランの設備を無償使用できるものの、所有権は移転せず故障した場合は借主負担で修理しなければならない物件。

の3種類です。（社交飲食店などに見られる「リース店舗」も加えると４種類になります）

これらのうち、②造作譲渡価格が設定されている物件の譲渡対象物には、床、壁、天井、トイレ等の造作のほか、看板や厨房機器、エアコンなど前借主が営業のために使用していたもの全て（食器などの備品類は別の場合も有り）が含まれるのが通常で、全部まとめていくらという価格が設定されています。個別に冷蔵庫がいくらとか電子レンジがいくらかとかの価格は設定されてはいません（よほど特殊な機器＝例えばライブバーなどの映像や音響の機器などは、譲渡希望の場合は別途というようなことはあります）。

なぜなら、この造作譲渡価格は、譲渡対象物のそのものの価値（再調達価格）ではなく、どちらかというと、その**物件固有の立地の希少性等によって設定される営業権的な性格**を持っています。ですから、売却したい側は「初期投資に1000万円かけて1年しか経っていないから、まだ新しいのでなるべく高く売りたいな～」という発想をしがちですが、そのあたりの事情は買う側からプラスに評価されることは、あまりありません。

譲渡価格の相場は正直、あるようで無いです。ですがあえて言うならば、東京の山手線各駅とその内側の地域では、駅徒歩３分圏内に限っていうと、1階物件で坪単価30万円、2階や地下の物件ではその半分の坪単価15万円ぐらいを1つの目安としていれば良いのではないかと思います。あくまでも目安ですから、立地や物件の希少性等によって上下します。

また、弊社の過去の取引実績からは、造作譲渡価格の坪単価の上限は、坪単価50万円程度なのではないかと思います。実際にこれまでの弊社が取り扱った売買成立事例では、1階22坪で1100万円（＝坪50万円）で売買を成立させたり、1階5.5坪324万円（＝坪58.9万円）で売買を成立させた実績もありますが、それ以上の坪単価で売買成立はしていません。

山手線各駅とその内側地域の造作譲渡金額の目安（駅徒歩3分圏内）

階数	1階	2階、地下
造作譲渡坪単価目安	坪30万円	坪15万円

これは偶然かもしれませんが、次章で後述するスケルトンから飲食店の造作をした場合の平均的な工事の坪単価とほぼ合致します。スケルトンでイチから作るより高い物件はさすがに買いたくないという意思が買う側のほうで働いているのかもしれません。

弊社取り扱い物件の過去の造作売買契約成立事例（一部）

最寄り駅	徒歩	階数	坪数	前業態	新業態	造作価格（万円）	坪当たり価格（万円）
池袋	7分	1階	5.5	バー	テイクアウト	324	58.9
水道橋	1分	1階	22	ラーメン	ラーメン	1100	50.0
高田馬場	1分	1階	4.3	居酒屋	焼肉	150	34.9
門前仲町	1分	B1	16.5	バル	バル	530	32.1
渋谷	8分	1階	12	ダイニング	居酒屋	367	30.6
高円寺	3分	1階	11.4	焼肉	ダイニング	300	26.3
秋葉原	3分	1階	7.1	弁当	バル	150	21.1
市ヶ谷	2分	B1	9	居酒屋	居酒屋	170	18.9
田町	6分	1＋2階	29	フレンチ	バル	540	18.6
高田馬場	2分	2階	12	バー	バー	200	16.7
大久保	1分	1階	7.1	ラーメン	カレー	100	14.1
大塚	3分	1階	14	立ち飲み	立ち飲み	180	12.9
祐天寺	8分	1階	12.9	イタリアン	イタリアン	150	11.6
井土ヶ谷	5分	1階	15	居酒屋	洋食レストラン	150	10.0
東中野	3分	1階	12	バー	バル	108	9.0
池袋	7分	1階	6.9	バー	バー	55	8.0
神保町	4分	1＋2階	34	中華	中華	270	7.9
五反田	5分	B1	32	中華	バル	250	7.8
豪徳寺	1分	2階	23	中華	居酒屋	150	6.5
湯島	1分	1階	8	居酒屋	カフェ	50	6.3
経堂	1分	2階	28	中華	中華	140	5.0
御徒町	2分	2階	14	バー	ダイニングバー	54	3.9
六本木	5分	B1	16.7	居酒屋	ラーメン	47	2.8
大山	2分	B1	24	お好み焼き	ステーキ	60	2.5
						AVERAGE	17.3

4-11 絶対に押さえておきたい！

居抜き物件は撤退理由が大事なポイント

居抜き物件で開業するメリットは何と言っても安価な出店コストで開業できることです。たとえば、下図の10坪程度のラーメン店の開業例でみても、スケルトンから出店する場合とラーメン店居抜き物件を利用して出店する場合を比べると、金額にして380万円の差額があります。あるいは運よく造作無償譲渡の物件の場合は最大680万円ぐらいの差額があり、この差額が居抜き物件のメリットとなるわけですが、居抜き物件は、前店舗の撤退理由をよく理解したうえで、出店を検討しなければなりません。

私の経験から、おすすめしない居抜き物件は前店舗も同業態の物件です。たとえば「ラーメン店」で売上不振により撤退する物件は、普通に考えると、誰かがそこですでに失敗した物件であり、よほどそのお店のラーメン店がまずい、サービスが悪いなどの評判の悪いお店でない限り、そもそも、その立地ではラーメン店が成立するほどの需要が無い立地、物件であることが考えられます。

逆に、**おすすめの居抜き物件**は、ご高齢でリタイアする物件や、別の事業が本業で、本業の不振によって飲食事業から止むを得ず撤退する物件など、**現在も儲かってはいるものの何らかの事情があって撤退する物件**です。この場合は前店舗が同業態であっても問題ありません。

ちなみに、前店舗が同業態で無い場合は、厨房機器の入れ替えなどのコストは発生しますが、出店コストの安さだけに惑わされず、その立地・物件で本当に集客できるかという視点を第一に物件を選定しましょう。

ラーメン店出店時の引き渡し状態の違いによる出店コストの差

出店コストは同業態の居抜きが有利だが…。

(単位:万円)

	ラーメン居抜き	居酒屋居抜き	スケルトン
保証金(家賃10ヶ月)	300	300	300
カラ家賃(30万円/月)	0	15	30
内装工事(50万円/坪)	0	0	500
厨房機器	0	80	150
造作譲渡代金(30万円/坪)	300	300	0
看板ファサード工事	50	50	50
合計	650	745	1030

前提条件

- ●家賃　30万円
- ●面積　10坪
- ●内装工事　500万円
  =50 (万円/坪) × 10 (坪)
- ●造作譲渡　300万円
  =30 (万円/坪) × 10 (坪)

4-12 絶対に押さえておきたい！

資金が無い人ほどスケルトン物件での出店を考えてみよう！

これまでも述べてきましたが、良い物件を確保するにはスピードが大事で、居抜き物件はとくに、すぐに契約できる資金力を持っていないと好立地物件は確保できません。人気物件は１日〜２日で複数の申込が殺到し、すぐにでも契約できる申込者の間での奪い合いになります。

では、スケルトン物件の場合もそうかというと、そこまでではありません。

なぜなら、**多くの流通している居抜き物件情報は、家主の希望では無く、現借主が早期に造作譲渡しての撤退を希望している**からです。家主としては現借主が家賃を支払ってくれる限り、次のテナント入居まで切れ目なく家賃が入金されさえすれば、とくに急いで次のテナントに契約を変更する理由がありませんが、現借主が早期撤退を希望していれば、よほど意地の悪い家主で無い限り、積極的では無いにせよ、次テナントへの契約変更に応じているというのが実態です。このようにして、家主の思惑とは別に、現借主が早期撤退したいという思惑が大きく働いてスピード勝負になるため、融資待ちの開業希望者は居抜き物件の確保が難しくなっています。

これに対して、スケルトン物件の場合は、家主は早期にテナントに入居してもらい家賃収入を得たいのはもちろんですが、申し込み時点で他の申し込みが無ければ**家主や不動産業者も融資審査期間の２週間ぐらいなら待ってくれることが多く、競合の激しい居抜き物件の奪い合いをしているよりも好立地での物件確保ができる可能性は高い**です。

個人の方の場合、既に会社を退職して何か月も物件を探している人などは手持ち資金が不足してきたりして、止むを得ず妥協して物件選定してしまいがちです。目安としては4か月以上物件を探していたり、過去に２回以上申込みを入れても競合負けして物件確保できないような場合は、妥協した居抜き物件で開業するのでは無く、スケルトン物件での開業に視点を切り替えて資金計画から見直してみるのも一つの手段です。

居抜き物件の場合

スケルトン物件の場合

4-13 絶対に押さえておきたい！

連帯保証人と家賃保証会社の微妙な関係

さて、申し込みの段階になって、初めて店舗を出店する人が見落としがちなのが、連帯保証人の問題です。上場企業でもない限り、賃貸借契約では、ほぼ100％連帯保証人を求められます。基本的には2親等以内（親、兄弟）で申込者とは別に生計をたてている（別に定収入のある、年金でも可）人を求められますが、なかには3親等（叔父や叔母）でも認めてくれることもあります。

最近では連帯保証人による保証でなく、「家賃保証会社を使ってほしい」という家主や不動産業者も多く（私の感覚的には7～8割）、家賃保証会社と家賃支払いの「保証委託契約」を締結しないと借りられない物件も非常に増えています。

この家賃保証会社の仕組みというのが、店舗の賃借契約においてはなかなか微妙な関係で、家賃保証会社というのはそもそも、住居を借りる時に連帯保証人を頼める方がいない人にとって保証人代わりになってくれる有難い存在として10年ほど前から急速に普及しましたが、店舗を借りる時には、**家賃保証会社との保証委託契約にも連帯保証人が必要になる**という何とも微妙な関係があります。初めて店舗を借りようという人には「え！？知らなかった。そもそも連帯保証人のアテが無いから利用しようと思っていたのに…」と驚かれることが非常に多いです。

「保証委託契約」には、【保証人ありプラン】と【保証人なしプラン】があるのですが、私がこれまで初めての開業の方の申込者のサポートをして【保証人なしプラン】で申し込みをして保証会社の審査に通った方は一人もいません。よほど別の事業をやっていてその収入がかなりある方等でないと審査には通らないと思われます。

ただし、家賃保証会社のほうは、2親等や3親等でなくても、収入が十分にある個人であれば、いとこや友人・知人などの関係でも認めてくれます。

そこで、どうしても家賃保証会社との保証委託契約の連帯保証人も頼める人がいない場合は、「保証人紹介会社」というものもありますので、利用を検討されるのも良いかもしれません。ただし、保証人紹介会社はトラブルが多発している会社も多く玉石混交の状態なので、どの会社を選べば良いかは事前に十分に比較検討して利用して下さい。

❶求められる連帯保証人。

2親等以内(親、兄弟)または3親等以内(叔父、叔母)が求められることが多い。

❷家賃保証会社の利用も連帯保証人が必要。友人、知人でも十分な収入がある人物なら可。

❸保証人紹介会社を利用するという選択肢もある。玉石混交なので、事前によく調べること。

連帯保証人がいないと…3ヶ所に支払いが発生する

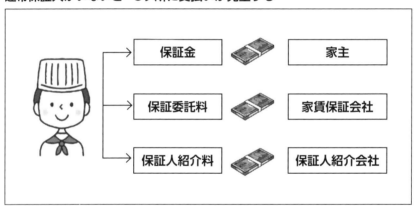

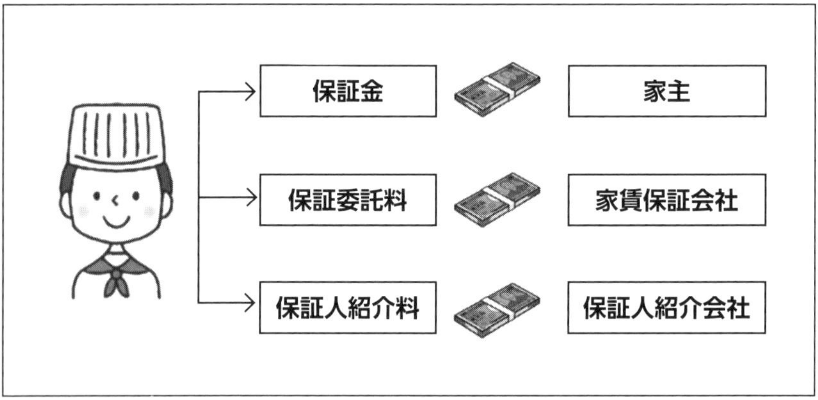

4-14 絶対に押さえておきたい！

事業用定期借家契約の落とし穴

店舗物件の賃貸借契約には、普通賃貸借契約と定期借家契約があります。普通借家契約は契約期間が満了する際に原則的には契約の更新ができる契約で、定期借家契約は契約期間が満了すると、「必ず」契約が終了します。ただし、定期借家契約でも物件によって再契約は可能です。物件によってというのは、貸主との新条件での契約内容に合意できた場合です。まずは、建て替え予定などがないか貸主に確認しましょう。

定期借家契約は、借地借家法の改正によって2000年3月から登場した比較的新しい契約方法で、定期的にテナントを入れ替えたい大手のショッピングセンターや駅前の大型商業ビルなどを中心に、15年ほど前から中小規模の街のテナントビルでも急速に普及してきました。

基本的に飲食店は大きな投資をして事業を開始しますので、2年とか3年で賃貸借契約が終了してしまうと、その物件を賃借して商売をするメリットがあまりありません。下手をすると投資回収が終わっていないのに明け渡さなければならなくなるという点で、借主としては再契約ができるかどうかという点が非常に気になるところです。大手ショッピングセンターなどではしばしば、この定期借家契約の契約終了による立ち退き問題が発生してマスコミに取り上げられているので、目にしたことがある方も多いと思います。

街の一般的なテナントビルの多くの貸主は、そもそも貸ビル経営は安定的に家賃収入を得るのが目的なので、よほど日頃から周辺住人などからクレームが来ていたりしない限り、再契約に応じてくれると思いますが、必ず再契約をすると約束してくれるわけではありません。また、実際には契約期間満了時に建て替えを予定していても、その意図を隠して契約された場合は契約終了に応じるしかありません。それをある程度担保するには、特約条項に「貸主は○年間は建て替えをしないことと、再契約は周辺クレームなどに誠意を以って対応する限り3回までは同条件で可能」というような一文を盛り込んでもらうほかありませんが、これに応じてくれる貸主はなかなかいないというのも実情です。

また、多くの借主は、再契約してもらえるかどうかに気がいってしまい、見落としがちなのが、**再契約にかかる費用の問題**です。普通借家契約の更新料も、定

	普通借家契約	定期借家計画
契約方法	文書でも口頭でもよい	文書による契約。 契約書とは別に「更新」がなく、期間の満了により終了する」旨を説明のうえ、正面で交付。
契約期間を1年未満とした場合	期間の定めのない賃貸借契約とみなされる	1年未満の契約も可能。
賃料の値上げ・値下げ	請求できる	請求できるものの、特約が優先される
更新	借主に正当な事由がない限り、借主は更新し続けることができる	期間満了により終了
借主による中途解約	契約内容に従う	原則は不可。特約があればその定めに従う

期借家契約の再契約料も大抵は家賃の1ヶ月程度ですが、1度「契約が終了」しているわけですから、**再契約するにあたって礼金は改めて発生しますし、契約終了時に償却される保証金の償却分も補填する必要があります。**

たとえば、物件の条件が家賃30万円、礼金2か月、保証金10か月、保証金償却10%だったとすると、普通賃貸借契約の更新と、定期借家契約の再契約では下記の表からも分かる通り、90万円の差があります。これがもし3年契約だったら、普通賃貸借契約と比べて月25,000円の実質家賃負担分プラス、2年契約だったら月37,500円の実質家賃負担分プラスと同じことです。

ですから、貸主と定期借家契約を締結しなければならない時は、相場よりやや低めの家賃でないと、ひどく割高な実質家賃を支払わなければならないということになります。再契約してらえるかどうかも重要ですが、再契約時の保証金償却補填分や礼金の支払い分までも十分に考慮して契約を締結するようにしましょう。

再契約時(定期借家契約)または更新時(普借家契約)に必要な金銭(例)

	礼金	保証金補填分	再契約料	合計
定期借家計画	600,000	300,000	300,000	1,200,000
	礼金	保証金補填分	再契約料	合計
普通借家計画	0	0	300,000	300,000

(円)

90万円の差！

90(万円)÷36(ヵ月)=25,000(円/月)

90(万円)÷24(ヵ月)=37,500(円/月)

4-15 絶対に押さえておきたい！

家主の与信状況は大丈夫？

賃貸物件を借りる時に家主の与信状況など気にしたことがないという人も多いと思います。

しかし、平成16年4月に施行された改正民法、民事執行法では賃借している物件が家主の破産などの事情で**「競売」によって新所有者に競落された場合、その物件に設定されている抵当権よりあとに締結された賃貸借契約は、その物件の新所有者（買受人）に対抗できない**ことになりました。ここで「対抗できない」というのは、新所有者には賃貸借契約は引き継がれず、新所有者から立ち退きの請求があった場合は、6ヶ月以内に物件を明け渡さなければならないということです。もちろんその間は新所有者に家賃を支払わなければなりません。

建物を建築する方はほぼ100％銀行から借入をして建設しますので、建設当初の建物には通常、抵当権が設定されています。築20年以上ぐらいの比較的年数の経過している建物や、売買を繰り返しているような建物なら抵当権が抹消登記されていることも多いですが、賃借開始時に抵当権が設定してある建物を借りていて、いつの間にか家主が破産してビルが競売になって新所有者の手に渡った場合、新所有者と新たな賃貸借契約を締結しない限り、賃借人は物件を明け渡さなければなりません。

恐ろしいのは、これだけではありません。もとの家主に預けてあった保証金の返還請求も新所有者にはできないのです。もとの家主には返還請求はできますが、多くは破産によって競売になりますので、預けた保証金を返還してもらえる可能性がほぼ無いと言って良いでしょう。

ちなみに、競売ではなく「任意売却」によって所有権が新所有者に移った時には、賃貸借契約も同一条件で新所有者に引き継がれ、保証金の返還請求も新所有者に請求することができます。

家主の破産によるオーナーチェンジで賃借物件の競売による立ち退きを迫られた場合は、その物件に多額の設備投資をしている飲食店にとってはまさに踏んだり蹴ったりの出来事です。10年先、20年先の家主の与信状況などは予測不能なところがありますが、今現在の与信状況だけでも、できるだけ詳しく調べてみることも大切な時代になってきました。

具体的には、法務局で土地、建物の登記簿謄本を取得して調べるのですが、先に申し上げた通り、銀行の抵当権は建設時にほぼ必ず設定されているはずですので、これをあまり気にしすぎても仕方ありません。銀行以外(ノンバンク)からの抵当権設定は要注意ですが、よほど高額で無ければ問題ないでしょう。ただし、「仮差押え」や「差押え」が登記されている場合はアウトです。その物件を賃借するのは絶対に止めておきましょう。

その他、法人が貸主なら帝国データバンクで与信状況を調べることもできますので、怪しいと思ったら、有料にはなりますが調べてみましょう。

ビルオーナーが破産して物件が競売になると…

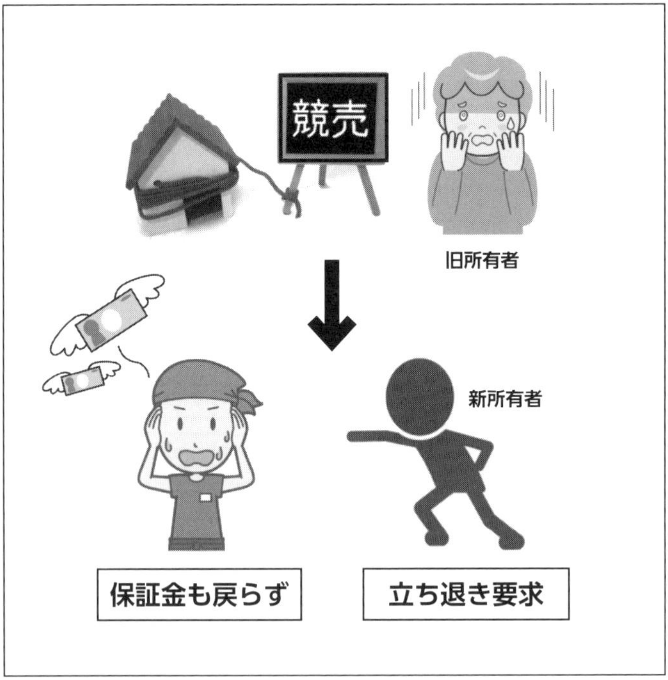

4-16 絶対に押さえておきたい！

飲食店営業許可証と深夜営業

飲食店を営業開始するには、必ず事前に各自治体の保健所の生活衛生課に営業許可申請を行い、各自治体が定めた施設基準に合致しているかのチェックを受けて「営業許可証」を受けていなければなりません。

営業許可証を受けるには、「食品衛生責任者」の資格が必要で、以下の方がなることができます。

①栄養士、調理師、製菓衛生師、食鳥処理衛生管理者、と畜場法に規定する衛生管理責任者若しくは作業衛生責任者、船舶料理士、食品衛生管理者(注１)の有資格者。

②保健所長(特別区にあっては、特別区の区長)が実施する食品衛生責任者になるための講習会または知事の指定した講習会の受講修了者。

(注1)医師・獣医師・歯科医師・薬剤師または、学校教育法に基づく大学で、医学・歯学・薬学・獣医学・畜産学・水産学・農芸化学の課程を修めて卒業した者等。

上記、①②の資格を持っている方は食品衛生責任者になれます。それ以外の方は、養成講習会を受講して、資格を取得しなければなりません。

養成講習会は事前予約制で、たとえば東京の会場ですと、1ヶ月ぐらい先まで予約で満席のことがありますので、早めに受講予約をして下さい。

尚、平成9年4月1日以降に交付された食品衛生責任者の修了証書であれば、他の都道府県で受講したものであっても全国どこでも有効です。ですから、急に物件が決まってオープン予定日まで時間が無い場合は、他の都道府県で養成講習会を受講しても問題ありません。

また、「ふぐ」を取り扱う場合は、「ふぐ認証申請証」や「ふぐ加工製品取扱い届及び届出時確認書」、「生食用かき」を取り扱う場合は「生食用かき取り扱い届出書」を提出する必要があります。「生肉」の取り扱いに関しても、法律や各都道府県の条例で細かく規制されていますので事前に良く確認して下さい。

また、深夜0時を超えて営業する飲食店のうち、主に酒類を提供する飲食店では管轄する警察署に「深夜における酒類提供飲食店営業営業開始届出書」(以下「深夜酒類提供営業」という)を提出しなければなりません。

この時、警察署によっては家主の「使用承諾書」の提出を求められることがありますので、賃借契約の前に警察署に確認しておきましょう。

ただし、この深夜酒類提供営業の届け出は、どこでもできるわけではありませんので注意して下さい。都市計画法では、12種類の用途地域というものがあり、各自治体が届け出できる地域を決定しています。あくまで東京都内の目安ですが、「商業地域」「近隣商業地域」「工業地域」「準工業地域」では届け出が出来る可能性が高いですが、「住居専用地域」「準住居地域」などでは届け出できない可能性があります。詳しくは各自治体の都市計画情報を調べてみて下さい

深夜0時を超えてお酒を提供するお店は
「深夜酒類提供営業の届け出」は忘れずに！

4-17 絶対に押さえておきたい！

防火対象物と防火管理者

これから開業する飲食店の規模と賃借する建物全体の用途によっては、「防火管理者」を選任し「消防計画」を提出しなければなりません。これらは、建物の使用を始める前までに管轄する消防署に届け出る必要がありますので、下記のフローチャートで確認して下さい。

防火管理者選任のフローチャート

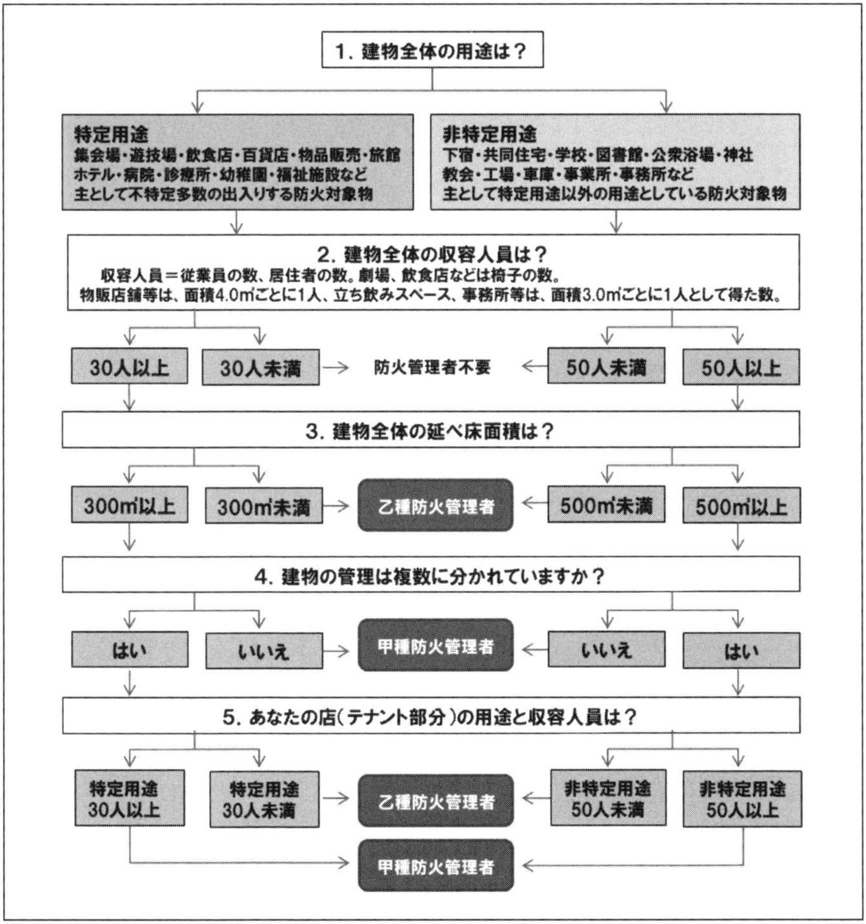

防火管理者の資格は講習の受講と講習の最後に受ける簡単なテストによって誰でも取得できますが、日程は予約が必要なのと、オープン準備の忙しい最中、講習は朝から夕方まで丸1日～2日拘束されますので、余裕を持って受講できるようにしましょう。

資格区分	講習日数
甲種防火管理者	2日
乙種防火管理者	1日

尚、「飲食店の収容人員＝席数＋従業員の数」で計算されますが、立ち飲み屋のように席が無い場合は、客席部分面積（㎡）を「３」で除した数（小数点以下切り捨て）がその店舗の収容人員になります。たとえば、立ち飲み屋で従業員数が2人、35㎡の客席なら35（㎡）÷３＝11.66・・・なので、収容人員は13人となり乙種防火管理者の選任が必要になります。

さらに、防火管理者を選任する必要のある防火対象物に該当する建物で、スケルトンでイチから工事したり居抜き物件を一部改装工事をして開業する場合は、工事着工日の7日前までに「防火対象物工事等計画届出書」の提出が必要です。居抜き物件で改装せずに開業する場合も、使用開始日の7日前までに「防火対象物使用開始届」の提出が必要（工事して開業する場合は両方）です。届け出時に必要な添付書類は、「防火対象物概要表」「案内図」「平面図」「詳細図」「立面図」「断面図」「展開図」「案内仕上表及び建具表」の８つですが、スケルトンや居抜きの一部改装の場合はこれらの必要書類は工事業者が手配してくれますが、居抜き物件をそのまま使用する場合は、家主や不動産業者が持っていないか、または最悪見つからない場合は、前借主が以前に届けたものが消防署のほうで保管されていないかを確認して下さい。

実態として、知ってか知らずか消防署への届け出をせずに営業をしている飲食店も多いですが、これらの届け出をしていない場合は、抜き打ちの消防検査が回ってきた時に、改善のための措置命令があり、最悪の場合、使用停止命令を受けることにもなりかねません。何よりも人命にかかわる重大事項ですから、貸主の協力が必要な場合もありますが、適正な対応をすることが望まれます。

5

知っていれば安心！

店舗設備と内装工事のツボ

5-1 ガス設備のチェックポイントはここだ！
5-2 電気設備のチェックポイントはここだ！
5-3 給排水設備のチェックポイントはここだ！
5-4 吸排気設備·エアコンのチェックポイントはここだ！
5-5 工事区分を確認しよう！
5-6 保健所チェックのポイント
5-7 中古厨房機器は買いか？どのぐらい持つの？
5-8 平面図を書いて具体的な営業イメージを持とう！
5-9 激セマ店舗の落とし穴
5-10 積極的にDIYしよう
5-11 内装業者の選び方
5-12 相見積もりの取り方と見積もり書のチェックポイント
5-13 内装工事金額の目安
5-14 使いまわしの利く設備と要注意設備

5-1 知っていれば安心！

ガス設備のチェックポイントはここだ！

好立地に物件が出てきたら、内見をして設備面をチェックする必要があります。難しいところは設備業者の専門的視点が必要ですが、自分でもある程度の基本的な知識は持って内見するようにしましょう。

まずは都市ガスですが、都市ガスは設置されているメーターサイズ（厳密にはガス管の呼び径サイズ）によって使用できるガス機器が制限されます。

ガスメーターサイズ1号=11,000kal

（単位：Kcal/h）

メーターサイズ	使用器具目安	ガス管呼び径	外径	目安
4号	～44,000	20A	27.2mm	軽飲食可
6号	～66,000	25A	34mm	電気機器併用で飲食可
10号	～110,000	32A	42.7mm	ほとんどの飲食可
16号	～176,000	40A	48.6mm	中華料理、大型店舗も可

都市ガス４号メーターなら、比較的小型の給湯器1台で24,000kcal/hぐらい必要ですから、あとは2口コンロ（～13,000Kcal/h ）ぐらいを置いたらそれ以上はあまり置けませんので、軽飲食程度なら可能ということになります。

10号メーターが設置してあればほとんどの業態に対応できるぐらいの容量がありますが、中華料理など火力の大きい厨房機器を使用する場合は、16号以上のガスメーターが設置できることが望ましいです。

ちなみに、下記のラーメン店出店時の消費カロリー計算では、合計125,000Kcal/hになりますが、この合計は全ての機器をカタログの最高出力で使用した場合の数字であり、ほとんどの飲食店では全部のガス機器を同時に最高出力では使用しないでしょうから、**合計の8割ぐらいで想定して**100,000Kcal/hぐらいとすると、10号メーターでも十分に開業可能ということになります。

ラーメン店出店時のガス機器の消費カロリー計算例

（単位：Kcal/h）

厨房機器	最高消費時
給湯器（20号）	30,000
ガステーブル（3口）	27,000
スープレンジ（2口）	30,000
6テボ茹で麺機（28L）	14,000
食器洗浄機	18,000
餃子焼き器	6,000
合計	125,000

ガスメーターサイズが小さく、供給ガス容量が足りない場合は、大きいガスメーターに変更する(費用は無料)ことができるかどうかをインフラ会社に電話で確認しましょう。都市ガスの場合は建物自体に引き込まれている管の太さと各戸への供給状況によってあとどのぐらいメーターサイズを大きくすることができるのかが決まりますので、ガス会社に賃借予定物件の住所と所在階(または部屋番号、メーター番号)を伝えて「賃借予定なので調べてほしい」と問い合わせれば早ければ当日、遅くとも2～3日ぐらいで回答があります。これは不動産業者でも調べてくれますが、自分で問い合わせることもできます。

【参考】東京ガスお客さまセンター（総合）　TEL：03-3344-9100

ガスメーターサイズを単純に大きいものに変更することができない場合は、都市ガスの場合は前面道路を掘削して本管から太いものに引き込み直さなければならず、**道路から敷地内までの配管はインフラ会社が工事費を負担**してくれますが、敷地内の配管は１m毎に1万円程度の工事費を依頼者が負担しなければなりません。

例えば、敷地内工事が20mなら20万円です。また道路工事には行政の許可も必要なので、許可が下りるまで2～3ヶ月かかることがありますし、他のテナントのガスも一時的にストップさせた場合には営業補償などの問題も出てきますので、さらに高額な費用がかかります。強力な火力を必要とする中華料理店などの業種をやる場合はとくに注意しましょう。

また、プロパンガスの場合は、設置スペースがあれば、プロパンガス会社が設置スペースから厨房機器までの配管工事を無料で行ってくれますので、その地域で配送を行っているプロパンガス会社に相談してみましょう。

ただし、工事費は、毎月のガス料金に上乗せされて按分されて請求される仕組みにしているガス会社が多いので、実質的には無料工事ではないことも覚えておきましょう。

ちなみに、給湯機のサイズについては、ガスメーターと同じ「号」表記ですが、意味合いはガスメーターが１号＝11,000Kcal/hなのに対して、例えば、16号給湯器というのは、1分間で16Lの水を現在の水温から＋25℃で出す能力のことで、給湯器は1号＝＝25Kcal/分×60（分）＝1,500Kcal/hとなります。

軽飲食店や狭小店舗(10坪以下)では10号(15,000Kcal/h)ぐらいでも十分なこともありますが、一般的な広さ(10坪以上)の飲食店では16号(24,000Kcal/h)、20号(30,000Kcal/h)、24号(36,000Kcal/h)ぐらいのサイズが使用されています。

5-2 知っていれば安心！

電気設備のチェックポイントはここだ！

電気は、電灯(単相100・200V)と動力(三相200V)に分けて考えます。

電灯とは、「従量電灯」の契約で照明や冷蔵庫、製氷機などの機器が一般的です。動力とは、「低圧電力」の契約で、従量電灯と組み合わせて契約します。冷蔵庫や製氷機などでも対応している機器も販売されていますが、エアコンや食器洗浄器などの比較的、消費電力が大きい機器がこの電気に対応しているものが多いです。動力は電灯に比べて基本料金は割高ですが、電力量料金単価は最大で約半額になります。

電灯(単相100V・200V)

1kVA＝10A

従量電灯B.C	単位	料金(税込)
基本料金	1kVA	280円80銭

従量電灯B.C	区分	単位	料金(税込)
電力量料金	最初の120kWhまで(第1段階料金)	1kWh	19円52銭
	120kWhをこえ300kWhまで(第2段階料金)	〃	26円00銭
	上記超過(第3段階料金)	〃	30円02銭

動力(三相200V)

低圧電力	単位	料金(税込)
基本料金	−	1,101円60銭

低圧電力	区分	単位	料金(税込)
電力量料金	夏季	1kWh	17円06銭
	その他季	〃	15円51銭

参考：2019年7月13日　東京電力ホームページより

これらの容量は電気メーターで確認することができます。詳しい説明は省きますが、このとき、電灯のメーターが100V・30Aの表記だった場合、古くからの事務所ビルなどで単相2線式の配線しかしていない場合は、そのまま100V×30A＝3,000VA＝３kVA＝30Aまでの電気機器しか使用できませんが、ほとんどの場合、単相3線式の配線がされているので、200V×30A＝6,000VA＝6kVA＝60Aまでの電気を使用することができます。

電気を使う厨房機器の消費電力は、カタログや本体のVA（ボルトアンペア）表記を確認します。W（ワット）表記しかない場合は、電熱器類はそのままW表記をkVA＝Wとし、冷蔵庫や食器洗浄器などコンプレッサーのある機器の場合は、kVA＝W÷0.75で計算してみましょう。たとえば、100V機器で、0.3kVAの表記なら、300（VA）＝100（V）×3（A）ということなので、アンペア数は3A。コンプレッサーのある100V機器で、400Wの表記なら、400（W）÷75（%）＝533（VA）、533（VA）＝100（V）×5.33（A）なので、アンペア数は5.33Aということになります。200V機器で、0.26kVAの表記なら、260（VA）＝200（V）×13（A）ということなので、アンペア数は13Aということになります。

100V冷蔵庫

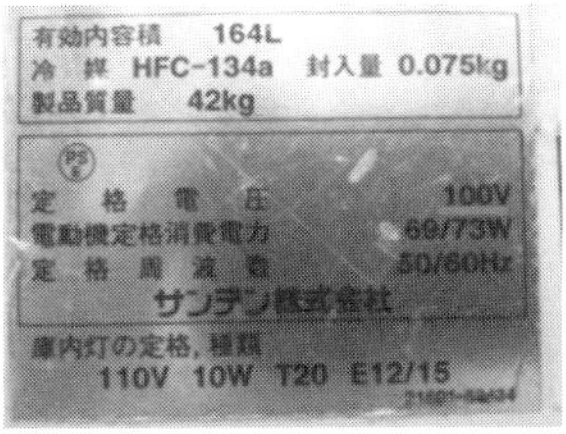

200V食器洗浄機

200V機器コンセントの例

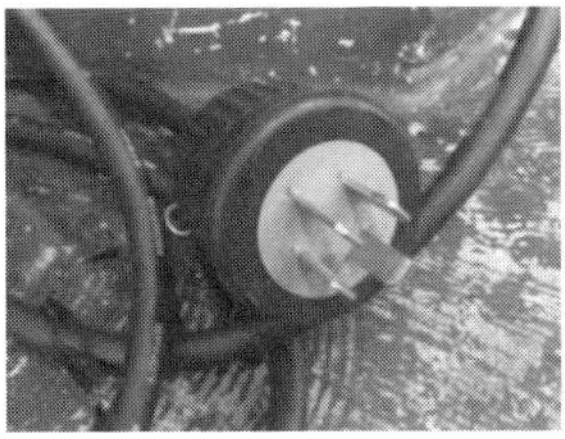

ちなみに、下記（15坪ぐらいを想定）の小～中規模ぐらいの店舗設備なら、電灯は52.7Aという計算になります。その他にレジや電話機などの電源も確保しなければならないので、60Aや70Aでの少し余裕を持った契約をすることになります。動力分は先に述べた「低圧電力」を別途、電力会社と契約します。

電灯

厨房機器	電灯（A）	消費電力（W）	消費電力（VA）
	（単相100V・200V）		
照明器具	20	2000	2000
縦型冷凍冷蔵庫	2.3	170	227
コールドテーブル×3	6	450	600
リーチイン冷蔵庫	2.5	190	253
小型冷凍ストッカー	0.8	60	80
製氷機35kg	3.1	250	307
ビールサーバー	2	150	200
業務用電子レンジ	16	1600	1600
合計	52.7	4870	5267

小～中規模店舗なら**電灯60A＋動力**が一つの目安。
（＝単相3線式で100V30Aのメーターがついている）

動力

機器名称	動力（KW）（三相200V）
食器洗浄器	7
エアコン3馬力	8
合計	15

エアコン選択目安

坪数	馬力	KW
10	3	8
15	5	14
20	6	16
25	8	22.4

動力は引き込みが無い建物もありますので家主か不動産業者に必ず確認して下さい。建物に天井カセット（天カセ）式のエアコンが設置されていれば、その建物に動力が引き込んである可能性が高いですが、引き込まれているかどうか不明の場合は、動力を引き込むことが可能かどうかを地域のインフラ会社に電話で確認してみましょう。

また、「電灯」の電気ブレーカーも既存のブレーカーで容量が不足している場合は容量の大きいものに交換する（費用は無料）ことになりますが、サイズアップできるかどうかの確認は、建物全体の受電容量が決まっているので、自店舗であとどのぐらい容量を増やせるのかを地域のインフラ会社に賃借予定物件の住所と所在階（または部屋番号、メーター番号）を伝えて「賃借予定なので調べてほしい」と問い合わせれば、都市ガスと同じで、インフラ会社からの回答は遅くとも2～3日で得られます。

【参考】東京電力カスタマーセンター（東京都）　TEL：0120-995-006

ただし、都市ガスと違い、建物全体に供給されている受電容量について、家主がインフラ会社に届け出ておらず、インフラ会社のほうでも把握しきれていない場合があります。

この場合、家主が建物竣工時の設備図面を持っていたら電気工事会社がそれを見れば判明するのですが、古い建物でオーナーチェンジを何度も繰り返しているような建物の場合、設備図面が紛失している場合があります。こうなると、インフラ会社と電気工事会社での協議が必要になりますが、家主側のお抱えの電気工事会社が調べてくれる場合と、面倒な調査や手続きを嫌がる家主の場合、「それはそっち（借主）で調べてくれ」と言われるケースがあります。

そういうケースに備える意味でも電気を多く使用する予定の業態であれば、現地調査には内装業者（電気工事を依頼する予定の会社）を同行させましょう。いずれにしてもインフラ会社と電気工事会社で協議が必要な場合は、回答が得られるまでに1週間はみておいたほうが良いでしょう。

調査の結果、ブレーカー容量をアップさせることができない場合、**キュービクル**という高圧受電設備や**ガスヒーポン（GHP）**というガスエンジンによる空調システムの設備をビルオーナーに設置してもらうという方法によって厨房機器で使用できる電気容量を確保するという手もありますが、その場合、それらは家主資産にはなりますが、その際にかかる**数百万円単位の費用は基本的にテナント負担**になることが多いので注意してください。

キュービクル

ガスヒーポン(GHP)室外機

さらに、電気についてはもう1点、**支払先がどこになるのかもよく確認しておきましょう。**

通常はインフラ会社から請求が来て直接インフラ会社に支払いますが、建物によっては家主に支払わなければならないことがあります。この場合、ほとんどの家主は法律に則って、テナント分の電気料金は子メーターでの使用量に応じて正当に電気料金を請求しますが、「高圧受電設備(キュービクル)の維持費がかかるから」とか「うちは相場に比べて家賃を安くしているから」とかわがまま勝手な理由をつけて本来の電気料金に上乗せしてテナントに不当に高額な電気料金を請求してくる家主も存在します。

これは完全に非合法な行為なので、他のテナントが入居している場合は事前にそのような請求が無いか、または毎月、インフラ会社から送られてくる全体の使用量と子メーターの使用量の明細を家主は開示してくれるのかを確認してみましょう。

営業を開始してからも、水道光熱費で売上げの4〜5%以内というのが１つの目安です。この数字を超えている場合は電気代の不当な上乗せが行われている可能性が高いので注意してください。

5-3 知っていれば安心！

給排水設備のチェックポイントはここだ！

給水管（上水道）は軽飲食等で無い限り、**直径20㎜以上の管が来ていること、排水管は厨房とトイレにそれぞれ75㎜以上の管が来ていること**が一つの目安です。事務所や物販店舗として使用されてきた物件の場合、給水管は13㎜ぐらいしか通っていないことも多いので注意して下さい。

給水管呼び径	目安
13mm～	軽飲食可
20mm～	飲食店可
25mm～	中華など可

内見の際は全ての水道蛇口を開けてシンクに水をためてみましょう。その時にまず、著しく水圧が低くなってしまうことがないか確認しましょう。また、シンクに貯めた水を一気に排水し、同時にトイレも流してみてください。その時に水が流れていかないとか逆流することがないかも確認しましょう。

水をためる時に水圧が低くなってしまう場合は、給水管が細いということです。また、排水時に、水が流れて行かなかったり逆流したりする場合は、**排水管の径が小さいかグリストラップの容量が小さいか、どこかが詰まっている可能性**があります。

業者に排水管の高圧洗浄をしてもらう場合は、最低でも5万円～10万円程度の費用がかかります。

排水管の高圧洗浄の様子

グリストラップ清掃の様子

また、給水管を太くする場合は、ガスと同様に前面道路を掘削して引き込み直さなければなりませんが、費用負担はガスとは違い、**敷地外から敷地内までの引き込み費用も全額、工事依頼者の負担**になります。

1m毎に1.5万円程度(20mm径の場合)の工事費がかかるので、水道本管から敷地まで20mある場合はそれだけで30万円はかかりますし、ガスと同様、道路工事について自治体の許可が下りるまでの期間の問題や他テナントの営業補償などの問題も出てきます。水を大量に使うラーメン店やうどん店などの業種をやる場合はとくに注意しましょう。

ちなみにグリストラップには置き型(簡易型)のものと埋め込み型がありますが、どうしても埋め込み型が設置したい場合は、床のハツリ工事を入れると小型のものでも60〜70万円、大型のものなら100万円以上の費用がかかりますのでご注意下さい。

グリストラップの仕組み

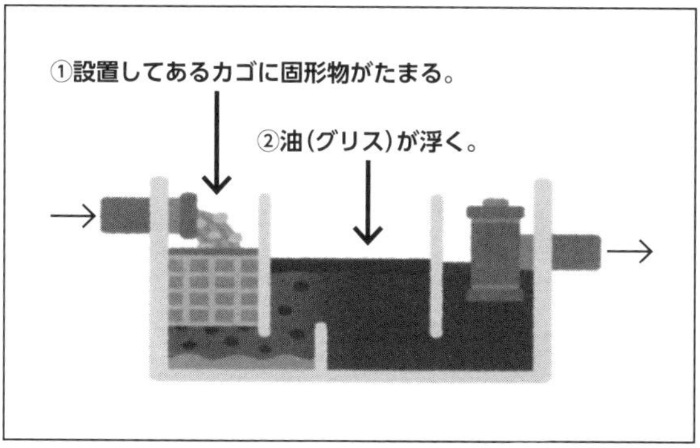
①設置してあるカゴに固形物がたまる。
②油(グリス)が浮く。

水漏れ箇所の例

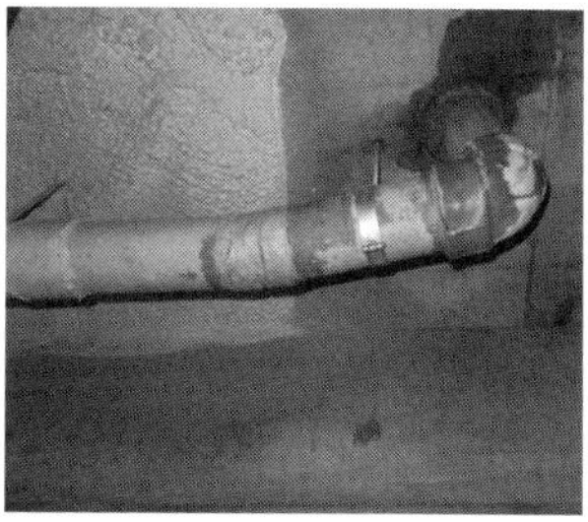

最後に、排水に関連して居抜き店舗でドライキッチンでなく、床に水を流して清掃できるウエットキッチンの場合、下の階(地下など)にもテナントが入居している場合は**厨房内の防水工事がしっかりされている**かを確認して下さい。

下の階に水漏れした等のトラブルになると自店舗の休業はもちろん、階下のテナントから多額の営業補償を請求される場合もありますので、現借主に清掃状況(床流し実施の有無)をヒアリングしたり、専門の防水工事業者にみてもらうことをお勧めします。床以外にも、給水管や排水管が壁面などに埋設されている箇所から水漏れがあると、後々大きなトラブルになる可能性が高いので、給水管や排水管のルートをたどって、水漏れしている箇所がないか確認しましょう。

5-4 知っていれば安心！

給排気設備・エアコンのチェックポイントはここだ！

結構見落とされがちなのが、給排気のバランスです。基本的な大前提として「厨房から厨房へ」または「客席から客席へ」の給排気が理想的で、「厨房から客席へ」や「客席から厨房へ」は好ましくありません。

このバランスが悪いと、夏場は熱気がこもりやすかったり、冬場は外からスキマ風が吹き込んだりします。また、厨房内の煙が客席に廻ってしまうなどの事態が発生してしまいます。出入口の扉を開けるのが重かったり、バタンと勢いよく閉まる場合はとくに注意が必要です。

目安は、最低限、**厨房で開口部400㎜四方を2箇所以上、客席で開口300㎜四方を2箇所以上**です。開口部は換気扇をイメージして頂くと分かりやすいと思います。**開口部がとりにくい地下店舗ではとくに注意が必要**です。また、匂いや煙の出る焼鳥店や焼肉店などの業態では近隣住民とのトラブルになりやすいので、排気ダクトを屋上まで上げる必要があることがほとんどです。**ダクト工事の費用の目安は、基本20万円＋1階当たり15万円ぐらい**を目安にしたコスト増になります。

また、居抜き物件でエアコンが設置されていて、かつ通電している物件の場合は、必ず自分で効きを確認してください。前借主から造作譲渡を受ける場合は必ずヒアリングして下さい。エアコンは、引き渡しを受ける際にはオーバーホール（分解洗浄）するのが基本ですが、1台当たり2.5万円～4万円ぐらいの費用がかかります。

それでも効きが悪い場合は、エアコンの増設または入れ替え（馬力アップ）をする必要がありますが、室外機の設置場所が屋上にある場合などは、最悪の場合は、室外機を屋上までクレーンで吊り上げて設置しなければならない場合もあり、その場合は当然工事費も高くなりますので、後で予想外の出費にならないように室外機の設置場所や設置方法もよく確認しておきましょう。

ちなみに、冷媒管は長ければ長いほどエアコンの効きが悪くなりますので、設置場所から室外機の距離が長い場合はその分、標準的なものより馬力アップしたエアコンを選択しなければなりません。

さらに、もうひとつ関連して、「排気」ではなく「排煙」についてですが、建築基準法での取り扱いと消防法での取り扱いが多少異なる部分があり、非常にややこしいので、ざっくりとだけ見ておきましょう。

飲食店は火災に備えて「排煙設備」を設けなければなりません。排煙設備には「機械排煙」と「自然排煙」がありますが、機械排煙は主に大規模なビルに設置してある排煙設備で、あまり気にする必要はありません。問題になるのは、小～中規模のビルで自然排煙により有効な排煙設備を確保する場合です。

自然排煙では、天井から80㎝以内に床面積の1/50以上の開口部が必要で、天井から80㎝以内にある排煙窓、窓、出入り口のドアの内寸面積の合計が1/50以上あれば問題ありません（ただし、床から80㎝～150㎝以内に手動で開閉できる押し棒などがあること。引き違いの場合は、片面のみ）。もしも開口部の面積が不足している場合は、排煙設備免除の規定がありますので、これに適合させることができるかチェックしてみて下さい。具体的には、

①高さ31m以下の建物で、床面積100㎡以内毎に防火区画を設け、かつ天井と壁に準不燃材を使用する。

②高さ31m以下の建物で、床面積100㎡以下で、かつ天井と壁の下地、天井ともに不燃材を使用する。

③高さ31mを超える建物で、床面積100㎡以下で、防火区画になっており、かつ天井と壁に不燃材を使用する。

の３つの免除規定があります。免除規定に適合させることができず、開口部を新たに設けるという場合は、ビルの躯体である壁に穴を開けることになるので嫌がる家主も多いですし、地下の店舗の場合などは構造的に新たな開口部が取れなかったり、開口部がとれても非常に高額な工事になる場合もありますので注意して下さい。**区分所有になっているマンションなどでは躯体に関わる工事に関しては、マンションの管理組合の承認が必要**になりますので、事前に工事内容について承認がとれるのかどうか物件契約前に確認しておく必要があります。

排煙窓

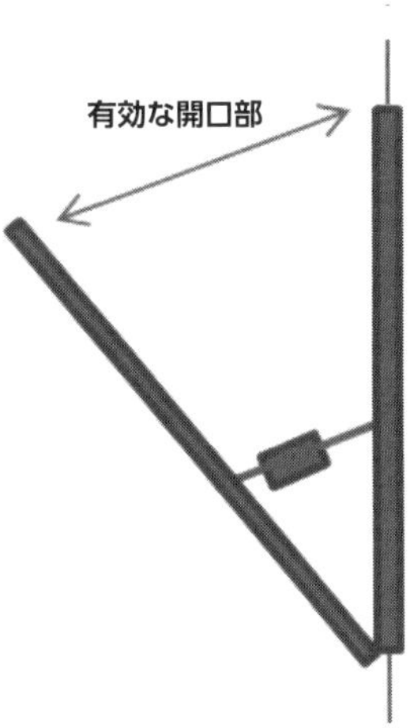

引き違い窓

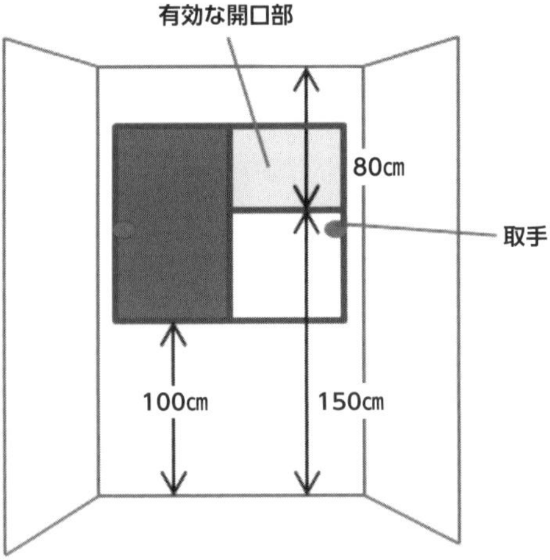

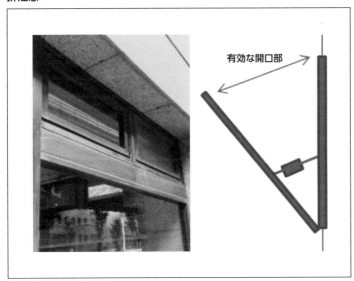

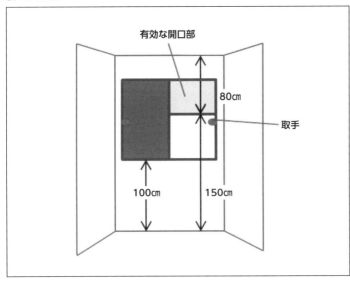

5-5 知っていれば安心！

工事区分を確認しよう！

工事区分とは何かというと、どの工事をどの業者が誰の費用負担でやるかという区分のことです。これは、A工事(甲工事)、B工事(乙工事)、C工事(丙工事)に分けられていて、一般的な特徴をまとめると下の表のようになります。

内装工事の区分

	設計・施工	費用負担	場所
A工事(甲工事)	賃主指定業者	賃主	ビル躯体工事、ビル全体のインフラ設備の基本工事など
B工事(乙工事)	賃主指定業者	借主	内装工事の中で、ビル全体のインフラ設備、防災設備に係る工事など
C工事(丙工事)	借主指定業者	借主	内装工事など

これは、貸主がテナント毎に賃貸借契約書に添付資料として工事区分表を作成している場合と、そうでない場合がありますので、工事区分表が無い場合は事前に工事内容について貸主に直接確認が必要です。

A工事は、ビルの躯体に関する工事でたとえば、ビルの外壁の修復工事などです。設計施工も費用負担も貸主側で行いますのでとくに注意することはありません。

C工事も飲食店を開業するにあたっての内装工事ということで理解しやすいと思います。

注意しなければならないのは、B工事です。飲食店の開業のために行われる工事のうち、ビル全体のインフラ設備や防災設備にも係る工事のことで、例えばインフラ設備なら分電盤の移設や「❺-2 電気設備のチェックポイントはここだ！」章で述べたキュービクルやガスヒーポンの設置、防災設備ならスプリンクラー移設や排煙窓の増設などです。

これらの他、警備システムの工事なども含まれたりもします。これらはビル全体のシステムに影響するため、そのビルの設計について熟知している貸主指定業者が行いますが、費用は借主負担となり、その**費用は非常に高額になることが多い**です。貸主指定業者は大手企業だったりすると、下請けに丸投げすることが多く、競争原理が働いていないからです。

この費用のディスカウントのために、C工事をお願いする内装業者に依頼して、「設計は貸主指定業者で、施工は自分たち(借主指定業者)でできないか？」などの交渉を貸主や貸主指定業者に対してしてもらうこともできますが、貸主との力関係によりなかなか難しいです。

また、退去の際の原状回復工事も貸主指定業者になっている場合がありますので、契約時にはよくチェックしておき、なるべく貸主指定業者の縛りを外す交渉をしましょう。

最後に、工事時間帯の規制も無いか確認しておきましょう。ビルや商店街によっては夜間しか工事できなかったり、資材を運搬するための工事車両が通行できない時間帯が設定されている場合などもあり、夜間しか工事できない場合の人件費は昼間に比べて約1.5倍になりますので注意が必要です。

5-6 知っていれば安心！

保健所チェックのポイント

飲食店の営業を開始するには、必ず事前に各自治体の保健所の生活衛生課に営業許可申請を行い、各自治体が定めた施設基準に合致しているかのチェックを受けて営業許可を受けなければなりません。スケルトンから店舗を作る時は当然、工事業者がこれらの基準をクリアした店舗を設計、施工するわけですが、**居抜き店舗で工事業者を入れて改装しない場合は、各自で保健所チェックポイントをチェックした上で営業許可を保健所に申請する**ことになります。各自治体により基準や実際の運用が異なる部分がありますが、ここでは東京都内で居抜き店舗を取得して開業する場合を例にとって、申請が全く初めての方でも分かりやすいように、保健所でもらえるパンフレットに記載されている各項目を少しかみ砕いて説明したいと思います。

ふた付きゴミ箱

①汚物処理設備→ゴミ箱はふた付き

毎日営業終了後にゴミ出しをしてゴミ袋を入れ替えていた店舗では、ふたが紛失してしまい無い場合も多くありますので、内見時に確認しておきましょう。

戸付き食器棚

②保管設備→食器保管は戸付き棚

吊戸棚等についている戸も、多くの店舗ではオペレーションの都合上、戸を取り外して使用していてどこに置いてあるか分からなくなっている店舗も多いので、内見時に確認しておきましょう。

L-5手洗い

③従業員専用手洗い設備→L-5手洗い&固定シャボネット

厨房内には外径で36cm(幅)×28cm(奥行)以上の手洗いと手指の消毒設備が必要です。TOTOの商品番号でL-5が基準に該当したことから「エルゴ」と呼ばれていますが、現在は廃盤になっていますので同等品(現在のTOTOならL30)の設置が必要です。手指の消毒設備というのはシャボネットが入っている容器で、それが固定されていて設備として認められます。これらは保健所チェック時以外は取り外している飲食店もよく目にしますので、忘れないように注意しておきましょう。また、3つ以上シンクがある場合、そのうちの1つに消毒設備を固定しても手洗い設備として認められます。

2層シンク

④洗浄設備(流し)→2層シンク

1層のシンクの目安は内径で45cm(幅)×36cm(奥行)×18cm(深さ)以上で、これが2層あるか、食器洗浄器があれば1層のみでも可です。

グレーチング

⑤ねずみ族、昆虫等の防除→網戸、グレーチング

出入口以外に窓がある場合は網戸をつけましょう。ただし開けない窓の場合はつけなくても可のようです。排水溝がある場合には鉄格子(グレーチング)をつけましょう。

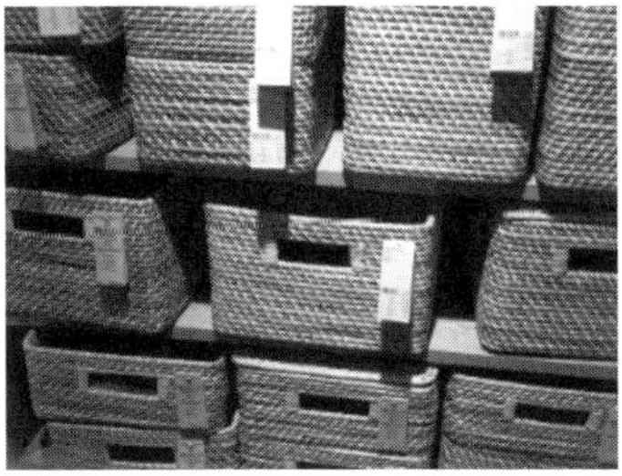

籠（かご）

⑥更衣室または更衣箱→籠

更衣箱というのは衣類が入れられる籠があれば良いので準備しましょう。

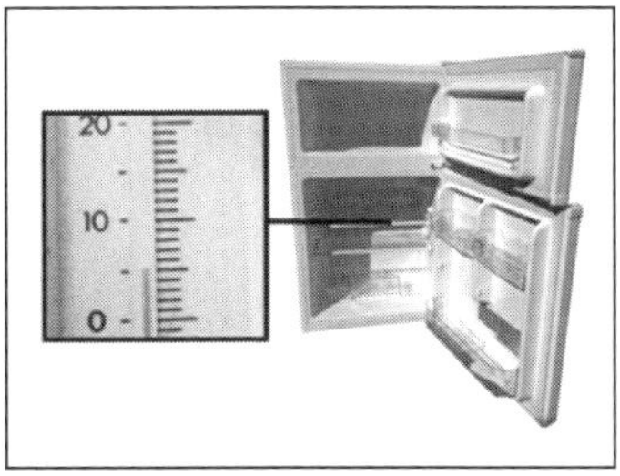

家庭用冷蔵庫には温度計

⑦計器類→温度表示付き冷蔵庫、冷凍庫、温度計

業務用の冷蔵庫なら温度表示がされますが、家庭用のものの場合、温度計を購入して温度管理できるように中に入れておきましょう。また、室内に温度計も置きましょう。

貯水槽

⑧給水設備→水質検査成績書（貯水槽、井戸の場合）

貯水槽や井戸水を使用する場合に限られます。家主にコピーを請求しましょう。

ガス湯沸かし器

⑨給湯設備→湯沸し器

洗浄および消毒のための電気温水器やガス湯沸し器を設置しましょう。

スイングドア

⑩使用目的に応じて、壁、板などにより区画→スイングドア

厨房と客席を行ったり来たりするための通路にはスイングドアを設置しましょう。

置き型グリストラップ

⑪グリストラップ

グリストラップについては、非常にグレーゾーンなところがあり、各自治体の条例によって、設置しなければならないとしている自治体が多いのですが、実態として、東京都内はグリストラップの設置義務があるにもかかわらず、設置していない店舗も非常に多いです。居抜き店舗で業態がさほど変わらない場合は保健所担当者のチェックもスルーされているケースも何度も見てきました。保健所は食品衛生法に基づいてチェックしていますが、グリストラップの設置は下水道法や各自治体の条例により設置が義務付けられているからだと思われます。しかし、設置していないと排水管は詰まりやすいですし、環境保護と法令遵守の観点からも、ぜひとも簡易型のものだけでも設置して営業するようにしましょう。

5-7 知っていれば安心！

中古厨房機器は買いか？ どのぐらい持つの？

開業希望者の方とお話ししていると、「中古の厨房機器ってすぐ壊れたらどうするの？お買い得なの？」という質問をよく受けます。

まず、壊れたらどうするのかとう問題ですが、もしどこかが故障した場合であってもおおむね製造から**5年以内の機器ならメーカー保証の部品供給期間内**ですから、中古でも故障したら修理が可能です。中古の厨房機器の店に行くと、製造から5年以内ぐらいのものはあまり値崩れしていないのはこのためです。

しかし、5年以上経過していたら一切修理できないかというとそんなことは無く、私の経験では製造から8〜10年ぐらいまではメーカーが部品を保有している場合が多く、普通に修理してもらうことが可能でしたし、きちんとメンテナスされているものなら滅多には壊れません。

新品は1年間無償修理という期間があったりしますが、中古も1ヶ月とか3か月の無償修理期間がついていると思います。初期不良の場合は1〜2週間も使用していれば普通に気づくと思いますので、無償修理期間の長さだけで新品と中古を比較するのはあまり意味が無いと思います。

次に、お買い得かどうかという話ですが、ガス器具はオーブンやフライヤーなどの温度調節のセンサーのあるもの以外は10年、20年経っていてもほとんど故障しません（ガス漏れなどがあったら大問題なのでかなり堅牢に作られています）。

中古の厨房機器屋さんに聞いた話では、きちんと分解洗浄されていれば新品同様の性能を蘇らせることができるということなので、**ガス器具は製造から5年以上経過していて、大きく値崩れしていたら「買い」**です。しかし、新品とさほど値段が変わらなければ新品を購入したほうが気持ち良いでしょう。

電気機器に関してはフィルター清掃などが小まめにされていれば10年ぐらいはノートラブルであることが多いです。

ただし、これも中古の厨房機器屋さんに聞いた話ですが、どうしても分解洗浄しきれない部分があり、どのような使い方をされていたかによりアタリ、ハズレはあるようです。ですから、**電気機器は製造から5年以上経過していて、大きく値崩れしていたらアタリ、ハズレがあるという自己責任を前提に、「買い」**の判断をすると良いでしょう。

下記に、新品、製造から5年以内の中古、製造から5年以上経過した中古の3パターンの価格調査例を掲載しておきます。とにかく初めの1店舗目は初期投資を安く始めたいという方は、製造から5年以上経過した中古厨房を狙うと良いと思います。

		製造5年以内		製造5年以上	
品名	新品金額(円)	中古金額1(円)	年式	中古金額2(円)	年式
ガスレンジ	169,800	142,000	2017年	102,060	2010年
縦型冷蔵冷凍庫	296,160	195,000	2015年	98,658	2006年
冷蔵コールドテーブル	132,945	110,000	2015年	85,000	2014年
製氷機35K	170,560	149,000	2018年	113,400	2012年
合計	769,465	596,000		399,118	

5-8 知っていれば安心！

平面図を書いて具体的な営業イメージを持とう！

具体的な営業イメージをしっかり持つことは非常に大切です。狭い物件で席数が少なすぎると、短時間で何回転もしなければ売上が上がらなかったり、逆に必要以上に広すぎて、家賃はもちろん、人件費や光熱費が余計にかかったりして、どちらも開業する前から運営に苦しむことが予想できます。

営業イメージを具体化するには、手書きでよいので、平面図にまで落とし込んでみましょう。その際には、一般的に最も効率良くレイアウトできるとされている正方形の物件の想定で構いません。客席間の通路はある程度ゆったりした店舗なら80㎝以上は確保しましょう。カウンターの奥行は50㎝は必要です。**最近の「お一人様」需要も取り込むなら、全席数の1/4程度はカウンター席にしましょう。**

全席で３０席あるような店で、申し訳程度に4～５席のカウンター席が設けられている店もよく目にしますが、そうすると結局、カウンター席を利用したい１人客も行きづらい店になり、カウンター席はデッドスペースになってしまいます。ともすると、ただの物置カウンターになってしまうというのは、よく見る光景です。

必要な厨房スペースはガスコンロやオーブン等の使用予定の調理機器を調理しやすい配置にレイアウトして下さい。

サイズはインターネットでも調べることができます。冷蔵庫や冷凍庫などの食材の保管機器は食材の種類や配送条件によっても異なってきますが、イメージがどうしても難しい方は下記の表を目安に少し余裕を持って配置してみて下さい。これらの他に、食器洗浄機や製氷機を使用するならそれらを配置し、保健所検査のための必須施設として2層シンク、Ｌ－５手洗いを配置すれば平面図は完成です。

冷蔵庫、冷凍庫の設置目安

	4枚扉冷凍冷蔵庫（冷凍1枚）	冷凍ストッカー330L	冷凍ストッカー65L	コールドテーブル
寸法(mm)	W1200×D650×H1950	W1470×D755×H840	W475×D595×H855	W1500×D600×H1800
～10坪	1	0	1	2
～20坪	1	0	2	2
～30坪	2	1	0	3
～40坪	2	1	1	4

客席、厨房を正方形の平面図に落とし込んでみよう！

64㎡≒19.4坪
28席（1坪あたり1.44席）
売上予測　4,116千円

平日売上　客単価3,000円×28席×1.5回転=126千円
126千円×22日=2,772千円

土、日売上　客単価3,000円×28席×2回転=168千円
168千円×8日=1,344千円

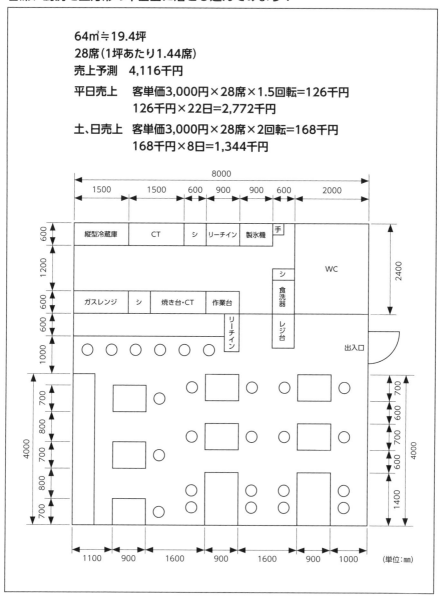

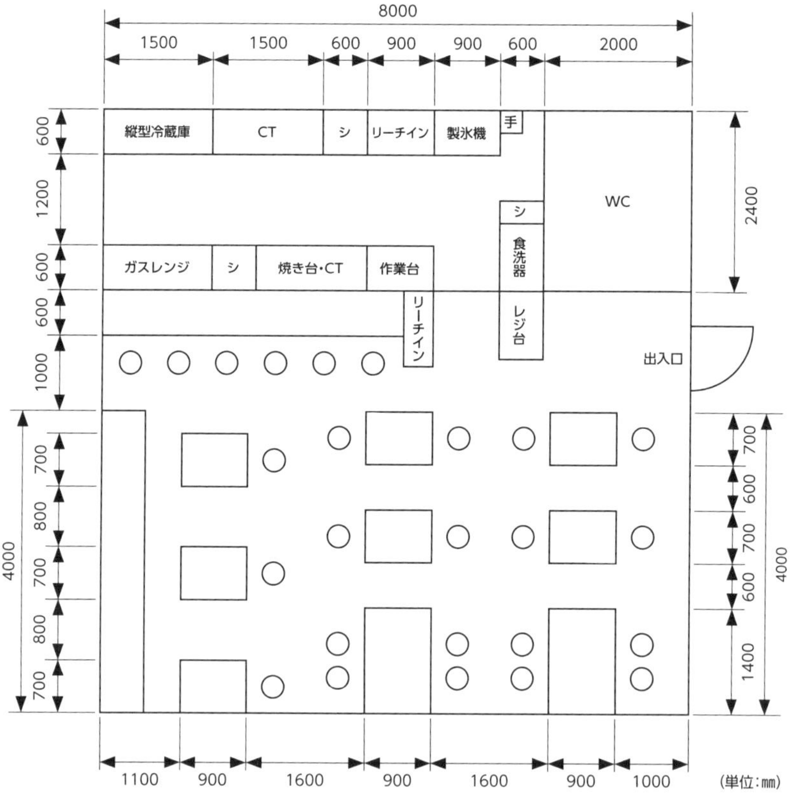

5-9 知っていれば安心!

激セマ店舗の落とし穴

前頁の最適な客席スペースと厨房スペースに関連する話で、「1人でやれば人件費もかからないし、気楽にできる」と考えて1オペレーションでも営業できる広さ(10坪以下)のいわゆる激セマ店舗物件を探される方も最近は非常に多いですが、実は私も昨年、色々な偶然が重なって急遽、激セマ店舗(カフェバー)を営業することになり、実際に営業してみて分かった「落とし穴」がありますので、私の実体験を通じてお話してみたいと思います。

激セマ店舗ですから、席数は確保できません。飲食店=客数×客単価ですから、どんなに高回転の店舗にしたとしても激セマ店舗は売上の限界は非常に低いところになります。
そこまでは容易に想像できることだと思いますが、何が「落とし穴」だったかというと、営業時間外にやらなければならないことが普通の面積の店舗に比べて非常に多いということです。

どういうことかと言うと、激セマ店舗はまず、仕入れが小ロットになるため食材配送業者を使うと非常に割高になるので、**営業時間外に自らスーパーなどを複数回って仕入れ**に行かなければなりません。
また、狭すぎると仕込みと営業の同時進行が物理的に難しいため**営業時間外に自ら仕込み**をしなければなりません。このように、**営業時間外にやることが非常に多くなる**のです。

飲食店で働いたことがある経験がある方なら分かると思いますが、実は毎日、市場まで仕入れに行っている飲食店というのはマレで、ほとんどの店が食材配送業者を使って仕入れをしています。仕込みも営業時間中のアイドルタイムに行うことができますし、しかも分業してスタッフに任せたりしています。
激セマ店舗は基本１オペレーションなので、これら全てを営業時間外に1人でやらなければなりません。

私の例でいうと、当時は営業時間は11時30分～15時、17時30分～24時の10時間でしたが、労働時間でいうと8時～24時までの16時間労働になってしまっていました。当然、定休日を設けないと休みも取れません。

弊社では以前に100席以上あるイタリアンも経営していたことがありますが、当然、仕入れは食材配送業者を使っていて、スタッフに仕事を任せることができましたし、保管スペースや調理スペースが十分にあったので仕込みは営業時間中のアイドルタイムに行えば良かったので、営業時間は激セマ店舗と同じですが、私の労働時間は8時間ぐらいでした。定休日を設けなくてもスタッフに仕事を任せれば休みは十分にとれました。「狭い＝楽」とか「広い＝大変」だと思われがちですが、私の場合はむしろ完全に逆でした。

店舗面積だけは後で変更することができませんので、激セマ店舗をやりたいという方は、仕入れや仕込みの時間、保管スペースも含めて業態をよく検討することをおすすめします。

5-10 知っていれば安心！

積極的にDIYしよう

居抜き物件を取得しても改装するとなると大きな投資金額になるのが内装工事です。小規模店舗ならDIYで工事することにより、少しの手間さえ惜しまなければローコストで、かつ個性的な店舗を作ることが出来ますのでおすすめです。ただし、**DIYが得意な人限定**です。

基本的に工事する箇所は、

①客席の工事
②厨房内の工事
③外（店舗ファサード）の工事

に分けられますが、居抜き物件を利用する場合、繁盛店を引き継ぐのでない限り、前テナントのイメージを一新する必要があります。この場合、イメージを大きく変えるのに必要なのは①客席の工事と③外（店舗ファサード）の工事です。

そのうち、DIYに取り組みやすいのは①客席の工事です。

客席の工事は、さらに壁、天井、床、照明に分かれますが、まず、壁や天井の壁紙の張替えぐらいなら自分で出来ますし、漆喰の塗り壁にするのもさほど手間ではありません。古材やトタンなどを利用してみるのも面白いかもしれませんし、コンクリートむき出しにしても良いかもしれません。床は材質によってはプロの業者に依頼したほうが良いですが、クッションフロアぐらいなら壁紙と同じ要領で張り替え可能です。

大型のホームセンターに足を運べば、本職の内装業者も利用しているかなり色々な建材が販売されていますし、インターネットでもかなり多くの種類の建材が通信販売されていますのでこれを活用しない手はありません。

仮に、15坪の物件で天井高３ｍの次ページのような物件の場合、１㎡500円の壁紙を貼っても、500円×37.5＝18,750円で済みます。客席床に1㎡ 4,000円のクッションフロアを貼っても、4,000円×31.5＝63,000円で済みます。間仕切り壁も2×4材専用のつっぱりアダプターとベニヤ板を利用して作ることが可能です。

壁面積と床面積の計算例

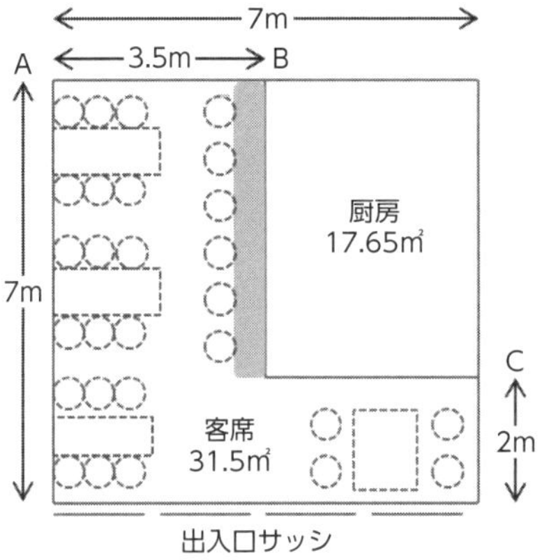

●壁面積
壁A 7.0×3=21.0㎡
壁B 3.5×3=10.5㎡
壁C 2.0×3=6.0㎡

計 37.5㎡

●客席床面積
(7×7)－(5×3.5)=31.5㎡

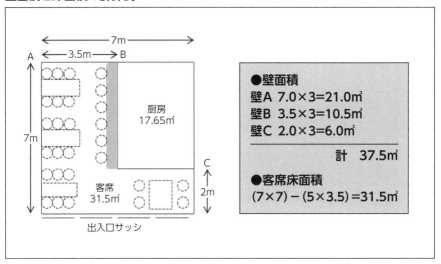

ちなみに下の写真は私がDIYで壁紙、間仕切壁、ドア、カウンターを施工した例です。

BEFORE

AFTER

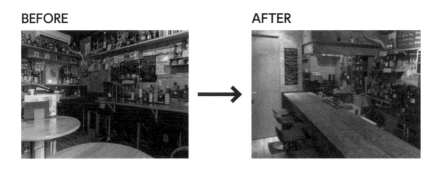

照明もホームセンターで売っている屋外の夜間工事用の照明などを店舗照明に流用している店も多く見かけますし、店舗用に応用できるモノがたくさん販売されていますので、器具だけ購入しておき、専門の配線知識が必要な箇所だけ電気工事会社に依頼すると良いでしょう。

カウンターも自作することができます。一枚板にしたい場合も色々な材質のものがインターネット上に販売されています。また、テーブルやイスの変更も大きくイメージを変えられますが、テーブルは天板変更のみ、イスは座面を張替えるだけ等のローコストな方法で費用を抑えることも可能ですので、ぜひ挑戦してみて下さい。

③外(店舗ファサード)工事も同様にDIYが得意な人ならホームセンターで部材を買ってきて自作してしまうこともできなくはありません。ちなみに、下記の写真も私が自ら施工した店舗の外観写真です。

BEFORE

AFTER

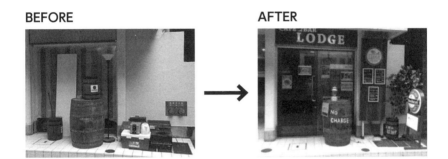

厨房内の工事は、基本的に電気やガスや水道の工事は資格が必要なので必ずプロに発注してください。たとえば、電気工事なら「東京都　電気工事　見積」と検索すればかなりたくさんの業者が出てきます。

はじめに、DIYはDIYが得意な人限定でおすすめと書きました。DIYの道具から揃えないといけない人は道具を揃えるだけでも結構、お金も労力も時間もかかります。

コスト的には、私の実感では業者に依頼するのと比べて**8割ぐらいの費用**でできる感じです。使用する資材の値段はDIYでも内装業者に依頼しても大きくは変わらないので、**人件費分が節約できるという感じ**でしょうか。

店舗の開業前にはやらなければならないことが山のようにありますので、DIYが不得意な方は、ローコストのためだけにやると、失敗などでかえって費用が高くついたり、仕上がりに問題があったり、本来他にやるべきことができなくなってしまいますので、手を出さないほうが良いことは申し添えておきます。

5-11 知っていれば安心！

内装業者の選び方

まず、**内装業者を選ぶタイミングですが、これは物件を探し始めた段階**で、できるだけ早くいくつかの会社に絞り込みましょう。

インターネットなどを見ると実に多くの内装工事業者が広告を出しているのでそれを見て絞り込むだけでも結構大変ですが、内見時の同行をしてもらうためにも3社ぐらいの業者に絞って「飲食店開業予定で物件を探しているのですが、今度、目ぼしい物件が出たら一緒に内見してもらえますか？」という確認だけは事前にしておきましょう。全部の物件の内見に同行してもらうのではなく、ある程度設備の問題がクリアになれば契約しようという意気込みの物件だけで良いです。

こうしておくと、意欲ある内装業者なら物件の紹介をしてくれるところもあると思います。もちろん、どの業者に発注するのかの**最終決定は見積りを正式に提出してもらった後**で構いません。

次に、**内装業者のタイプ選定基準**ですが、内装業者には、**①設計のみ、②設計＋施工、③施工のみの３タイプ**の業者があり、よほどデザイン性の高い店舗をやりたいなら①設計のみの業者、スケルトンから工事するなら②設計＋施工の業者、居抜きの簡単な改装程度なら③施工のみの業者をおすすめします。

また、本書をお読みいただいている読者の方はほとんどが中小規模の店舗での開業希望の方だと思いますが、**同規模の飲食店舗を多数手がけている実績のある業者**を探してください。なぜなら、大手チェーン店での工事実績が豊富でも、中小規模店舗の工事はあまり得意でない等、規模による得手不得手はありますし、飲食店は飲食店特有の暗黙のレイアウトの決まり事などがあるからです。

たとえ友人･知人であっても、自分に内装工事の知識が十分にあって、事細かに指示を出すことができて、その通りにやってくれる業者なら話は別ですが、そうでない場合、住宅しか手掛けたことが無いとか、物販店しか手掛けたことが無いという業者は止めておきましょう。

目的別で選ぶ内装業者のタイプ

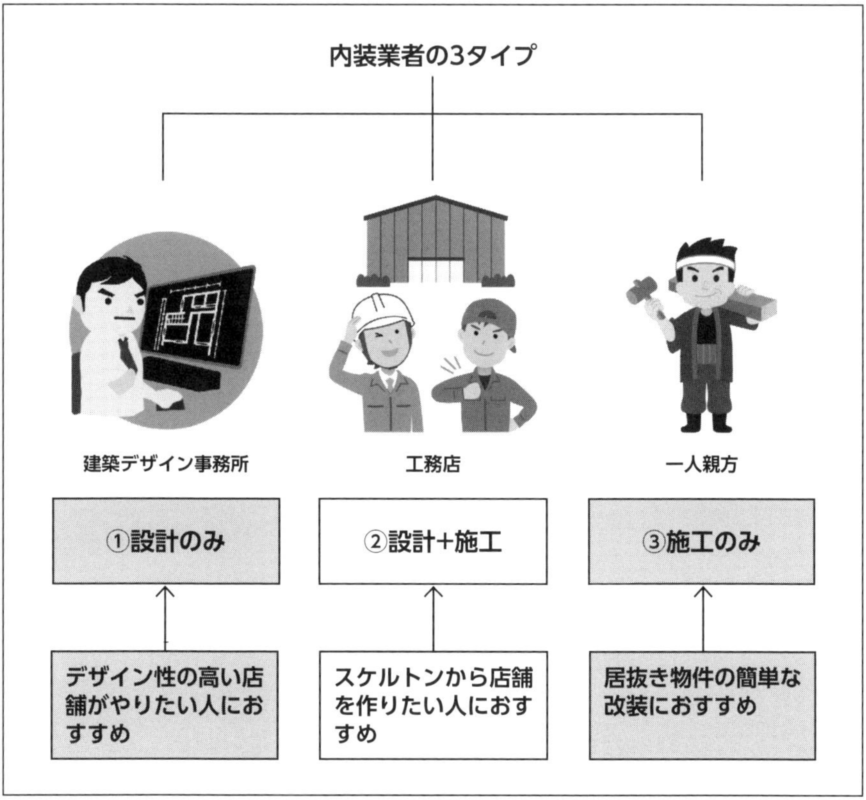

5-12 知っていれば安心！

相見積もりの取り方と見積もり書のチェックポイント

内装業者選びの方法は色々なことが言われますが、上手な内装業者の選び方で欠かせないのは、**「必ず相見積もりを取って相性の合う業者を見つけること」**です。ここさえ押さえておけば大きな失敗をしてしまう可能性は少なくなります。

よく聞く失敗談として、知り合いの内装業者に任せたら仕上がりが思ったようにいかなかったけれど、クレームを出しにくいとか、大手コンサル事務所に紹介された内装業者を使ったら、追加工事のたびに追加費用が発生して非常に高額な内装代金を請求された、というようなトラブルです。どちらも相見積もりをとって見積書の内容を吟味していないことが大きな原因です。

見積もりの段階で競争の原理が働いていない状況では、内装業者はかなりフカせた見積もりを提示してきますし、建築工事の素人がその見積もり内容を見て高いとか安いとか判断できるものではありません。また、内装仕上げ材等も品番だけで記載されていたりしても（そんなものなのかと勝手に納得してしまい）、具体的な仕上がりイメージがわかないでしょう。必ず、大事な部分はサンプル部材などを見て確認する必要があります。

インターネット等を見ると内装業者の過去の施工事例が掲載されていたりするので多くの方がそれを参考に業者を選定して見積もりを依頼することになると思います。**飲食店の施工経験が豊富にあるところを選ぶのは絶対に必要な条件**ですが、あまり言われていない視点として、開業予定地の**「なるべく近所の業者」**を選ぶことです。多くの内装に関するホームページなどは内装業者が作っていて、広範囲になるべく多くの仕事を受注したいがためか、あまりこのことには触れられていません。なぜなら２つ理由があり、まず第1の理由は、近隣に住んでいる職人さんを集める場合では、職人さんの交通費や駐車場代、資材の運搬代なども含めて見積もりに盛り込む経費を考えるからです。第2の理由は物件の内見に同行してもらいやすいからです。

具体的な見積もりの段階ではどこの内装工事業者も見積もりは無料だと思いますので、自分の内装イメージを具現化してくれそうな業者に**最低3社**は依頼しましょう。その時には、自分のイメージに近い店舗があれば、その写真などをインターネットで取り寄せて準備しておくと伝わりやすいです。

見積もりが出てきたら、その中で金額も含めてなるべく丁寧な見積もりを出してくれる業者を見つけましょう。なぜなら、実は内装業者は小規模なところほど親身になってくれそうですが、いくつかの現場を掛け持ちしていて手一杯の状態だと、**まともに仕事を取りに行かない時がある**からです。必ず、「オープン予定日はいつですか？」と聞かれると思いますが、スケジュール的に自社でまともに受けるのが難しい場合は、後でどこかに丸投げしても利益が出るような金額でしか見積を出してきません。

どこで見分けるかというと、**見積もり書の項目が、逐一細かく記載されているか否か**です。もう少し具体的に言うと、たとえば「クロス張替え　30（㎡）×800（円）＝24,000円、作業員工賃15,000円、合計39,000円」等と記載してあれば良いですが、「クロス張替え一式　50,000円」等と記載してある場合は、まともに仕事を取りに来ていない（見積もりを真面目にしていない）と判断して良いと思います。さらに言うと、まともに仕事を取りに来ていない業者は平面図も出してきません。まともに仕事を取りに来ている業者の場合は平面図を出してくるのはもちろん、依頼していなくてもイメージパースも出してくれますし、内装部材のサンプルも一緒に提出してくれることもあります。

このように、複数の会社に見積もりもりを取れば、見積もり段階である程度しっかりした仕上がりイメージをお互いに共有できますので、後で意図していなかった追加工事も発生しにくくなります。

実際に弊社でもカフェバーの改装時にイメージを伝えて工事見積もりを依頼したところ、細部の仕様は各社で異なるものの、A社400万円、B社300万円、C社200万円と、最高値と最安値では実に200万円も開きのある見積もり書が出てきましたが、金額を無視してもC社の工事内容が一番自社には合っていました。

相見積もりを取ることは、単に金額を安く抑えることだけが目的ではありません。打ち合わせをしながら、**内装業者との相性を見極めること**も大きな目的です。

最後に、先に述べた内装業者が物件情報を紹介してくれる場合の注意点として、その物件で開業する場合はその内装業者に工事を発注しなければならない等の『縛り』がでてきてしまう場合がありますので注意しましょう。ローコストで開業するには、なるべく2〜3社以上の工事業者から相見積もりをとれる立場に自分がいられるように上手く立ち回ることが大切です。弊社でもお客様からご依頼があれば内装業者の紹介をすることがありますが、どんなに私が信頼する業者さんであっても必ず他の業者との相見積もりをしたほうが良いですよ。とアドバイスしています。

5-13 知っていれば安心！

内装工事金額の目安

内装工事の金額の目安は、居抜き物件の改装の場合には何の工事をするのかによって大幅に金額は変わってきますし、スケルトンからの工事の場合もどのような仕様にするかによっても大分金額は変わってきますが、スケルトンからの工事に限って、あえて記載させて頂くならば、15坪ぐらいの店舗で、厨房機器を含まず**坪単価50万円**がひとつの目安です。厨房区画で坪単価100万円、客席区画だけなら坪単価30万円ぐらいが目安です。

客席部分と厨房部分で比較して工事費用が大きくかかるのは厨房部分なので、店舗全体に占める厨房スペースが多ければ(店舗が小さければ)、坪単価は高くなりますし、逆に、店舗全体に占める厨房スペースが少なければ(店舗が大きければ)、坪単価は低くなります。

ただし、坪単価いくらというのは、あくまでも開業資金を調達する際の目安であり、見積書の総合計金額を坪数で割り算した結果論でしかありません。使用されている資材や工事の内容がどのようなものなのか中身をよく見たうえでないと一概に坪単価が安い業者＝良心的な業者というわけでは無いので、安さだけを売りにした宣伝広告に惑わされないようにして下さい。

また、工事代金の支払いは、着工時、中間時、完成から1週間後の3回に分けて1/3ずつ支払うようにしましょう。

完成時にダメ直し工事が出てきても全て工事代金を支払ってしまっていたら、追加で費用を請求されかねません。基本は工事着工前に契約書をよく確認して、見積書記載以外の追加工事があった場合の費用負担や、万が一、工事が遅れた際のペナルティについても明記されているか確認しましょう。

内装工事代金支払いの例

着工時 → 中間時 → 完成から1週間後

100万円 ＋ 100万円 ＋ 100万円

3回に分けて支払う！

＝合計300万円

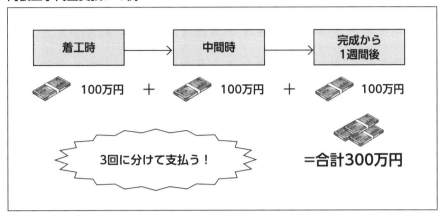

店舗面積と内装工事代金坪単価の関係

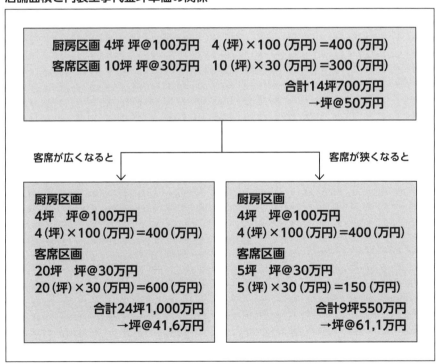

厨房区画 4坪 坪@100万円 4（坪）×100（万円）=400（万円）
客席区画 10坪 坪@30万円 10（坪）×30（万円）=300（万円）
合計14坪700万円
→坪@50万円

客席が広くなると

厨房区画
4坪 坪@100万円
4（坪）×100（万円）=400（万円）
客席区画
20坪 坪@30万円
20（坪）×30（万円）=600（万円）
合計24坪1,000万円
→坪@41,6万円

客席が狭くなると

厨房区画
4坪 坪@100万円
4（坪）×100（万円）=400（万円）
客席区画
5坪 坪@30万円
5（坪）×30（万円）=150（万円）
合計9坪550万円
→坪@61,1万円

5-14 知っていれば安心！

使いまわしの利く設備と要注意設備

いざ開店してみて、残念ながら立地と業態がマッチしていなかった場合、そのまま閉店の道をたどるのではなく、あきらめずにその場所で最適な業態を見つけて、後に業態変更することまで視野に入れると、店舗物件はある程度使いまわしの利く汎用性の高い物件のほうが良いでしょう。

何をやってもうまくいかない飲食店需要自体がそもそも少ない立地というのもありますが、業態を変えさえすれば繁盛する立地だったということは結構あります。例えば、ラーメン屋ではうまくいかなかったけれど居酒屋ならうまくいったとか、カレー屋ではだめだったけどイタリアンならうまくいったというケースは結構あります。

汎用性の高い物件とはどういうものかというと、客席の内装は白ベースや木目ベースなら、和風でも洋風でもある程度応用が利きますし、厨房設備は基本的なもの（コンロ、冷蔵庫、冷凍庫、製氷機、）がひととおり揃っていれば、後は多少の入れ替えのみで別業態を作ることが可能です。

逆に要注意で**使い回ししにくい物件の代表格は焼肉屋**です。居抜き店舗の造作売買でもかなり好立地でなければ、焼肉屋の造作付きの居抜き物件は売れにくい物件です。

焼肉屋をやりたいという場合は、排煙設備が設置してあると投資は低く抑えることができますが、万が一うまくいかなくて業態変更したくなった場合、客席スペースの邪魔な排煙設備の撤去は必要ですし、**通常の飲食店より厨房スペースが狭いことが多い**ので、非常に業態変更が難しくなります。厨房スペースを広げる工事は結構高額になります。

また、軽飲食しか認められていない物件の場合は、業態変更の選択肢が限られますので、業態開発の時や店舗開発の時に頭の片隅に入れておくと良いでしょう。

汎用性の高い内装

カウンター＋テーブル席で白ベースまたは木目ベースの内装。

汎用性の低い内装

テーブル席のみでダクトが各テーブルに伸びている内装。

6

開業前にきちんと、しっかり判断したい

立地診断と売上予測のツボ

6-1 足切り基準で物件を絞り込もう！
6-2 都市型物件の動線調査
6-3 都市型物件の駅からの距離調査
6-4 都市型物件の視界性調査
6-5 都市型物件の階数調査
6-6 都市型物件の店舗間口調査
6-7 都市型物件の店前歩行者通行量調査
6-8 都市型物件の駅乗降客数調査
6-9 郊外型物件の動線調査
6-10 郊外型物件の大型商業施設からの距離調査
6-11 郊外型物件の視界性調査
6-12 郊外型物件の敷地間口と駐車場調査
6-13 郊外型物件の店前自動車交通量調査
6-14 郊外型物件の大型商業施設店舗面積調査
6-15 仮想サンプル店舗を見つけよう！
6-16 実際に売上予測をしてみよう！
6-17 コバンザメ出店戦略と競合店の考え方
6-18 積極的に地方を狙ってみよう！

足切り基準で物件を絞り込もう！

あなたが飲食店を利用する動機は何でしょうか？美味しいから？サービスがいいから？雰囲気がいいから？近いから？利用するお店によって理由はさまざまあるとは思いますが、これから開業するあなたは、**まずはお店の存在を知ってもらい一度は来店してもらわなければなりません。**そこで大切になってくるのが、立地診断・物件判断です。新規開業者は広告や口コミ効果に過度に期待しがちですが、非常に危険です。**「飲食店は立地が8割」**です。この言葉を肝に銘じて物件を探しましょう。

物件を評価する時は、マクロの視点とミクロの視点の両方から見なければなりません。マクロの視点とは、統計データを基にした商圏の規模と質を見ることです。ミクロの視点とは、物件の実査を基にした、物件固有の立地情報と構造情報を見ることです。また、調査項目は郊外型の物件と都市型の物件では分けて考える必要があります。

ミクロ（実査）項目＝物件固有の立地、建物構造を見る

●動線
遊びに来る人が多いのか、通勤で通る人が多いのかなど、実際に歩いている人を観察したり、データ等から、物件前道路の特性を判断します。

●駅、大型商業施設からの距離
多くの人が集まる場所の近くにあれば、自店を認識してもらえるチャンスが増えます。

●視界性
多くの人が通る道でも、歩行者から見えなければ意味がありません。

●店舗間口、敷地間口
間口が広いほど、目に入りやすく、入店しやすいです。

●階数
1階が有利ですが、２階やＢ１階でも専用階段があり、演出できる造作可能なスペースが多くあれば、有望です。

●駐車場
郊外型の物件では、十分な広さの駐車場の有無は死活問題です。

●店前歩行者通行量
店前を通る歩行者を量的基準でとらえます。

マクロ(統計)項目=商圏の規模と質を見る

●人口総数
物件周辺にどのぐらいの人が住んでいるかを潜在的顧客として考えます。
●昼間人口
物件周囲に昼間どれだけ人が集まってくるのかを見る項目です。オフィス街や繁華街では住民は少ないですが、昼間人口を見て働いている人の数を潜在的顧客として考えます。人口総数と昼間人口を見比べることで、オフィス街なのか住宅街なのかという街の特性も見て取ることができます。
●小売業年間販売額
物件周辺でどのぐらいのモノの購買力があるのかを見ることにより、外食消費に回る金額を想定します。
●店前自動車通行量
公開されている道路データから通行量、通行速度、乗用車率などを読み取り物件前を通るドライバーが顧客になりやすいかどうかを判断します。

次ページの図は、それぞれ都市型の物件と郊外型の物件の**「足きり基準」**です。あくまでも1都3県(東京都、千葉県、埼玉県、神奈川県)での出店を想定した一例ですが、この「足切り基準」を全て満たしている物件を出店検討可能な物件とし、**一つでも条件を満たしていなければ、出店検討不可**の物件と判断して切り捨てて絞り込みましょう。

尚、ここで取り上げる基準は、なるべく多くの方が物件調査の時に参考になるような項目や基準を取り上げましたが、あくまでも、ひとつの基準であり、大手チェーン企業などでも業態毎に調査項目や足きり基準の数値は異なりますので、くれぐれもその辺りはご留意下さい。

また、都市型のマクロ(統計)項目のうち、「小売業年間販売額」と「昼間人口」はぜひとも調査項目に入れたい項目でしたが、皆さんが気軽に自分で調べられるように、政府や業界団体などが安定的に公開していて無料で利用できる項目に限定したため、今回は調査項目からは除外しましたが、民間の調査会社で駅半径0.5㎞の上記のデータを無料公開しているサイトもありますので、気になる方はそちらも参照されることをおすすめします。

都市型	チェック項目	足切り基準
ミクロ（実査）	動線	動線に乗っているまたは動線から見える。
	駅からの距離	徒歩7分以内（1日駅乗降客数20万人以上） 徒歩5分以内（1日駅乗降客数20万人未満）
	視界性	10m手前から置き看板か袖看板が見える。
	店舗間口	1階=2.7m以上、2階、地下1階=階段幅1.2m以上
	階数	1階または専用階段のある2階またはB1階
	店前歩行者通行量	ランチタイム、ディナータイムともに1時間300人以上
マクロ（統計）	駅乗降客数	30,000人以上/日

郊外型	チェック項目	足切り基準
ミクロ（実査）	動線	大型商業施設まで交差点を曲がる回数が2回以内。
	大型商業施設からの距離	2.5km以内（ドライブタイム5分以内）
	視界性	80m手前から看板が見える。
	店舗間口	20m以上
	駐車場台数	席数の1/2以上が確保できる。
マクロ（統計）	大型商業施設店舗面積	5,000㎡以上
	店前自動車通行量	10,000人以上/12時間

物件発生から売上予測までのフローチャート

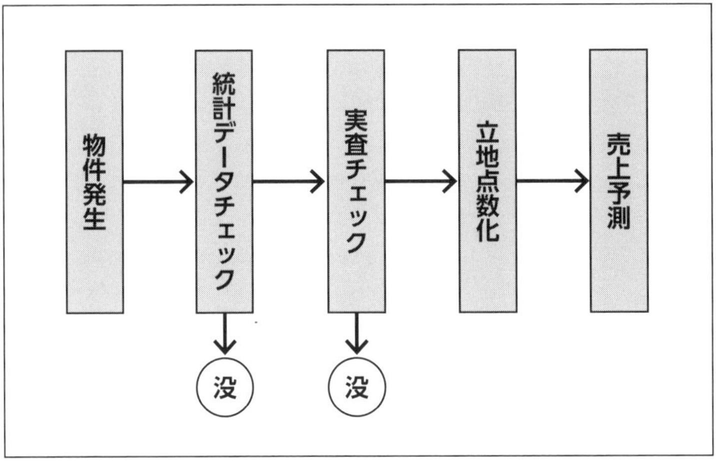

6-2 開業前にきちんと、しっかり判断したい

都市型物件の動線調査

早速ですが、都市型物件の実査項目から詳しく見てみましょう。
まず、**動線**とは、T/G（Traffic Generator＝交通発生源）とT/Gをつなぐ人の流れのことです。T/Gの具体的な例としては、駅や百貨店、商業施設、住宅地に向かう大型交差点など多くの人が通行する場所のことです。これを物件前の道路がどのような特性を持った動線になっているか、または動線になっていないかで評価します。

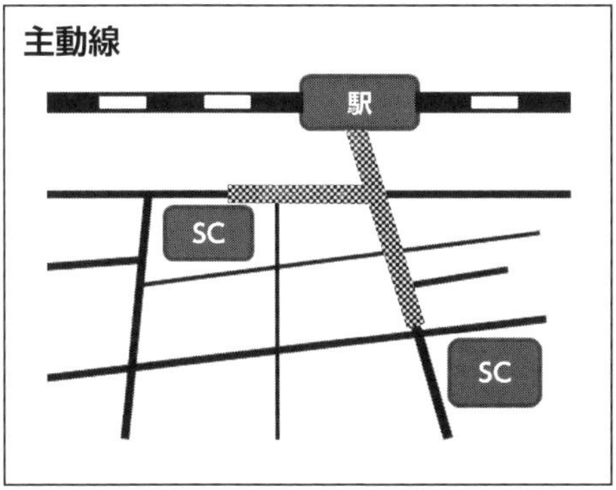

※**主動線**は駅と百貨店やショッピングセンター（SC）等のT/Gをつなぐ、基本的には人の流れが最も多い通りです。

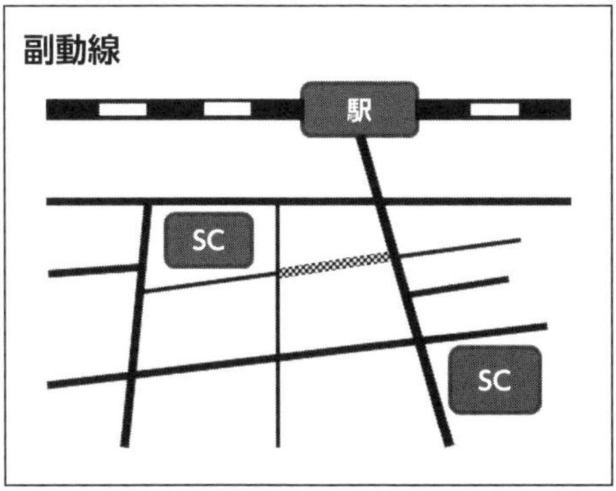

※**副動線**は、裏動線とも呼ばれます。駅とT/Gをつなぐ通りで、一般的には通りの両脇には店舗が並び立ち、主動線ほどではないものの、人通りの多い通りです。

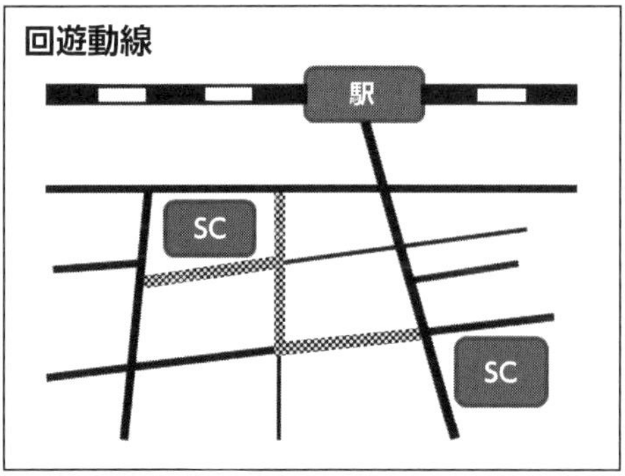

回遊動線

▩**回遊動線**は、T/Gが3か所以上あり、主動線以外にT/G同士をつなぐように人通りがある通りです。一般的には通りの両脇には店舗が並び立っていて、回遊動線は基本的に通勤や通学のために通るのではなく、買い物や飲食が目的で歩いている人が多いという特性から、ここでは通勤や通学のために通る人も多い主動線より評価を高くしていますが、街によっては平日と土・日の歩行者通行量の差が激しい立地もあり、必ずしも回遊動線のほうが主動線より有利ということはありません。

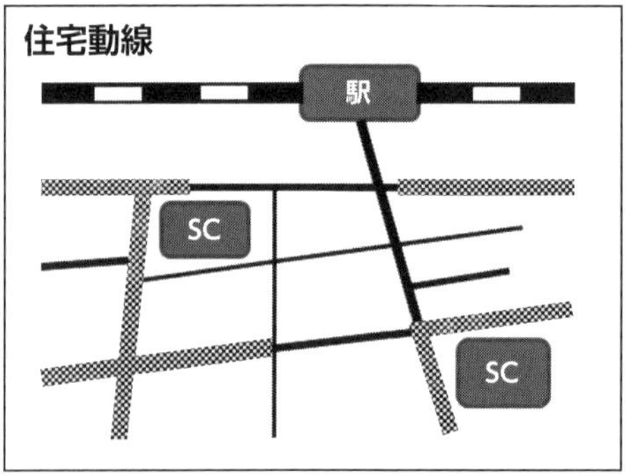

住宅動線

▩**住宅動線**は駅と住宅地を結ぶ動線のことで、通勤や通学のための人が多く通ります。主動線や回遊動線に比べて、いつも同じ人が通るので動線としての評価は低くなっています。

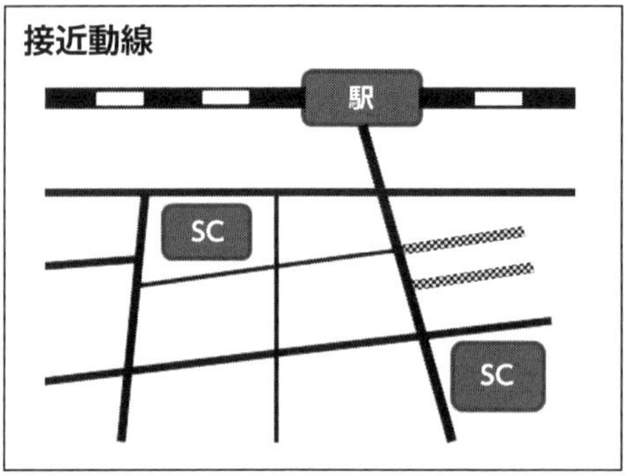

接近動線

▩**接近動線**は、主動線に接している人通りのある通りで、主動線から30m以内にあり、かつ主動線から看板などで誘導・視認できる物件の場合は出店可として評価することとします。

動線評価

回遊動線	主動線	副動線	住宅動線	接近動線で主動線から30m
5点	4点	3点	2点	1点

6-3 開業前にきちんと、しっかり判断したい

都市型物件と駅からの距離調査

駅からの距離は、不動産チラシの作成基準とされている速さの徒歩1分＝80m（時速4.8㎞）で歩くと計算すると5分で400m、7分で約560mです。不動産業者の物件チラシは、直線距離で計算されていることが多く、下記の地図上で中心(駅)から半径560mの端まで7分で歩こうとすると、信号待ちなどもありますので、かなり速足で歩かなければならなくなります。

また、新宿や池袋などのような大きなターミナル駅では、駅から徒歩7分でもまだ十分に商業地域ですが、小さな駅では住宅地に入ってしまうので、乗降客が20万人未満の駅では徒歩5分以内を目安にしましょう。

駅乗降客数20万人以上／日の駅から徒歩でかかる時間

1分以内	2分以内	3分以内	5分以内	7分以内
5点	4点	3点	2点	1点

駅乗降客数20万人未満／日の駅から徒歩でかかる時間

1分以内	2分以内	3分以内	5分以内
4点	3点	2点	1点

時速5km、徒歩7分圏内

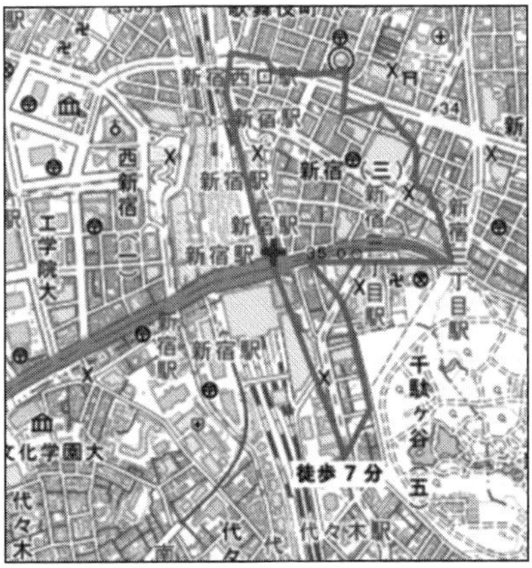

半径560m圏内

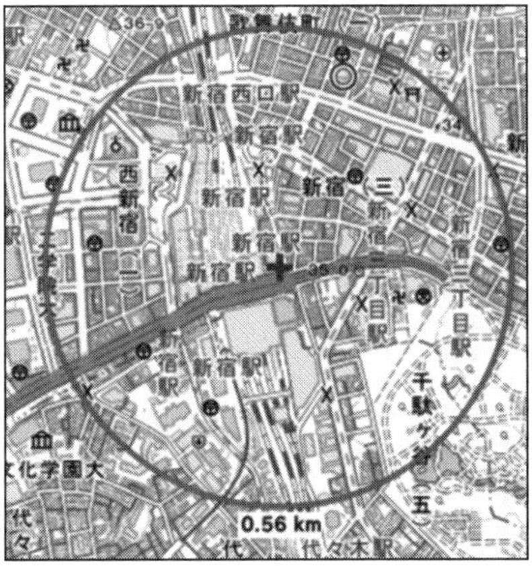

出典：政府統計の総合窓口（e-Stat）地図で見る統計（jSTAT MAP）の「リッチレポート作成」にて、調査地点から徒歩7分到達圏、半径0.56㎞円を表示。背景地図は国土交通省国土地理院「電子国土web」（標準地図）。

都市型物件の視界性調査

いくら駅から近くの場所に店があっても、店前を通行する歩行者に店舗が見えていないと意味がありません。この見え方のことを「視界性」と呼びますが、**視界性**は、駅方向から見て、「何屋さんなのかわかる」看板が最低10m手前、できれば20m手前から見える必要があります。

たまに、読み方の難しい横文字の看板を、せっかく大きな看板スペースがあるにもかかわらず、小さな文字で上品に出しているお店もありますが、自店の個性をひと言で表せる「何屋なのかがわかる」看板を意識して設置しましょう。

視界性評価

20m手前から正面看板が見える。	20m手前から袖看板、置き看板が見える。	10m手前から正面看板が見える。	10m手前から袖看板、置き看板が見える。
5点	4点	3点	2点

視界性は、「自然に目に入ってくる」ということがポイントで、通常、人が歩いていて文字や形が認識できるのは35度以内と言われていますので、1階に比べて間口の狭い2階や地下の店舗では、極端にその方向に顔を向けたりしなければならないため、袖看板や置き看板が置けないとかなり不利です。

袖看板や置き看板の設置可否は家主や不動産業者に事前に良く確認しておきましょう。これらが設置できず、10m手前から見える場所に看板が設置できない物件の場合は足切りしてしまいましょう。

袖看板や置看板は視認性確保に重要！

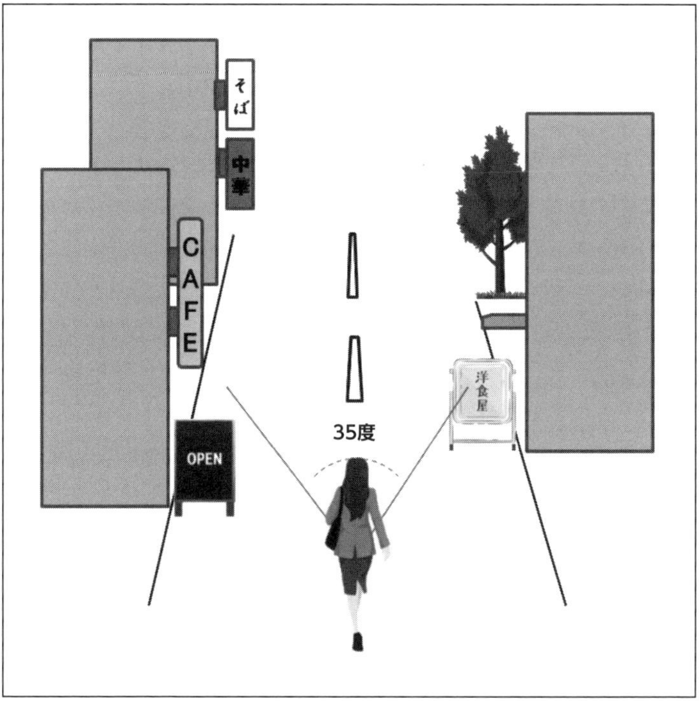

また、看板に関しては、ただ出ていれば良いというものでは無く、**「視界融合」**と**「視界退行」**にも注意して下さい。

視界融合とは、周りの看板と同じような色やカタチをしている看板に溶け込んでしまい目立たなくなること。視界退行とは、近くにひときわ目立つ看板があることによって、他の看板に目が行きにくくなることです。これらがある場合は、「－1点」の減点評価をして下さい。また、大きな道路で物件の目の前に陸橋があったり、物件の前に街路樹があったりして、道路対岸からの視界性を遮るものがある場合は**「視界障害」**として「－1点」の減点評価をして下さい。

逆に、加点評価としては、物件前の歩道幅が2m以上なら「＋1点」、3m以上なら「＋2点」、4m以上なら「＋3点」、交差点角地の物件なら「＋2点」、T字角地の物件なら「＋1点」の加点評価をして下さい。いずれも看板や物件が目に入りやすいからです。

視界融合の例（色）

1階と2階の看板色が同系色で同化している。

視界融合の例（形）

長方形の袖看板ばかりで目立たなくなっている。

視界退行の例

1階店舗の入口が目立ち2階店舗の入口が目立たない。

視界障害の例

地下鉄の出入口が視界を遮っている。

視認性評価の加点・減点ポイント

●減点評価

視界融合（-1点）、視界退行（-1点）、視界障害（-1点）

●加点評価

前面道路歩道幅4m以上（+3点）、3m以上（+2点）、2m以上（+1点）
交差点角地(+2点)、T地角地（+1点）

6-5 開業前にきちんと、しっかり判断したい

都市型物件の階数調査

階数は、Ｂ1階と2階は同点としました。これは考え方として、Ｂ1階は階段を上がるより下りるほうが入店しやすいというメリットがありますが、窓が無いため外交を窓から取り入れることが出来ないデメリットがあります。逆に、2階は階段を下りるより上がるほうが心理的･体力的負担が大きく入店しにくいというデメリットがありますが、外光を窓から取り入れて明るい店内にすることができたり、造作出来る外壁面があれば、遠くの通行人にもアピールしやすいというメリットがあります。

ですから、居酒屋等のように外光を取り入れるよりも入店しやすさ重視の業態なのか、ファストフード店等のように入店しやすさよりも昼間はできるだけ明るい店内を良しとする業態なのかによって大手チェーン店などでも評価の仕方が分かれる項目です。

ちなみに家賃も2階とＢ1階ではあまり変わりませんが、地下の物件のほうが排煙の出し方などの問題で工事に制限が出る場合が多いです。

物件の階数評価

1階	2階（専用階段あり）	B1階（専用階段あり）
5点	2点	2点

2階専用階段有り

B1階専用階段有り

6-6 開業前にきちんと、しっかり判断したい

都市型物件の店舗間口調査

店舗間口はファサード(店舗正面部分)の造作演出を考えると、1階物件で引き違い扉を設置する場合、最低1間(1.8m)のスペースが必要で、さらにもう半間(0.9m)は造作演出できる壁面が必要と考えると、最低2.7mは必要です。2階や地下の物件は、人がある程度余裕を持ってすれ違うことのできる階段幅を1.2mとし、1階のアプローチ部分で造作演出できる間口があれば、それを加点評価しましょう。

1階物件の間口評価

間口6.3m以上	間口5.4m以上	間口4.5m以上	間口3.6m以上	間口2.7m以上
5点	4点	3点	2点	1点

2階、B1階の物件の間口評価

階段幅2m以上	階段幅1.5m以上	階段幅1.2m以上
3点	2点	1点

また、1階物件でもそれ以外でも、入口が1m以上セットバックしている物件は、入口の視認性が悪くなりアプローチしにくいため、「－1点」の減点評価をして下さい。

セットバックの例

B1階階段幅、間口例

店舗間口の評価の加点・減点ポイント

●減点評価　1m以上セットバックしている(-1点)
●加点評価　2階、B1階の物件で階段幅とは別に造作出来る間口がある。間口2m以上(+2点)、間口1m以上(+1点)

6-7 開業前にきちんと、しっかり判断したい

都市型物件の店前歩行者通行量調査

店前歩行者通行量は、営業時間中の歩行者通行量を実際にカウントしましょう。ここでは、ランチもディナーも営業するものとして、ランチタイム(11:30〜13:30)の任意の1時間とディナータイム(18:30〜20:30)の1時間をそれぞれ計測して評価してみましょう。

ランチタイム1時間の店前歩行者通行量評価

1500人以上	1200人以上	900人以上	600人以上	300人以上
5点	4点	3点	2点	1点

ディナータイム1時間の店前歩行者通行量評価

1500人以上	1200人以上	900人以上	600人以上	300人以上
5点	4点	3点	2点	1点

この時に、自店のターゲットとして想定している通行人がどのぐらいの割合で歩いているかということもよく観察しながら計測して下さい。女性をメインターゲットにしている業態なら女性比率を後から見られるように男女別で分けて計測したり、若年者向けの業態なら年齢別で分けて(推測年齢ですが)計測する等しておきましょう。また、平日と休日で歩行者通行量が大きく異なる街も多いので、その場合は平日と休日の2日間の計測が必要になります。

店前歩行者通行量は、新規開業者の方がかなり気にされる項目の一つですが、実際にこれだけで売上が予測できるものではありません。実際に大手ファストフードでは店前歩行者通行量の2%〜5%が入店するというデータもありますが、よく考えてみると2%と5%では入店率が2倍以上違います。にもかかわらず、売上は同程度だったりしますので、どんな目的で歩いている人なのかという「歩行者の質」も非常に大事です。

また、基本的に店前歩行者通行量が多ければ多いほど、物件の家賃は高くなりますが、自店の業態や規模に、果たしてそんなに多くの歩行者通行量が必要なのかどうかをよく考えて物件を選びましょう。

歩行者を観察しながら計測しよう！

衝動型来店(=回転率の高い)業態ほど店前歩行者通行量は多いほうが良い

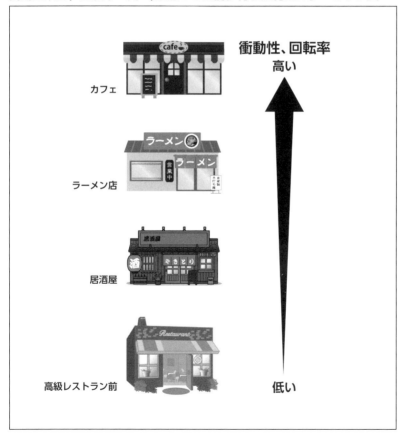

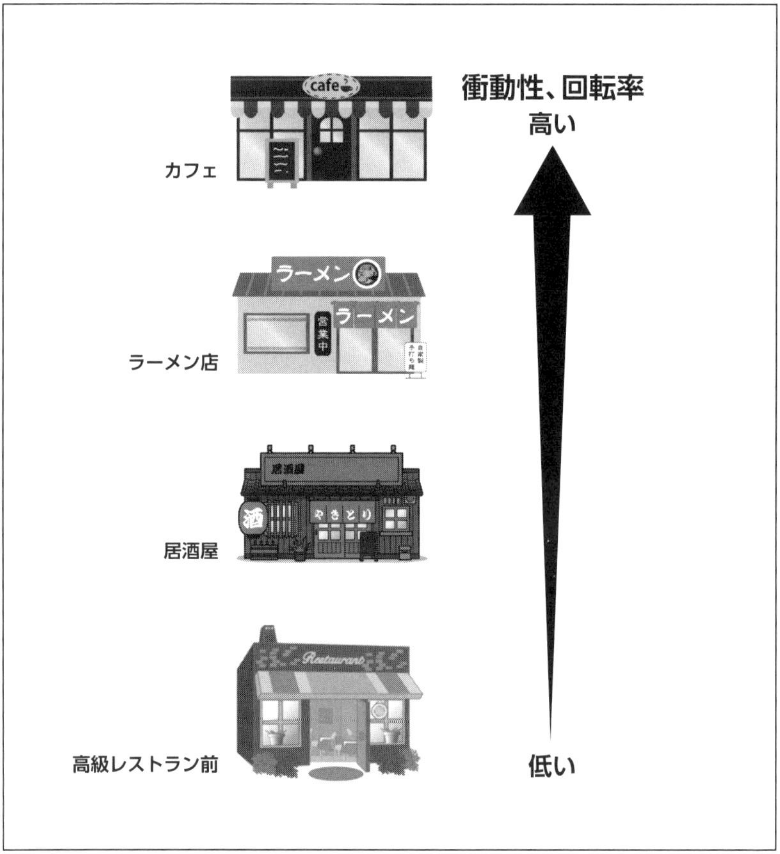

6-8 開業前にきちんと、しっかり判断したい

都市型物件の駅乗降客数調査

続いて、都市型物件の統計調査項目を見てみましょう。

駅乗降客数は、1日あたりの駅乗降客数(以下「駅乗降客数」)が鉄道各社のホームページで公開されていますので、インターネットで調べて下さい。乗り換えの路線が複数ある場合は各路線の合計を算出してから、2路線なら、合計の60%、3路線なら55%、4路線なら50%というように計算し、計算結果を下の表にあてはめて評価しましょう。

たとえば、A路線a駅の乗降客数30,000人、B路線a駅の乗降客数12,000人だった場合は、30,000(人)+12,000(人)=42,000(人)となり、2路線なので、これに60%を掛けると、42,000(人)×60(%)=25,200(人)となり、残念ながら足切り基準(3万人以上/日)にひっかかりますので、出店検討不可の物件と判断します。

1日当たりの駅乗降客数評価

30万人以上／日	20万人以上／日	10万人以上／日	5万人以上／日	3万人以上／日
10点	9点	8点	7点	6点

ただし、出店を希望している業態が小型店舗で、乗降客数が足切り基準ギリギリでも競合店が少ない場合は、乗降客数が3万人以下の駅は大手チェーン店が進出してくるリスクが少ないので、競合店の出店状況や他の物件調査項目の結果が良好なら､出店するという決断をすることも家賃などの経済条件次第では､｢アリ｣です。

迷う場合は、この章の冒頭でも紹介した半径0.5㎞の「小売業年間販売額」や「昼間人口」を調査したり、周辺の飲食店の入客状況を調査して、しっかりとその駅の周囲に飲食需要があるのかどうかを掴んでから判断しましょう。

都市型物件調査シート

ビル名		合計点数	/50

1. 動線評価

回遊動線	主動線	副動線	住宅動線	接近動線
5点	4点	3点	2点	1点

/5

2. 駅からの距離

(駅乗降客数20万人以上/日)

1分以内	2分以内	3分以内	5分以内	7分以内
5点	4点	3点	2点	1点

(駅乗降客数20万人以下/日)

1分以内	2分以内	3分以内	5分以内
4点	3点	2点	1点

/5

3. 視界性

20m手前から正面看板が見える	5点
20m手前から袖、置き看板が見える	4点
10m手前から正面看板が見える	3点
10m手前から袖、置き看板が見える	2点

加点評価

歩道幅4m以上	+3点
歩道幅3m以上	+2点
歩道幅2m以上	+1点
交差点角地	+2点
T字路角地	+1点

減点評価

視界融合	-1点
視界退行	-1点
視界障害	-1点

/10

合計がマイナスの場合は0点

4. 階数評価

1階	2階	B1階
5点	2点	2点

/5

5. 間口評価

(1階間口)

6.3m以上	5.4m以上	4.5m以上	3.6m以上	2.7m以上
5点	4点	3点	2点	1点

減点評価

セットバック	-1点

(2階、B1階階段幅)

2m以上	1.5m以上	1.2m以上
3点	2点	1点

加点評価

造作可能間口2m以上	+2点
造作可能間口1m以上	+1点

減点評価

セットバック	-1点

/5

6. 店前歩行者通行量

(ランチタイム11：30〜13：30の間にの任意の1時間)

1500人以上	1200人以上	900人以上	600人以上	300人以上
5点	4点	3点	2点	1点

(ディナータイム18：30〜20：30の間にの任意の1時間)

1500人以上	1200人以上	900人以上	600人以上	300人以上
5点	4点	3点	2点	1点

/10

7. 1日当たり駅乗降客数

30万人以上	20万人以上	10万人以上	5万人以上	3万人以上
10点	9点	8点	7点	6点

/10

6-9 開業前にきちんと、しっかり判断したい

郊外型物件の動線調査

次に、郊外型物件の実査項目を詳しく見てみましょう。

郊外型の**動線**評価は都市型よりも単純で、前面道路が大型商業施設に向かう時に使用される道路なのかどうかです。物件から大型商業施設に行くまでに交差点を曲がる回数によって以下のように評価しましょう。

また、物件の反対車線からも駐車場に侵入しやすいかどうかという視点で、中央分離帯があり侵入できない場合は「－1点」、逆にゼブラゾーンがあり侵入しやすい場合は「＋1点」で加点評価して下さい。

大型商業施設への到着までに交差点を曲がる回数

0回（同一路線）	1回	2回以内
5点	3点	1点

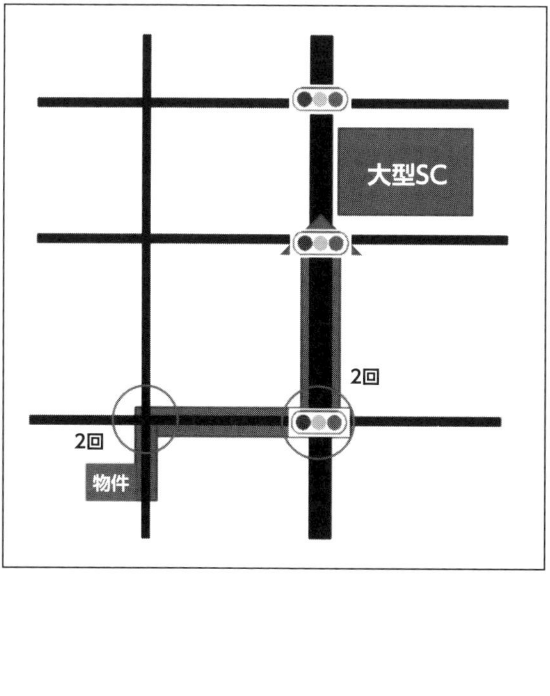

ゼブラゾーン

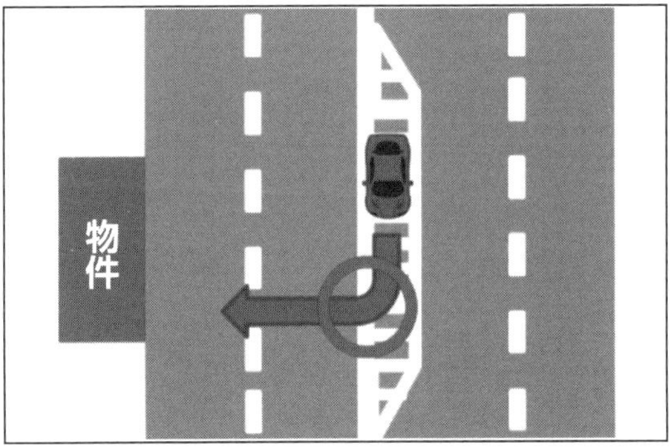

中央分離帯

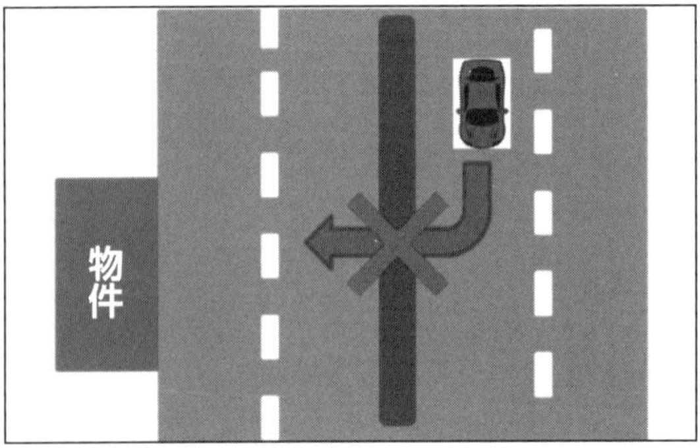

動線の加点・減点ポイント

●減点評価

中央分離帯があり、反対車線からは店の駐車場に侵入出来ない(-1点)。

●加点評価

ゼブラゾーンがあり、反対車線からも店の駐車場に侵入しやすい(+1点)。

6-10 開業前にきちんと、しっかり判断したい

郊外型物件の大型商業施設からの距離調査

大型商業施設からの距離は、誘引効果が及ぶ範囲として時速30㎞で5分走行するとして、おおよそ2.5㎞以内とします。

大型商業施設からの距離

0.5km以内	1km以内	1.5km以内	2.0km以内	2.5km以内
5点	4点	3点	2点	1点

半径2.5km

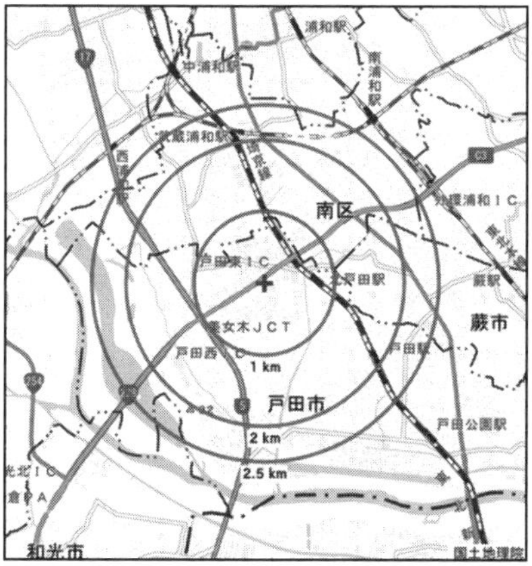

時速30km、ドライブタイム5分

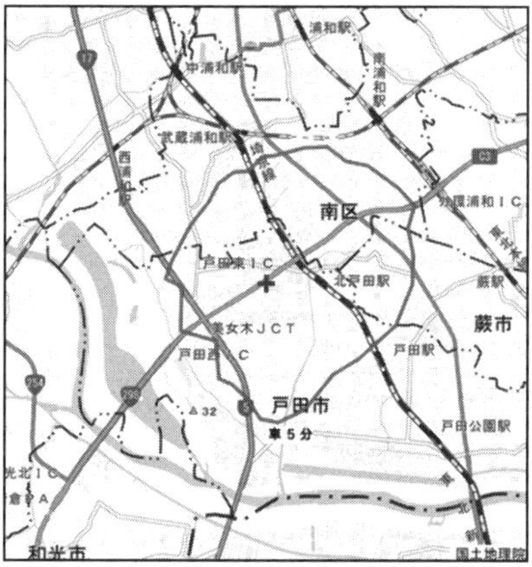

出典：政府統計の総合窓口（e-Stat）地図で見る統計（jSTAT MAP）の「リッチレポート作成」にて、調査地点から時速30㎞ドライブタイム徒歩5分到達圏、半径2.5㎞円を表示。背景地図は国土交通省国土地理院「電子国土web」（標準地図）。

基本的に大型商業施設が出来ると、そこへ向かう500m～1㎞ぐらいの道路の両サイドには、駐車場付きの大型ドラッグストアや飲食店などが後を追うように密集して立ち並ぶ区間が見られるようになります。その「店舗密集区画」に物件を確保することができれば、かなり集客に期待できると言って良いでしょう。

店舗密集区画

ラーメン
ラーメン
RESTAURANT
OPEN
薬
DRUG STORE
処方せん受付
うどん

ROUND1
ÆON
TOPYREC PLAZA
ÆON
ROUND1

6-11 開業前にきちんと、しっかり判断したい

郊外型物件の視界性調査

視界性は、ドライバーが「看板が見えて、ブレーキをかけて駐車場にハンドルを切る」という動作に7秒かかるとして、時速30ｋｍで走行していた場合、1秒で1.1m、7秒で77m進むので、最低80m手前から見えるという基準とします。

視界性評価

150m手前から見える。	120m手前から見える。	100m手前から見える。	80m手前から見える。
5点	4点	3点	1点

ドライバーが店舗に気がついて入店するまで

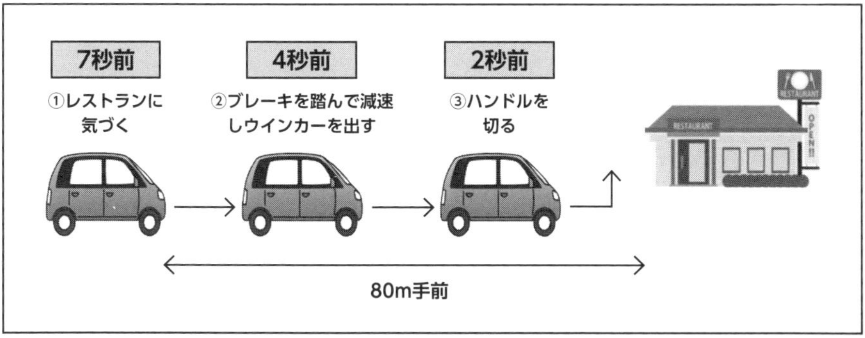

また、都市型物件の視認性のところでも述べた「視界融合」や「視界退行」、「視界障害」のほかに、郊外型物件特有の「視界縮小」と呼ばれるものがあり、これはクルマのスピードが速くなればなるほど視野が狭くなるという現象で、実際に前面道路を運転してみて時速50kmを超えるような道路なら「－1点」、また、インカーブ内側は一般的にドライバーの視線には入りにくいため、「－1点」、逆にアウトカーブ外側はドライバーの視線に入りやすいため「＋1点」として評価しましょう。

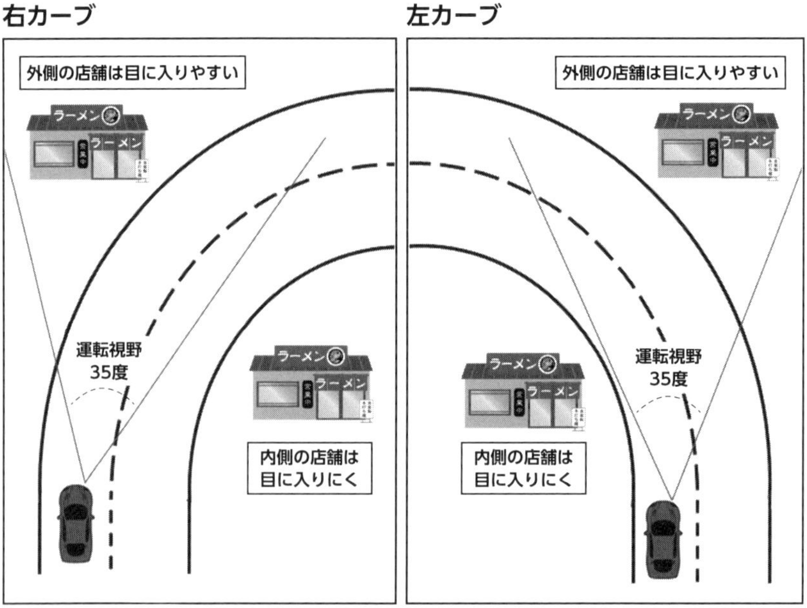

視認性評価の加点・減点ポイント

●減点評価
視界融合(-1点)、視界退行(-1点)、視界障害(-1点)
車の時速が50km以上(-1点)。物件がインカーブ内側にある(-1点)。

●加点評価
物件がアウトカーブ外側にある(+1点)

6-12 開業前にきちんと、しっかり判断したい

郊外型物件の敷地間口と駐車場台数調査

敷地間口は、十分に入口が認知されるスペースとして、最低限20m以上とします。

敷地間口評価

35m以上	30〜35m以上	25〜30m以上	20〜25 m以上	20m以上
5点	4点	3点	2点	1点

また、クルマが駐車場に出入り出来る側道や裏道がある場合は、プラス評価とします。

側道があり、2カ所以上から駐車場に出入りできる

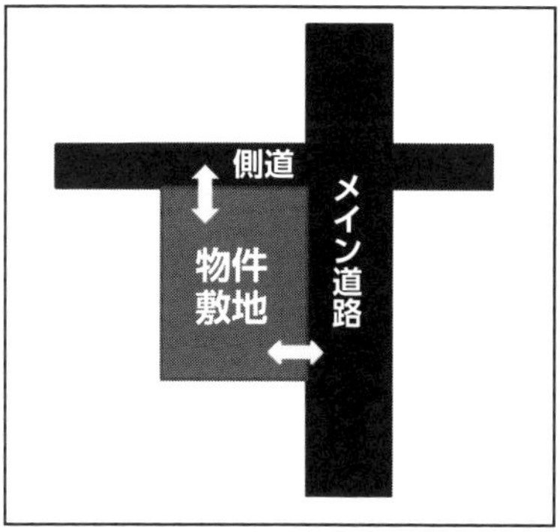

裏道があり、2カ所以上から駐車場に出入りできる

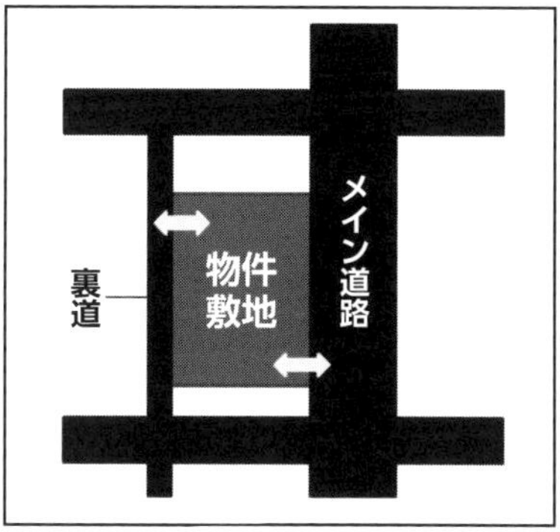

敷地間口の加点・減点ポイント

●加点評価
駐車場に出入りできる側道または裏道がある(+1点)。

駐車場台数は、最低限席数の1/2は確保したいところです。たとえば、カウンター10席、テーブル4名席×4卓ある場合は、10(席)+16(席)/2=13台です。居抜き物件でなく席数が不明の場合は、坪数=席数として下さい。たとえば、40坪なら40席です。また、この時に忘れられがちですが、従業員の駐車場台数は別に確保して下さい。

駐車場台数評価

台数=台数以上	席数の3/4台数以上	席数の1/2台数以上
3点	2点	1点

6-13 開業前にきちんと、しっかり判断したい

郊外型物件の店前自動車者通行量調査

続いて、郊外型物件の統計調査項目を見てみましょう。

郊外型の**店前自動車通行量**は、国道、県道、主要地方道、指定市の一般市道などの道路の交通量データを国土交通省が公表していますので、都市型のように実査する必要は基本的にはありません。インターネットで「道路交通センサス」を調べましょう。

見るべきところは、「昼間12時間自動車類交通量」の欄の（上下合計）の台数と、「小型車」と「大型車」の割合です。

「小型車」には乗用車、軽乗用車、小型貨物車、軽貨物車が含まれ、「大型車」にはバスと、普通貨物車、特種車が含まれています。

そこで、「小型車」/「大型車」の比率を「乗用車比率」としてとらえ、乗用車比率が高いほうが外食する比率が高いと考えて通行量から道路の性質を評価します。「旅行速度」や「車道部幅員」なども調査結果が公表されていますので、あわせて見ておきましょう。

店前自動車通行量評価

30,000台以上/12時間	20,000台以上/12時間	10,000台以上/12時間
5点	3点	1点

店前自動車通行量評価2

生活道路(乗車率60%以上)	準生活道路(乗車率40〜60%以上)	産業道路(乗車率40%未満)
5点	3点	2点

インターネット「道路交通センサス」

6-14 開業前にきちんと、しっかり判断したい

郊外型物件の大型商業施設店舗面積調査

大型商業施設店舗面積は、まずは、インターネットの「日本ショッピングセンター協会」のホームページで調べて下さい。ただし、ショッピングセンターの定義が、「小売業の面積が1,500㎡以上あり、ディベロッパーにより開発され、キーテナントの面積が全体の8割以内で、テナントが10店舗以上ありテナント会があって活動していること」というように定義されていますので、大型商業施設でも単独に近いホームセンターなどは含まれていませんので、個別に調べる必要があります。

また、本来なら年間販売額を指標にしたほうが良いのですが、店舗面積は「日本ショッピングセンター協会」のホームページで無料公開されていることと、店舗面積と年商がほぼ比例的な関係のため、店舗面積を調査項目にしています。

尚、敷地面積を公開しているデータも見かけますが、これは駐車場も含めるため、「店舗面積」を調べましょう。

大型商業施設店舗面積

4万㎡以上	3万㎡以上	2万㎡以上	1万㎡以上	5,000㎡以上
5点	4点	3点	2点	1点

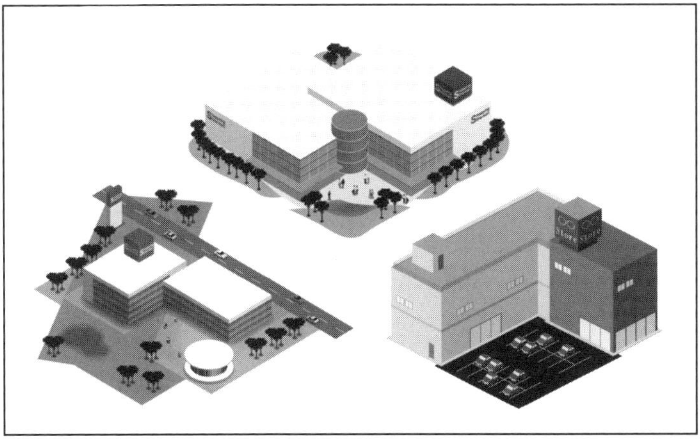

郊外型物件調査シート

建物名(住所)		合計点数	/40

1. 動線評価(交差点を曲がる回数)

0回	1回	2回以内
5点	3点	1点

加点評価　　減点評価

ゼブラゾーン有	1点	中央分離帯有	−1点

/6

2. 大型商業施設からの距離

0.5km以内	1km以内	1.5km以内	2km以内	2.5km以内
5点	4点	3点	2点	1点

/5

3. 視界性(看板の見え方)

150m手前	120m手前	100m手前	80m手前
4点	3点	2点	1点

加点評価　　減点評価

アウトカーブ	+1点	インカーブ	−1点
		時速60km以上	−1点

/5

合計がマイナスの場合は0点

4. 敷地間口評価

35m以上	30〜35m	25m〜30m	20〜25m	20m以上
5点	4点	3点	2点	1点

加点評価

側道、裏道有り	+1点

/6

5. 駐車場台数

席数以上	席数の3/4以上	席数の1/2以上
3点	2点	1点

/3

6. 店前自動車通行量評価

(通行量評価)12時間

3万台以上	2万台以上	1万台以上
5点	3点	1点

(特性評価)

生活道路	準生活道路	産業道路
5点	3点	2点

乗用車率60%以上＝生活道路、準生活道路＝40〜60%、産業道路＝40%未満

/10

7. 大型商業施設面積

4万㎡以上	3万㎡以上	2万㎡以上	1万㎡以上	5000㎡以上
5点	4点	3点	2点	1点

/5

6-15 開業前にきちんと、しっかり判断したい

仮想サンプル店舗を見つけよう！

「外食は立地が8割」ということはよく言われます。ならば立地分析をして売上予測をすればズバリ売上予測ができるかというと、新業態の売上予測はそう単純ではありません。立地さえ良ければどんな業態でも成立するというわけではないからです。「店舗実力の同じ業態（同業態店舗）ならば、立地による売上の差は2割程度である」というのが「立地8割」の本来の意味合いです。

一般に知られている売上予測として立地調査による売上予測が何種類かありますが、全て実績のあるサンプル店舗が必要になっていて、残念ながら、飲食業界において、**未出店の業態の1店舗目の売上予測手法というのは確固たるものは確立されていない**のが現状です。

未出店の業態は、どのぐらいの実力なのかが未知数（実力が他店舗に比べて3.5なのか、1.5なのかいくつなのか分からない）だからです。また、実力は地域により相対的なもので、地域の競合店状況によって実力は4.0であったり、2.5であったり異なるものです。田舎では3.5のそこそこの競争力を持っていても、都会に進出してみると3.0とか2.5とかぐらいの実力評価になるということもよくあります。

たとえば、**「商圏設定による売上予測」**では、あるチェーン店のＡ店とＢ店があり、A店売上600万円（半径1km小売業年間販売額100億円）、B店売上850万円（半径1km小売業年間販売額200億円）、ならば、候補地C（半径1km小売業年間販売額120億円）は600万円〜850万円の間の売上と予測します。

「立地比較による売上予測」では、商圏の規模や物件の見えやすさ、歩行者通行量などを点数化し、A店売上600万円（60点）、B店売上850万円（80点）ならば、候補地C（70点）は600万円〜850万円の間の売上と予測します。

「統計解析（重回帰分析）による売上予測」では、商圏の規模や物件の見えやすさ、歩行者通行量などを点数化するときに、比重をつけます。売上に関係性の高い項目を10点満点で採点し、売上に関係性の低い項目を5点満点で採点するというように比重を設けて点数化します。これも結果としては。A店売上600万円（60点）、B店売上850万円（80点）なら、候補地C（70点）は600万円〜850万円の間の売上と予測します。

代表的な3つの売上予測手法と特徴

●商圏設定による売上予測　サンプル50店舗以上必要、精度70～80%
●立地比較による売上予測　サンプル３～30店舗必要、精度80～90%
●統計解析による売上予測　サンプル30店舗以上必要、精度90～95%

これらは全て、「業態の実力が分かっていて実績あるサンプル店舗との比較」なのです。都市型物件の実査項目の中でも少し述べましたが、よく言われる店前歩行者通行量に一定の係数（入店率）をかけて客数を予測する方法なども、実はあまり根拠がありません。店前歩行者通行量は売上との間に相関関係があることは多いですが、その影響度合いは重回帰分析してみてもそんなに大きくないことが多いのです。

そこで、本書で提案するのは、**仮想サンプル店舗**を見つけて**立地比較法によって売上予測をする**ということです。なぜならサンプル数が少なくてもある程度の信頼性があるからです。

サンプル店舗は、「候補物件と同エリアの同業態の店舗」か「候補物件と同エリアの同客単価の店舗」や「統計データの類似した他エリアの同業態の店舗」とし、最低3店舗は調査して下さい。

売上は基本的には平日、休日などに分けて客数をカウントし、予想客単価をかけて推測するしかありません。ただし、店員さんと話が出来るような店なら、「今日は混んでるね。この店は1日に何人ぐらいのお客さんが来るの？」とかそれとなく聞いてみると教えてくれることもあります。また、レシートにレシート番号が印字してある店もありますので、これを利用して、閉店ぎりぎりにレシートをもらうようにして想定組単価をかけて推測することもできます。地道なデータ収集作業になりますが、色々と探ってみて下さい。

集めるデータは、「客数」「（予測）客単価」「席数」「立地力」「商品力」の5つです。物件が出てきてから慌ててこれらを集めようとしても時間的に無理があるので、物件を探し始める前か、探し始めると同時にデータを収集するようにしましょう。

仮想サンプル店舗の調査項目

●客数

実際に対象店舗前で営業時間中にカウントして下さい。
平日と土・日・祝日などは分けてカウントしましょう。
金曜日(休日前)に売上が上がりやすい居酒屋などはその曜日も別に調査しましょう。

●予測客単価

単品中心の業態なら、中心メニューの1.2倍ぐらいで良いでしょう。
居酒屋などの業態ならビール3杯の価格に中心メニュー3品分としましょう。
ラーメン1杯650円のラーメン店なら、780円。
ビール1杯500円、フード平均500円の居酒屋なら3000円になります。

●正味席数

カウンター席の数とテーブル席は席数x0.7で数えましょう。
なぜなら、4人がけテーブル席にきっちり4人ずつ座るというのは考えにくいからです。4人がけテーブルなら2.8人という計算になります。

●立地力

この章の初めの「足切り基準」項目を調べて点数化して下さい。
点数の比重は予めつけてありますが、業態によって比重は大きく異なりますのでご注意下さい。

●商品力

自分の感覚+口コミサイトなども見て客観的に判断しましょう。

実際に売上予測してみよう！

売上予測をする時の公式は以下のように分解できるのですが、その時に必ず予測した来店客数が、**客席回転率に照らし合わせて妥当なのかどうかを確認する必要**があります。商品力や立地力がいかに優れていても、客数は無限に増えるわけでは無く、客席の数によって制限を受けるからです。

統計解析（重回帰分析）による売上予測

売上=客数×客評価
=（正味席数×客席回転率）×客単価
=（カウンター席数×1.0+テーブル席数×0.7）×客席回転率）×客単価

たとえば、20席の居酒屋で営業時間が17時～23時の6時間、お客様の滞在時間が2時間とすると、開店から閉店までずっと満席でも3回転が上限ですから、客数の上限は60人になります。このことを頭において、実際に売上予測をしてみましょう。

都市型のある地域の3店舗のラーメン店の調査結果と候補物件が下記のような状況だったとします。B店はランチのピークタイムには行列ができるほどでした。C店は味がさほど良くないことと席数が比較的あるので、いつもすぐに座れる店でした。

ラーメン店調査結果

	A店	B店	C店	候補物件
客数（人）	100	140	90	？
客単価（円）	800	850	880	830
売上（円）	80,000	119,000	79,200	—
正味席数	12.8	14.2	18	10
回転率	7.8	8.5	5.0	—
立地力	33/50	42/50	29/50	35/50
商品力	4	3.5	3	4

立地力が近いのはＡ店で商品力もＡ店と同じぐらいあるので、1日に100人ぐらいのお客様が来店すると仮定すると、回転率は100（人）÷10（席）＝10（回転）になります。しかし、Ｂ店はランチのピークタイムに行列ができるほどでも8.5回転しかしていないので、対応できる客数は10（席）×8.5（回転）＝85（人）と予測します。

商品力も立地力も弱いＣ店でも90人の集客をしているので、妥当な予測と判断します。これに、予測客単価が830円とすると、1日の売上高は85（人）×830（円）＝70,550円となります。

自店の商品力や立地力からすると来店客数は100人と予測したいところですが、あまり過度な期待をしすぎずになるべく低めで予測しましょう。それでもやっていけるだけの物件家賃なら失敗する確率は少なくなります。

行列をしないＡ店と同じ回転率とみて、7.8（回転）×10(席)＝78（人）と予測しても良いぐらいですし、商品力が評価されなかったら、Ｃ店並の5.0（回転）×10（席）＝50（人）しか集客できない可能性もあります。

もう一つ別の例を見てみましょう。都市型のある地域の3店舗の居酒屋の調査結果が下記のような状況だったとします。Ｂ店はいつもお客様がよく入っている地域一番店です。

居酒屋調査結果

	A店	B店	C店	候補物件
客数(人)	30	60	90	?
客単価(円)	3000	2500	2800	2600
売上(円)	90,000	119,000	252,000	—
正味席数	24	30	50	25
回転率	1.3	2.0	1.8	—
立地力	35/50	40/50	40/50	34/50
商品力	3	4	3.5	4.5

立地力が近いのはＡ店ですが、商品力はＡ店以上だと自負しているので、客数予測をＡ店と自店より立地力の高いＢ店の間の45人と仮定すると、回転率は、45（人）÷25（席）＝1.8（回転）となり、Ｂ店やＣ店の回転率を見ても無理のない回転率なので、45人をそのまま予測客数とします。

やや商品力の劣るＣ店でも90人、1.8回転の集客があるので、妥当な予測と判断します。これに予測客単価が2600円とすると、1日の売上は45（人）×2600（円）

＝117,000（円）となります。

この例でも、B店よりも商品力があるので、60人ぐらい来店があるのではないかと予測したいところですが、客席回転率は、60（人）÷25（席）＝2.4（回転）となり、地域一番店以上の回転率になります。ここでも過度な期待は禁物です。商品力を読み誤っていて、実はA店と同じぐらいの商品力だとお客様から見られると、A店と同じ30人ぐらいの集客しか無いかもしれません。それでもやっていける物件家賃なのかどうかを考えて物件を決めることが、失敗の確立を減らすポイントです。

もう一つ、売上予測が妥当かどうか見る方法として、月間売上を坪当たり売上に直すといくらになるのかを計算してみましょう。一般的に個人店の場合、都市部のビルイン物件なら月坪あたり売上15万円が最低目標、20万円でまずまず、30万円以上なら繁盛店と言われています。

初めて飲食店を開業する方は、商品力に過度な自信を持ちすぎて、「商品力があるから、多少立地は悪くてもお客様は来店されるはずだ」と売上予測が客観的に見て高すぎる方が多いので、あまり自店の売上予測を高く見積もりすぎないようにご注意下さい。

ポイント

売上予測では商品力に自信を持ちすぎず、周辺店舗の集客状況や客席回転率などを客観的に考えること！

6-17 開業前にきちんと、しっかり判断したい

コバンザメ出店戦略と競合店の考え方

もっと簡単な出店戦略としては、大手チェーン店が出店している近隣に出店する**「コバンザメ出店戦略」**も有効です。

繁盛している大手チェーン店のすぐ近くへの出店ならば、よく似た客層がターゲットであれば、大手チェーンが十分に立地調査したはずであり、少なくともその地域にターゲットの客層が「いる・いない」の判断ミスは起こしにくいからです。

ただし、大手チェーン店の同じ業態の店でも1000万円売っている店もあれば500万円しか売っていない店もあり、どのぐらいの売上げ規模の店舗なのかは良く調査する必要があります。

この戦略をとる時、**「市場拡大の法則」**と**「競合の関係性」**は頭に入れておきましょう。

「市場拡大の法則」というのは、1店舗で営業しているよりも、2店舗、3店舗と店舗が集まっていたほうが客数が増えるという法則で、2店舗なら1.4倍以上、3店舗なら1.7倍以上、10店舗なら3.2倍以上というふうに、**店舗数＝nとすると、最低でも平方根分√ nは市場が拡大する**という法則です。

「競合の関係性」というのは、**商圏範囲内の同業他店は、その距離によって影響しあう**という法則で、自社の商圏範囲を半径100m、隣同士に出店した場合の影響度を100％とすると、50m離れたら50％、100m離れたら10％と距離が遠く離れるのに比例して影響度は小さくなっていきます。

たとえば、商圏が100mの喫茶店Aのすぐその隣に喫茶店Bを開業した場合、2店舗でみると客数は1.4倍になりますが、1店舗あたりでみると客数は２で割って、0,7倍になります。すぐ隣なので影響は100％及ぶと考えて、30％減×100％＝つまり客数は30％減になります。

同じように、喫茶店Aから50m離れた場所に喫茶店Bを開業した場合なら、客数は、30％減の影響が50％分だけ及ぶと考えて、30％減×50％＝客数は15％減になります。

この２つの法則から分かるように、コバンザメ出店戦略は基本的にはそのチェーン店とお客様を奪い合う性格のものなので、元々あるチェーン店が十分に繁盛している（入りきれないほどの潜在客数がある）場所では有効な戦略です。

大手チェーンでももちろんこのことは十分に分かっているので、そのような地域にはドミナント(地域集中)出店戦略で、同じ業態を集中的に出店してくる可能性もあります。都心部などで狭い地域にカフェチェーンが林立している駅前などがありますが、そのような可能性(あとで2号店、3号店が出てくる可能性)も考えておきましょう。

また、これまで見てきた立地、物件の評価項目にはあえて競合店のことは盛り込んでいませんが、飲食店の場合、次々と新しい店舗ができるという特性があるので、あまり今現在の競合店の影響力にばかり気を取られても仕方の無い面があるからです。極端な話、開業前には競合店が無いと思って開業したにもかかわらず、1ヶ月としないうちにすぐ近くに競合店が開店することも十分にあり得ます。

コバンザメ出店戦略の注意点

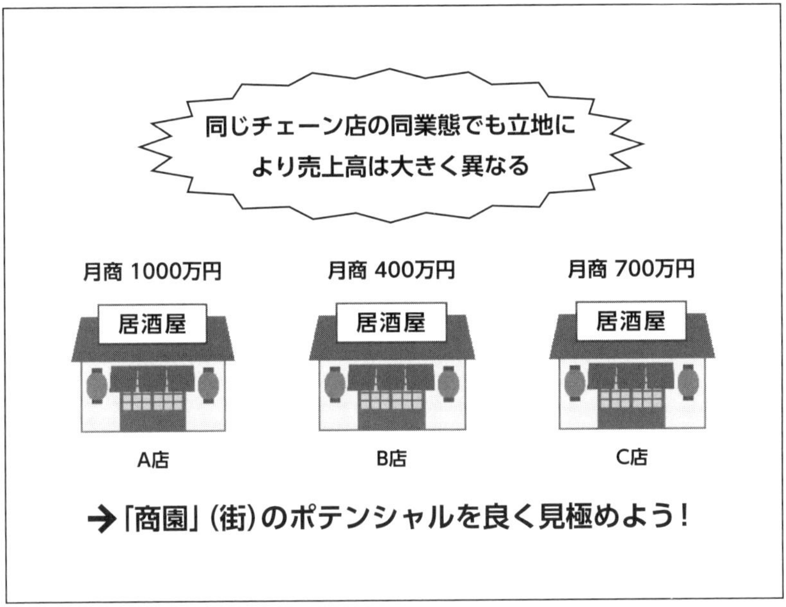

6-18 開業前にきちんと、しっかり判断したい

積極的に地方を狙ってみよう！

この章の最後に、もっと抜本的な立地戦略である地方への出店について少しお話させて頂きたいと思います。

都市部では基本的に、相場よりも掘り出しモノの物件というのはほとんどありません。私が1都3県(東京都、千葉県、神奈川県、埼玉県)で年間1万件ぐらいの物件を見ていても年に5〜6件ぐらいのものです。一般の開業希望者の方は普通に探していても、自分の探しているエリア内では、なかなか出会う機会が無いかもしれません。

しかし、サブリース業者も進出しておらず、取引回数が少ないため相場がしっかりと形成されていないような地方では、まだまだ掘り出しモノの物件は出てきます。また、とくに掘り出しモノというわけではなくても、家賃も保証金も都市部に比べて格安です。そのうえ、人件費も安いです。都市部では資金的ハードルで開業できなかったり、開業候補地を迷っているならば、地方を狙ってみるのも一つの戦略です。

都市部の駅前1等地なら坪@3〜5万円の家賃で、保証金は10ヶ月が相場。30坪、坪@3万円なら、家賃90万円で、保証金は900万円ですが、地方の駅前なら坪@1〜2万円の家賃で、保証金は6ヶ月が相場。30坪、坪1万円なら、家賃30万円で、保証金は180万円です。

都市部で時給1200円なら、地方では時給1000円です。**家賃で1/3、保証金で1/5です。時給は20%も違います。**明らかに、都市部より出店のハードルが低くなります。そして、**その分売上も1/3とか1/5になるかというと、そこまでは落ちません。**都市部で1000万円売上げる店なら、どのぐらいの大きさの地方都市かにもよりますが、800万円とか500万円ぐらいは売上げます。

次ページの表の「地方１」「地方２」は、実際に私が地方で業態開発の仕事として取り組み、都市部で月商1000万円ぐらいの売上のあった店舗をモデルとして出店したイタリアンの店舗のほぼ実数値です。ちなみにこの時の投資回収は約２ヶ月でした。

家賃が安いということは、当然、損益分岐点も低くなります(詳しくは、「8資金調達のツボ」を参照して下さい。)。

都市部と地方の開業コスト比較

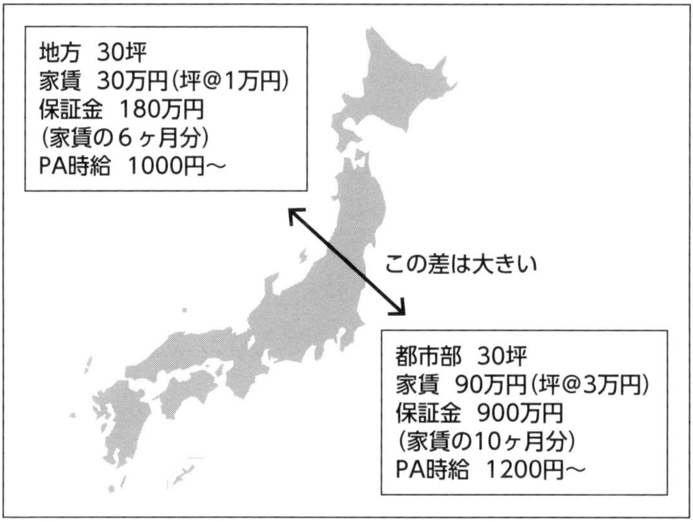

都市部と地方の損益比較

	都市部(万円)	構成比	地方1(万円)	構成比	地方2(万円)	構成比
売上	1000	100%	800	100%	500	100%
原価	300	30%	240	30%	150	30%
人件費	300	30%	192	24%	120	24%
家賃	90	9%	30	4%	30	6%
水道光熱費	50	5%	40	5%	25	5%
広告宣伝費	30	3%	24	3%	15	3%
雑費	30	3%	24	3%	15	3%
償却前営業利益	200	20%	250	31%	145	29%

食材原価率（Ｆ）＝30％とすると、家賃90万円の都市と家賃30万円の地方なら、家賃の差分だけでも、売上に直すと60万円÷70％≒約86万円の差があります。地方のほうが損益分岐点が低いので、地方で同じ売上をあげた場合は当然、地方のほうが利益は多くなります。このような例は全国に出店しているチェーン店ではよくあることです。

また、好物件も比較的取得しやすいです。都市部は、チェーン店の専門の開発営業員が常駐して店舗物件を探していますが、地方には大阪、名古屋以外にはほとんどいません。

都市部の不動産業者には、色々なチェーン店の開発営業員が日参していますし、1店舗だけのつきあいでなく、2店舗、3店舗と出店していくなかで関係性ができていますし、今後も出店していく前提でお付き合いしています。

個人の出店希望者はそこに飛び込んでいかなければなりませんが、地方では、チェーン店の開発担当者のほとんどが、地方の不動産業者とのやり取りはＦＡＸやメールがメインで、好物件が出てきた時だけ2〜3日の地方出張で店舗開発しているような状況ですから、地方の地元業者との結びつきも薄いですし、地元で探している人よりも、動きは遅くなります。

また、そもそも物件を探している開業希望者の絶対数自体が少ないので、当然好物件の情報は入手しやすくなります。

チェーン店は物流や社員の管理の問題があるので、なかなか飛び地には出店できませんので、とくに人口50万人を越えるような大きな市が１つとか２つしかないような地方なら、かなり有望です。チェーン店はなるべく大きな都市がたくさん集まっている都道府県から優先的に出店していくので、フランチャイズでの出店でない限りどうしても後回しになるからです。

10年ほど前にイオンなどの郊外の大型ＧＭＳの出店ラッシュがあり、地方にもかなりチェーン店が進出しましたが、やはり都市部に比べるとかなり少ないですし、進出してくるとしても都市部のも3年遅れ、5年遅れぐらいという感じです。

ただし、都市部でしか成り立たない業態というのもあります。マニア層狙いというか、ターゲットを絞り込んだような業態は地方では成立しません。そのような業態を利用する人の絶対数が少ないからです。そのような業態をやりたい時は、都市部でやりましょう。

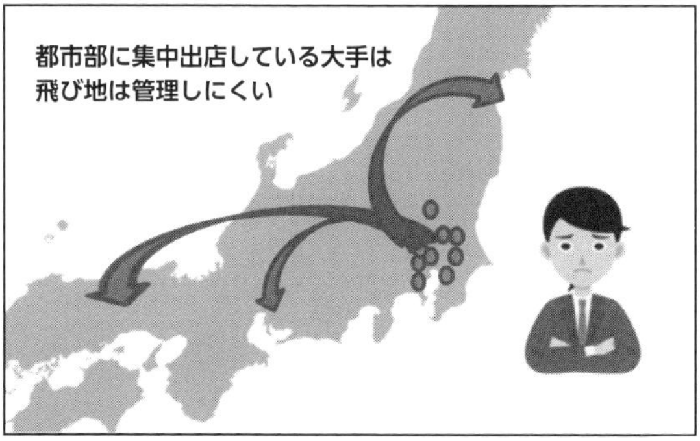

都市部に集中出店している大手は
飛び地は管理しにくい

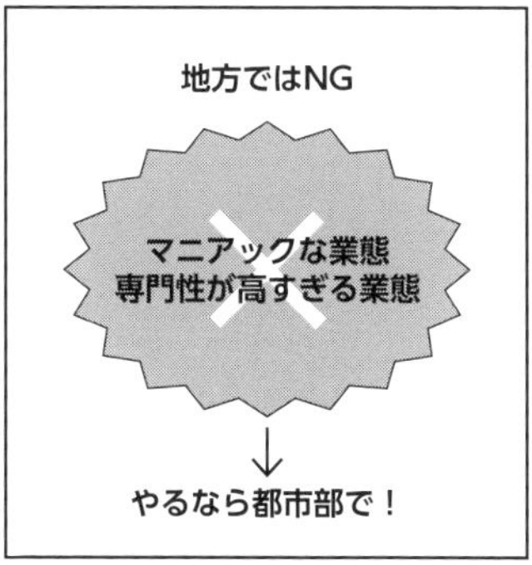

地方ではNG

専門性が高すぎる業態
やるなら都市部で！

実際に、以前に東京都内でタイ料理を30店舗ほど店舗展開している経営者の方に、出店戦略についてお話を伺ったところ、東京都内の山手線の内側でしか出店は考えておらず、実際に東京都内でも過去にいわゆる私鉄沿線のベッドタウンで出店してみたところ、会社規模でやるには十分な売上があげられなかったそうです。タイ料理のようなそれほどマニアックな料理でなくても、**好き嫌いの分かれるような少し変わった料理は立地について非常にシビア**です。

また、私も以前にある地方の業態開発の仕事で、「自社で経営する繁盛店(海鮮居酒屋)のすぐ隣の区画(同ビル内)に小さい物件が出てきたので、何か隣の海鮮居酒屋と相乗効果を生むような面白いことをやりたい」というお話を受けて、そこの経営者の方に「この地方では1店舗も無い業態なので受け入れられるかどうかは、非常に不安要素が大きいですよ」という念押しをしたうえで、東京では古くからあり一般化している「うなぎの串焼き」と「どじょう鍋」をメインにした居酒屋を出店したことがありましたが、やはりこれはあまりうまくいきませんでした。うなぎを串焼きで食べる文化が全く無かったことと、どじょう鍋はそもそも好き嫌いが分かれる料理だったことが原因であると思われます。

その後は結局、予め中の厨房をつなげて隣の居酒屋で入りきれないお客様を受け入れるための宴会席としての利用も考えて改装していたため、そちらでの利用のされ方がメインになっていきました。

都市部で繁盛している業態が地方に進出して、あるいは都市部で繁盛している業態を誰かが地方に持ち込んで撤退しているケースは非常に多いですが、**撤退しているのはほとんどが、少しマニアックな料理の業態や、アッパークラスを狙いすぎた業態**です。

また、アルコールをメインに扱う業態も、なるべく都市部でやることをおすすめします。

都市部の電車通勤のサラリーマンは、会社帰りにお酒を飲んで帰る人は多いですが、地方のクルマ通勤のサラリーマンはほとんど会社帰りに飲酒しません。お盆や正月などに田舎に帰省して繁華街などに飲みに行くと、その時はそこそこ賑わっているのですが、平常時は閑散としているという街はかなり多くあります。

ここ20年ぐらいの間でクルマ社会の地方は飲酒運転の罰則が厳しくなって以後、年々アルコールをメインに扱う業態は非常に厳しい状況になっています。地方では、飲酒したら、タクシーか運転代行を使う文化が定着しており、飲み代以外にもこれらの費用がかかるので当然、人の出足は悪くなっています。

地方で日常的に飲食店でお酒を飲んでいるのは、中小企業の社長や役員クラスなど比較的裕福な人や、大企業の地方支店や営業所のサラリーマンで都市部にいた時に習慣的に飲酒していた人、出張のビジネスマン、観光客などです。

このような問題は、単独の飲食店だけの努力で解決できる問題とは違い、繁華街全体がガランとした状況になっているので、営業努力をしてもなかなか実を結びませんし、居酒屋などアルコールをメインに扱う業態の今後の明るい見通しも今のところありません。

シャッター通り商店街には空き店舗が目立ち、簡単に物件を取得できる状況ですが、よく地方の状況を考慮したうえで物件を探しましょう。

これらのことを理解したうえで、積極的に地方を狙うなら、おすすめは、駅前立地なら、1階30坪程度の広さで、家賃は30万円程度までの、ホテルが近くにあり、観光客と地元のサラリーマン客の両方が狙えるような物件。

郊外ロードサイド立地なら、1階30坪程度の広さで、家賃30万円程度までの、大型ショッピングセンターの近隣の「店舗密集区画」にあり、駐車場が25台分以上ある物件です。

開業コストが都市部よりかからないため、1店舗成功すると、2店舗、3店舗と展開するのには、地方のほうがスピードが速いはずです。しかし、その分、頭打ちになるのも早いため、店舗数をさらに増やすには、**多業態の開発力**が必要になります。

7

目指せ！ 多店舗展開

店舗運営のツボ

7-1 サイレントオープンのすすめ
7-2 徹底的に現場を熟知しよう！
7-3 「利益のピラミッド」を頭に入れよう！
7-4 環境整備（5S）が全ての土台
7-5 スタッフィングは規定時間に基づいて行おう！
7-6 スタッフを多部署化しよう！
7-7 理論原価と実際原価を把握しよう！
6-8 ABC分析と落とし穴
7-9 マニュアルはスタッフのために作ろう！
7-10 スタッフに自分の考え方、ビジョンを語ろう！
7-11 不正をさせない仕組みを考えよう！
7-12 お客様との会話が一番の販促！
7-13 媒体販促の鉄則は売れているところをさらに伸ばす！
7-14 積極的に新たな知識や外部の情報をインプットしよう！

7-1 目指せ！多店舗展開

サイレントオープンのすすめ

物件の契約が済んだらいよいよ開店準備ですが、開店には大きく分けて３つのパターンがあります。

①レセプション→プレオープン→グランドオープンのパターン
②レセプション→グランドオープンのパターン
③いきなりグランドオープン
の３つです。

まず、レセプションとは、お披露目的な性格を持っており、開店にあたってお世話になった取引業者や今までにお世話になった人、友人、知人を招いて、模擬営業をすることです。基本的にご招待なので飲食代金は頂きません。店側としては、実際に開店する前のオペレーションの確認とスタッフのトレーニングをすることができます。

プレオープンは、実際に一般のお客様を受け入れますが、メニューを絞り込んだり、営業時間を短くするなどして、グランドオープン前のオペレーションの最終確認を行います。レセプションとの大きな違いは、一般のお客様から実際に飲食代金を頂くので、お会計時のレジオペレーションにも慣れることができることです。もちろん、どの場合も事前に従業員だけでロールプレイングをしてオペレーションの確認とトレーニングはしておきましょう。

これら３パターンのうち、どのパターンを選べば良いかはオペレーションの複雑さによりますが、メニュー数が少なくシンプルなオペレーションなら③でも構いませんが、メニュー数が多く、複雑なオペレーションであれば①を選んだほうが良いでしょう。

そこで、レセプションへのご招待は別として、一般のお客様への事前の開店前告知、宣伝をどうするかという問題ですが、私は**個人で初めての飲食店開業ならば、これらは一切しないほうが良い**と思います。

なぜなら、「○月×日オープン」というような告知をしてしまうと、まず第一にその日付に追われてしまい、店内のダメ工事が残っていて設備状況が不十分だったり、十分なメニューの試作ができていなかったり、サービスオペレーションが十分にトレーニングされてない状況でも**オープンせざるを得ない状況**になりがちだからです。また、**いきなり多くのお客様が訪れると、大きな混乱を招いてしまい、**せっかくご来店頂いた**お客様にご迷惑をおかけしてしまうリスク**があるからです。

「○月×日オープン」と派手に開店告知をしたりしているのを目にすると思いますが、大手チェーン店は、いわゆる「開店部隊」があり、スムーズに開店させるための専門の人員が開店を助けています。また、チェーン店でなくとも、2店舗目、3店舗目の開業の場合は、既存店から「頼れる助っ人」が開店を助けに来て開店を助けるのが普通です。それでもやはり予期せぬところで多少の混乱は起こるものです。

「開店部隊」も「頼れる助っ人」もいない新規開業の場合は、開店前の宣伝告知を一切しない**サイレントオープン**をおすすめします。開店日から1週間から10日ほどは店頭に花輪などが置かれると思いますが、オペレーションに慣れるまでは、それだけでも十分に開店告知の効果はあります。

大手チェーン店の事前の開店告知例

小規模店なら開店祝いの花輪だけでも十分に開店告知できる

徹底的に現場を熟知しよう！

飲食店を開業し安定した店舗運営をするには、オープンさせたらそれで終わりではなく、常に自店舗の営業状況を知りながら業態をブラッシュアップし、外部環境の変化にも適応させて店舗を改善していく必要があります。

そのためには、経営者は料理のことも、サービスのことも、掃除のことも、設備管理のことも、細部にわたるまでその店舗で一番良く知っている存在でなければなりません。そして、知っているだけでは不十分で、高いレベルでそれらを現場で実践できるだけのスキルをマスターしていなければなりません。

料理なら、全料理の調理手順から、原価計算レシピ、食材の発注日から納品時間、保管スタイル、スタンバイ量、各作業時間、月間販売数量など全て。サービスなら、テーブルサービスの手順やレジの扱い方、オーダーのとり方はもちろん、すべての作業の優先順位や、たとえば2時間働くとどのぐらい疲れるのか、そのサービスを受けたお客様はどんな反応を示しているのかというようなことまで全てです。

飲食店の経営はマクドナルドがその昔、「高速食品製造販売業」と名乗っていたように、「製造業」の面と「販売業」の面の両面があります。そして、飲食店の現場での、とくに厨房での作業改善やパントリーでの作業改善は、工場における**カイゼン活動**と非常によく似ています。工場のカイゼン活動は現場の生産活動を細かいところまで熟知していないと生まれませんが、飲食店においてもやはり現場の細かいところまで熟知していないとカイゼン活動は生まれません。**「神は細部にこそ宿る」**ですし、**「微差は大差を生む」**というのは飲食店経営にもあてはまりますので、絶えずカイゼン活動を積み重ねていく必要があります。

遠回りに思われるかもしれませんが、斬新なメニューのアイデアや販売促進を考えたりするよりも、実は**現場を徹底的に知り、カイゼン活動を積み重ねることが、安定した店舗運営の唯一の近道**です。

カイゼン活動

徹底的に現場を知り
改善活動を
積み重ねよう！

飲食店のカイゼン活動のすすめ方

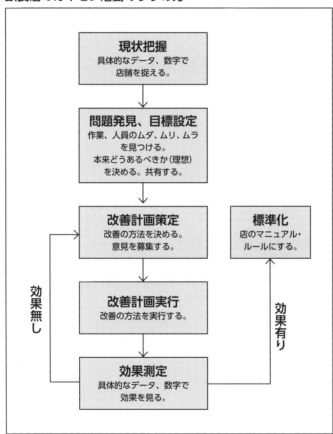

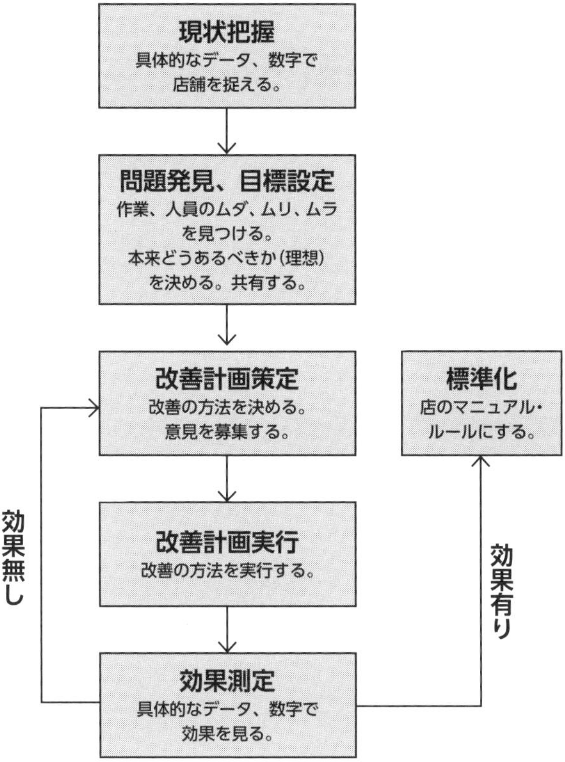
現状把握
具体的なデータ、数字で
店舗を捉える。
問題発見、目標設定
作業、人員のムダ、ムリ、ムラ
を見つける。
本来どうあるべきか（理想）
を決める。共有する。
改善計画策定
改善の方法を決める。
意見を募集する。
改善計画実行
改善の方法を実行する。
効果測定
具体的なデータ、数字で
効果を見る。
標準化
店のマニュアル・
ルールにする。
効果無し
効果有り

「利益のピラミッド」を頭に入れよう！

カイゼン活動に取り組む時には、右ページの図の**「利益のピラミッド」**とよばれる図を頭に入れておきましょう。考え方としては、上から、ピラミッドの頂上から考えます。

「経営理念」の実現のためには「利益」が必要で→

そのためにはお客様満足度を向上させる「QSCレベルの向上」が必要で→

そのためにはスタッフを計画的に「トレーニング」することが必要で→

そのためには教育スケジュールに基づいた「適正なスタッフィング(シフト組み)」が必要で→

効率よく教育できる環境と躾の出来たスタッフを育成するためには「環境整備」が必要。

という考え方の順序です。すべては「経営理念」の実現のために行うということです。

ただし、**やるべきことは下から、土台から、順にやらなければなりません。**

「環境整備」をしてからスタッフを受け入れ→

「適正なスタッフィング」を行い(ワークスケジュール・教育スケジュールを作成する)。→

計画的な「トレーニング」を行い→

「QSCレベルが向上」してお客様満足度を向上させることが出来たら→

「利益」も実現でき、「経営理念」も実現出来る。

となります。

たとえば、スタッフをトレーニングするにあたっては、教えることの出来る人がいる日時に、新人スタッフのスケジュールを組まないと、新人スタッフはトレーニングを受けることができません。無計画な人数あわせのスタッフィングをしていると、いつまでたっても新人スタッフが育たないという問題で悩み続けます。

「適正なスタッフィング」なくして「トレーニング」は成り立たないのです。

また、モノの整理整頓が出来ていない店舗では、一つの作業が本来なら10秒で終わるのに、その作業に必要なモノを探すことから始めなければならないなど、一つの作業に20秒かかってしまうとすると、余分な人員を配置しないと「回らない店」になってしまいます。「環境整備(5S)」が実施されてない店舗では、「適正なスタッフィング」は成り立たないのです。

利益のピラミッド

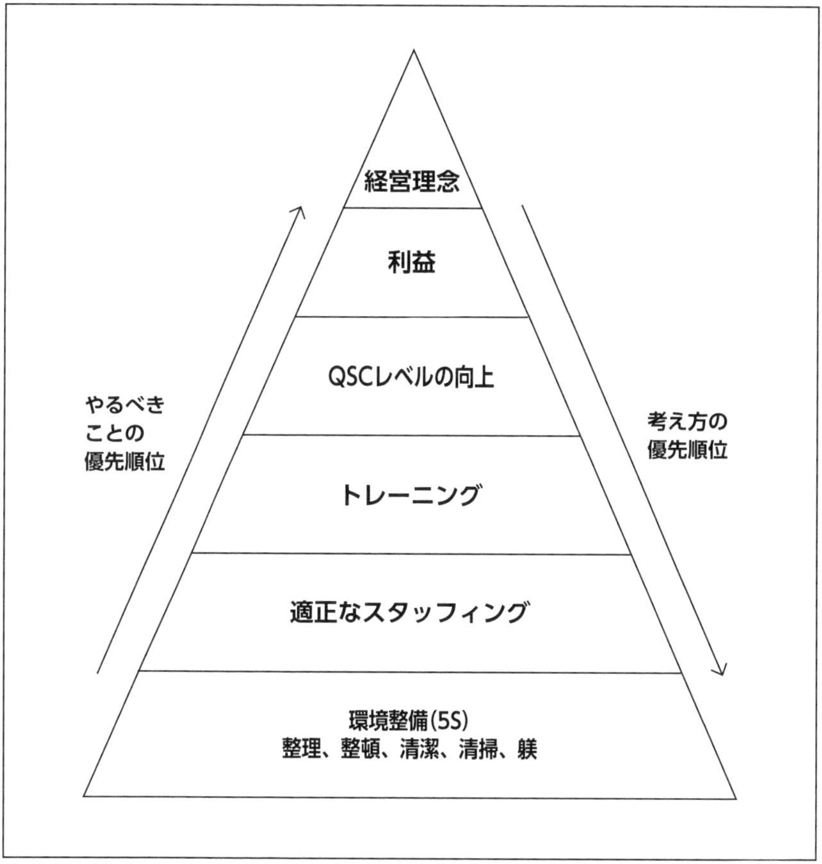

環境整備(5S)についは、次ページ「7-4」で詳しく見てみましょう。

環境整備（5S）が全ての土台

「利益のピラミッド」の土台にある「環境整備＝５S」という言葉を聞いたことがあるでしょうか？初めて聞くという人もいると思いますが、元々は製造業の工場で実施されていた生産性向上の手段ですが、飲食店の厨房やパントリーはまさに製造業そのものなのでぴったりとあてはまり、効果の高い手法として飲食店でもかなり普及しています。

「整理(Seiri)、整頓(Seiton)、清掃(Seisou)、清潔(Seiketsu)、躾(Sitsuke)」の頭文字５つをとって**「５S」**です。これらの活動が、QSCレベルを底上げする土台となり、生産性を向上させます。そして、これにも優先順位があります。次の順番にやっていかないと環境整備はすすみません。

環境整備＝５S

❶整理
モノを必要なものと不必要なものに分け、不必要なものは捨てること。

❷整頓
物の置き場所を決めることと置く数量を決めること。

❸清掃
そうじです。

❹清潔
❶〜❸の状態を維持すること。

❺躾
ルールを作り守らせること。

たとえば、長期間使っていない厨房器具が放置してあって、「整理」が出来ていないと、本来その場所に置きたいモノが、その厨房器具があるために置けずに、最適な場所を決めてモノを置くという「整頓」につながりません。ゴミの中で作業するようなものです。

「整頓」がされないということはモノの置き場所が決まっていないので、散らかっているのか片付いているのかが人の見方によって曖昧になり、「清掃」も曖昧になります。

「清掃」というルールが曖昧になっている職場では、「躾」も曖昧になり、遅刻や無断欠勤などのモラルの低下を招いてしまいます。これではトレーニングどころではありません。

環境整備は、飲食店を営業している限り永続的にやっていかなければなりませんが、一番最初からきちんと徹底しておかないと、後から始めようとすると結構大変です。

最初に厨房レイアウトを考える時から、厨房内やパントリーなどで、無駄がなく、最も効率的に作業できるようなモノの置き場所を決めることはもちろん、不必要なモノを置かずに、最も効率的な動線で作業が出来るように厨房機器を配置し、あらかじめ清掃がしやすいような状態に配置することを心がけましょう。

環境整備＝掃除すれば良い、と誤解している人が多いですが、あくまでも掃除をして店が綺麗になることは、環境整備の中のごく一部の効果に過ぎません。**生産性が向上しなければ、環境整備の本来の趣旨とはずれている**ということを忘れないようにしましょう。

なかには、掃除ばかりを徹底しすぎて逆に生産性を落としているという本末転倒な「５S運動」をやっている飲食店もあります。**何のために環境整備するのか**ということを経営者はしっかりと自覚して取り組みましょう。

整頓…物の置き場所を決め、定位置管理している例

スタッフィングは規定時間に基づいて行おう！

スタッフの日々のワークスケジュール（シフト）を組むにあたって実務的に効果的なのは、売上予算（目標）に対する「モデルシフト」を作成してきちんと**規定時間**を割り出し、その規定時間内でスタッフシフトを組むことです。

この時、モデルシフトの規定時間は、たとえば売上予算10万円の時に30時間、15万円の時に40時間、20万円の時に50時間というように、**売上増に応じてほぼ比例的に増加している**ことを確認してください。比例的になっていないということはどこかに無駄があったり、無理があるシフトになっているはずです。

スタッフトレーニング時はその時間分だけ、規定時間をオーバーすることもあると思いますが、実務的には、経営者は店全体の人時売上高を1か月単位で考えて、そのオーバー分は忙しい日に熟練したスタッフで対応して乗り切るなどして、店全体の月間の人時売上高を落とさないようにシフトを組みましょう。基本的には売上高が高いと人時売上高も高くなります。1か月の人時売上高は業態によっても異なりますが、「優」で4500円/時間以上、「良」で3500～4,500円/時間、「可」で3500円/以上という感じです。

売上予算15万円／日のモデルシフトと規定時間(例)

	9	10	11	12	13	14	15	16	17	18	19	20	21	22	23	時間
山田																8
田中																8
鈴木																4.5
佐藤																3.5
渡辺																3
加藤																3.5
林																
上田																3
合計																33.5

↑ 規定時間

人事売上高
4,478円

売上予算25万円／日のモデルシフトと規定時間(例)

	9	10	11	12	13	14	15	16	17	18	19	20	21	22	23	時間
山田																8
田中																8
鈴木																4.5
佐藤																3.5
渡辺																6.5
加藤																3.5
林																6
上田																3
合計																43

↑ 規定時間

人事売上高
5,814円

(例)平日20日(売上予算15万円)、土日祝10日(売上予算25万円)、社員2名(月6休、労働時間8時間×24、給与25万円)PA時給1,000円とすると

売上
(15(万円)×20(日))+(25(万円)×10(日))=550(万円)

規定時間計
(20(日)×33.5(時間))+(10(万円)×43(時間))=1100(時間)

人時売上高
550(万円)÷1100(時間)=5000(円/時)

人件費
25(万円)×2(人)+(1,000(円)×(1100-192(時間)×2(人))
=1,216,000(円)

人件費率
1,216,000(円)÷550(万円)=22.1(%)

スタッフを多部署化しよう！

スタッフィング(シフト組み)で制約になるのが、「Aさんはホールはできるけど、キッチンはできない」とか「Bさんは焼き物はできるけど揚げ物はできない」とかいうスタッフの能力差です。この能力差を無くしていくのに必要なのが、**「スタッフの多部署化」**トレーニングです。

多部署化とは、1人のスタッフが「ホール」「キッチン」と部署を分け隔てることなく、部署を超えて両方の作業ができるようにすることです。この時、**どこまでがアルバイトの仕事であるとか社員の仕事であるとかの区別も出来る限り無くして考えましょう。**

例えば、あるレストランであまりお客様が来ない時間帯に、いつもよりキッチンが1人少ないホール2人、キッチン1人の3人の配置だったとして、予想外のご来店が多少重なったとしても、3人が双方のポジションについてきちんと作業ができれば、ご来店時には3人でお冷を出してオーダーを取り、オーダー受け後は、ホールに1人残して2人で調理し、出来上がった料理はまた3人で運ぶということが可能です。

また、多部署化とは、1人のスタッフが『部署内の複数のポジション』をこなせるようになることでもあります。

例えば、忙しい時間帯には厨房内でも焼き方、板場、煮方などのポジション分けをしている日本料理店でも、ほとんどお客様が来ない時間帯には、全ポジションをできる人が誰か1人いれば営業できます。

このように、スタッフが多部署化されていると、無駄にヒマをもてあます人がいなくなります。常にスタッフの『KEEP BUSY』の状態を維持することを意識しましょう。

また、この多部署化ができていると、飲食店によくある急に人が辞めたりといった突発的な時にも、対処がスムーズにできまし、経営者が自分の休日をきちんととっても、店は休まずに営業することも可能になります。

多部署化を実現するには、教育・指導が必要ですが、サービス作業でもキッチン作業でも、誰もができる作業(多部署化しやすい作業)に落とし込まれたマニュアルが事前に整備されていなくてはなりません。

部署を超えた複数ポジション教育

部署内の複数ポジション教育

理論原価と実際原価を把握しよう！

飲食店の運営で知っておかなければならない原価は２つあります。**理論原価（標準原価）と実際原価**です。

実際原価＝前月末棚卸金額＋当月仕入れ金額ー当月棚卸金額です。たとえば前月末在庫30万円で当月仕入れが120万円で在庫の棚卸をすると50万円の在庫があった場合は実際原価は100万円になります。

理論原価＝メニュー原価×メニュー出数です。たとえばラーメン原価200円、出数5000だった場合は、理論原価は100万円になります。

1か月の営業を振り返ってこの実際原価と理論原価の差が無ければ問題無いのですが、この差が大きい場合は、棚卸が間違っているか、オペレーション上に何か問題があるということです。この差は1％以内なら棚卸の誤差の範囲ですが、それ以上だと、たとえば料理にかけるソースの分量が多すぎたり、納品される野菜の単価が異常に高騰していたり等、原因が何かを究明し対策を打たなければなりません。

理論原価（標準原価）と実際原価

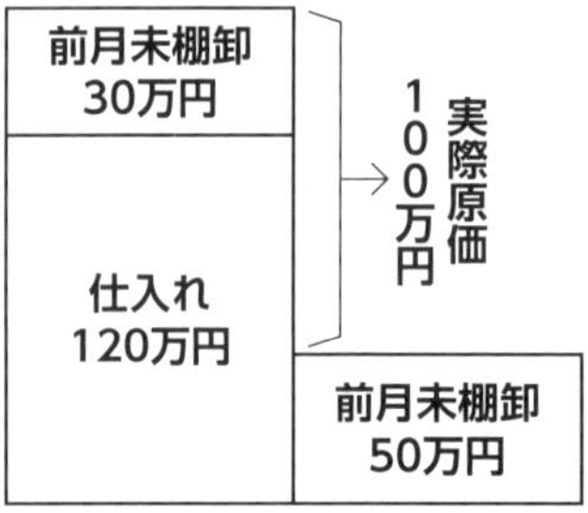

（実際原価）1,000,000（円）－
（理論原価）953,000（円）
＝47,000円

売上2,835,000円に
対して1.67%の差（多い）

棚卸ミス？オペレーションの
どこかに問題あるかも？

	売価①	出数②	売上①×②	原価③	原価合計①×③
ラーメン	600円	4,300	2,580,000円	200円	860,000円
餃子	200円	900	180,000円	70円	63,000円
ビール	500円	150	75,000円	200円	30,000円
合計			2,835,000円		953,000円

↑
理論原価

小規模店舗では毎月棚卸を実施している店は少ないですが、新規開業店舗では原価率が安定するまで最低3～6ヵ月は毎月実施することが望ましいです。

これを実現するには、「全メニューの出数表」、「全メニューの原価一覧表」、「原価入り在庫棚卸表」の準備が必要になりますので開店前から準備しておきましょう。

全メニューの出数表

	出数
パスタA	140
パスタB	125
パスタC	108
肉料理A	45
肉料理B	42
肉料理C	35

全メニューの原価一覧表

(円)

	原価	売価
パスタA	200	880
パスタB	181	880
パスタC	232	880
肉料理A	290	980
肉料理B	476	1280
肉料理C	250	780

原価入り在庫棚卸表

商品名	容量	単位	単価(円)	在庫数	在庫金額(円)
特精塩 1kg	1,000	g	100	0.5	50
グラニュー糖 1kg	1,000	g	195		0
濃口本醸造醤油 1.8L	1,800	ml	300	0.8	240
懐石白だし 1.8L	1,800	ml	800	0.3	240
ブラックペッパーホール 1kg	1,000	g	1,750	0.5	875
ブラックペッパー荒挽 420g缶	420	g	760	0.5	380

(中略)

サフラン	5	g	3,100		0
種子入りマスタード 850g	850	g	780	0.5	390
フライドガーリック 500g	500	g	1,480		0
ワインビネガー 1L	1,000	ml	300	0.5	150
アチュートバルサミコ3年 500ml	500	ml	560	2	1,120

調味料合計 18,450円

ABC分析と落とし穴

さて、お店をオープンして2か月3か月と営業してみて理論原価率(理論原価/売上)は当初想定通りになっているでしょうか？もしそうなっていないとしたら何が原因なのかを探らなければなりませんが、その時に重宝するのが**ABC分析**です。

ABC分析は全メニューの売上と粗利益をそれぞれ求め、金額によってAランク＝70％、Bランク＝10〜20％、Cランク＝10％で分類します。それをさらに見やすくマトリックスにすると下図のようになります。

もし想定よりも理論原価率が高い場合は、効果的なのは売上Aランク、粗利金額Aランクの商品(下図では「醤油ラーメン」「味噌ラーメン」)について、販売価格を見直すか、使用食材、レシピを見直すなどして原価率を改善するのが最も効果が高い方法です。

ABC分析による商品マトリックス

		売上金額		
		A	B	C
粗利金額	A	醤油ラーメン 味噌ラーメン		
	B		チャーハン	
	C		塩ラーメン	餃子 レバニラ ビール

下の例はあくまでシミュレーションですが、**ほとんどの場合は全メニューの数のうちの20%のメニューが、売上や粗利益の80%を構成していますので、ABC分析を行うことによって、あれこれと色々な商品についてやみくもに手を出さずに集中的にカイゼン活動**をすることができます。

また、基本的にABC分析は物販店などではCランク商品をどんどん入れ替えていくために行うものですが、飲食店では売上も粗利益もCランクのメニューでも闇雲にカットしてはいけません。Cランクメニューに熱烈なファンがいたり、アイドルタイムの売上に貢献しているメニューだったり、食材の使いまわしによるロスカットに貢献しているメニューだったり、手間がかからないメニュー(下図の場合ビール)であったりするからです。数字だけで判断するとこの落とし穴に嵌ってしまいますので注意して下さい。

ABC分析

売上	単価(円)	数量	売上(円)	累計(円)	累計比率	判定
醤油ラーメン	700	2000	1,400,000	1,400,000	39%	A
味噌ラーメン	750	1500	1,125,000	2,525,000	70%	A
チャーハン	500	1000	500,000	2,750,000	76%	B
塩ラーメン	750	300	225,000	3,250,000	90%	B
餃子	300	600	180,000	3,430,000	95%	C
レバニラ炒め	600	200	120,000	3,550,000	99%	C
ビール	500	100	50,000	3,600,000	100%	C
合計		5700	3,600,000			

粗利	単価(円)	数量	粗利益(円)	累計(円)	累計比率	判定
醤油ラーメン	500	2000	1,000,000	1,000,000	39%	A
味噌ラーメン	520	1500	780,000	1,780,000	70%	A
チャーハン	350	1000	350,000	1,936,000	76%	B
塩ラーメン	520	300	156,000	2,286,000	90%	C
餃子	220	600	132,000	2,418,000	95%	C
レバニラ炒め	420	200	84,000	2,502,000	99%	C
ビール	300	100	30,000	2,532,000	100%	C
合計		5700	2,532,000			

マニュアルはスタッフのために作ろう！

本書でここまで何度か、調理マニュアルを作ろう！サービスマニュアルを作ろう！ということをお話ししてきましたが、「マニュアル」に抵抗感がある方も多いかもしれません。ですが、マニュアルは、経営者側から見て必要なだけでなく、**実はスタッフの側からも必要とされている**ものなのです。

正社員でもアルバイトでも初め仕事をする時は、基本的に「早く仕事を覚えたい！」というモチベーションを持っているはずです。その時にまず全体像を提示してから１つ１つ業務に必要なことを習得してもらうというやり方は、スタッフにとってとても安心感があるものです。マラソンを走るのにゴールが何キロ先にあるのか分かっているのと、延々ただ走ることの差に似ています。

アルバイトの面接をすると、面接に来た人から「マニュアルはありますか？」と聞かれることもあると思います。早く仕事を覚えたいという意欲が高い人ほど「ありますよ」と答えると「良かった」と安心されます。

また、マニュアルは**あくまでも最低限の仕事のレベル**ですが、マニュアルどおりできているかの習熟度によって仕事を評価するシステムを作って昇給評価もすべきです。なんとなく昇給するのは不公平感につながるので良くありません。明確な評価基準を作って公平に評価しましょう。マニュアル通りできたら**スタッフをちゃんと褒めましょう。「スタッフを褒めるためにマニュアルを作るのだ」**と思うぐらいで良いと思います。

マニュアル化されたサービスというのはつまらないものですが、それでも最低限のお客様を不快にさせないサービスについては教育すべきです。**どんなに味が良くてもサービスが悪いと全て台無し**で、2度とお客様は来てくれません。味はそこそこでもサービスが良ければお客様はまた来てくれる可能性はあります。それほどサービスは重要です。重要だからこそ、マニュアルで最低限のレベルには教育しないといけないのです。ただし、マニュアル通り作業をするスタッフを育成するのがゴールではありませんので、マニュアルを「卒業」したスタッフにはさらに別の動機付けが必要になります。

スタッフ昇給評価(例)

	時給	評価基準
スタッフ	1000円	遅刻・欠勤せず、マニュアルを習得しようと努力している。
ジュニアマスター	1050円	100時間以上勤務し、ホールまたはキッチンの作業をマニュアル通り間違いなく一通売りできる。
マスター	1100円	ジュニアマスターとして300時間以上勤務し、ホール作業もキッチン作業もマニュアル通り間違いなく一通りできる。レジメ作業ができる。ジュニアマスターを育成できる。
シニアマスター	1150円	マスターとして300時間以上勤務し、マスターを育成できる。発注作業ができる。常連さんの顔と名前を30人以上覚えている。
グランドマスター	1200円	ジュニアマスターとして300時間以上勤務し、シニアマスターを育成できる。常連さんの顔と名前を50人以上覚えている。

調理マニュアル

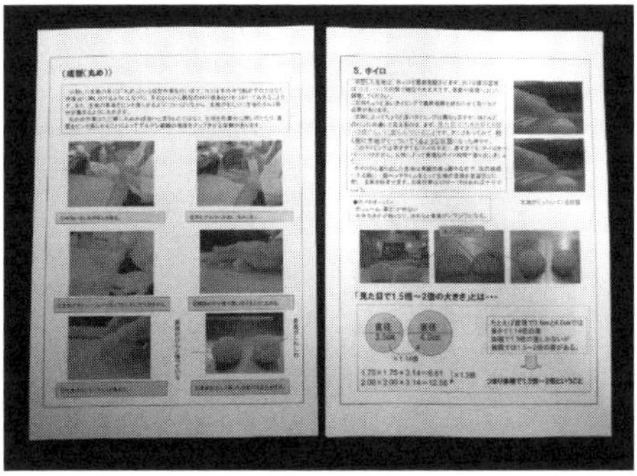

サービスマニュアル

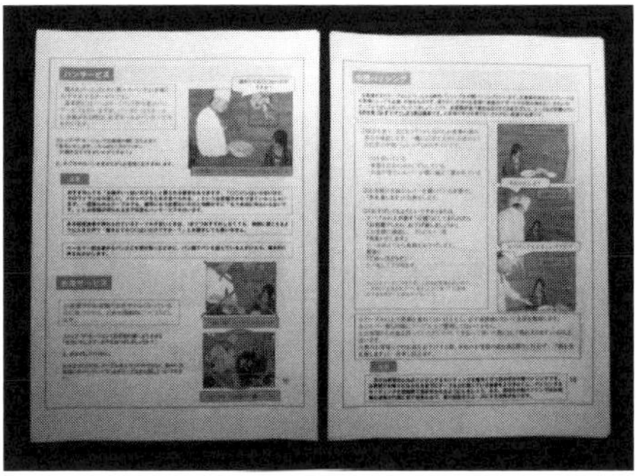

7-10 目指せ！ 多店舗展開

スタッフに自分の考え方・ビジョンを語ろう！

「あなたは何のために飲食店を経営しますか？」

「儲けたい」とか「自分らしく楽しく働きたい」とか、飲食店開業の動機は様々だと思いますが、個人的な欲求、動機から始まる方がほとんだと思います。

ですが、社員やアルバイトを1人でも雇用するなら、あなたがどのように考えているのか自分の考え方や今後の方向性について従業員に語って、共感してもらうことが必要です。マニュアルや評価制度以上に大事なことです。あえて言うなら**「経営理念」**や**「企業理念」「社是」**と言われるようなものなのですが、開業して間もない頃であれば、そんな立派なものや堅苦しいものでなくて良いでしょう。

企業経営において、**「人は理念についてくる」**と言います。金銭的な対価でついてくる人はより良い条件が与えられれば、簡単にヨソに行ってしまいますし、**本当に優秀な人は金銭だけではついてきません。**

従業員が明るく楽しそうに働いている店の共通点は、**経営者が従業員を大切にしていて、経営者の考え方やすすむ方向性についてことあるごとに話しています。**こういう店では、経営者と従業員の向いている方向が一緒なので、従業員が活き活きしています。逆に経営者が従業員を軽んじていて、経営者と従業員の意思疎通が上手くできていない店舗は、従業員もただお金をもらう対価としてしか働いていないので、楽しそうでは無いですし、活き活きしていません。経営理念があっても、お題目になってしまっている店(会社)も同じです。どこかから借りてきたような経営理念で経営者の本心(本音)では無いと、これは従業員に敏感に見破られます。

「うちには良い人が集まらなくて…」というのは飲食店経営者からよく聞く言葉ですが、**そういう店の経営者に限って、従業員に自分のビジョンや考え方を語ることなく、従業員の文句ばかり言っています。**良い人が集まらないのは、共感してもらえるようなビジョンや考え方が無いからだと言って良いでしょう。これは、上から目線で語るのでは無く、同じ目線で自分の考え方やビジョンついて熱く語り、共感してもらうことがポイントです。

ユニークな経営理念

- **おもしろおかしく**
  株式会社堀場製作所（社是）
- **人のため　正しく　仲良く**
  株式会社サイゼリヤ（企業理念）
- **「人は変われる」を証明する**
  RIZAPグループ株式会社（理念）
- **味ひとすじ**
  株式会社永谷園（企業理念）
- **ニコニコ、キビキビ、ハキハキ**
  株式会社壱番屋（社是）
- **もっとおもしろくできる**
  GMOペパボ株式会社（企業理念）

不正をさせない仕組みを考えよう！

経営者が毎日ずっと店にいて、レジ〆作業はもちろん、お会計も全部見ていれば良いですが、慣れてくると従業員に任せて自分が休むこともあると思います。その時に大事なのが、従業員に不正をさせない仕組みをつくることです。2号店、3号店と出店して店長に店を任せていく方針ならなおさら必要です。

残念なことに、店長や従業員が売上金を横領していたとか、店の商品を勝手に着服していたというのは**よく飲食店経営者から聞いてしまう話**です。

店長を任せていたならもちろん、アルバイトスタッフでもレジ〆作業も教えるぐらいのスタッフですから、仕事もよく出来て信頼していたのに裏切られるということで、心理的なダメージが大きいですし、当然そのスタッフは解雇するので、店の営業を継続していくという実務面でもダメージは大きいです。

1か月の売上が1,000万円ぐらいの飲食店で毎月数十万円の売上金を着服され、気づいた時には数百万円になっていたという金銭的なダメージも大きい経営者もいました。

よくあるのが、レジのカラ打ちです。紙の伝票を使用している店で、レシートが不要のお客様から代金だけをもらって、その伝票をレジに打たずに捨ててしまう手口です。また、POSレジがある店でもレシートや領収証が不要のお客様の会計を、精算する前段階で、まるごとごっそり取り消してしまうというのもよくある手口です。

対策としては、紙の伝票に予め通し番号を振って管理する。操作履歴が残るPOSレジを導入する。中間レジ締めを行う。食券制にする。防犯カメラを設置する、など色々な方法があります。

毎月棚卸をして、理論原価と実際原価の差異を管理しているということを知らせるのも不正防止につながります。とにかく、**「不正をしても必ずバレるので、やらないようにしよう」と思わせなければなりません。**

発覚は、だいたい他の従業員からの「チクり」で明らかになることが多いようです。そういう意味でも、全てのスタッフとのコミュニケーションはなるべく密にとっておいたほうが良いでしょう。

ほとんどの場合、不正を犯したスタッフを警察に突き出すことまではしていないようですが、自店から犯罪者を出さないために、従業員の**不正防止は飲食店経営者がやらなければならない責任**と自覚して取り組みましょう。

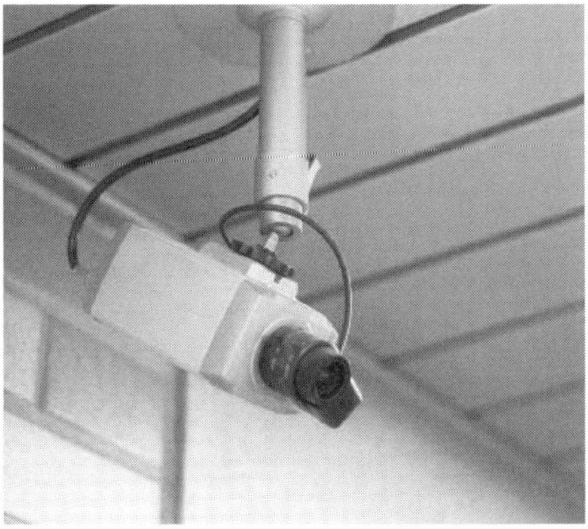

自店から犯罪者を出さない工夫を！

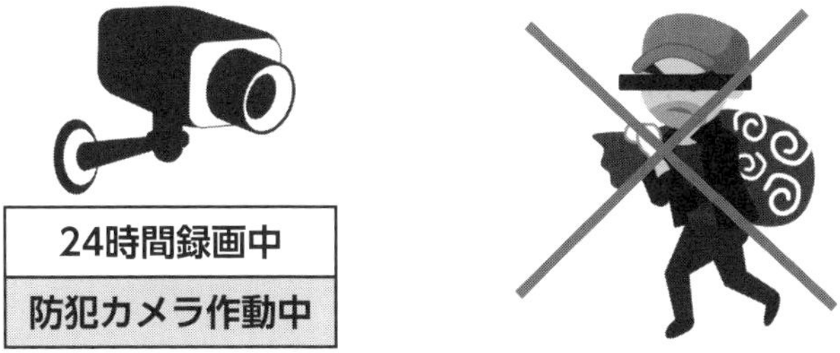

お客様との会話が一番の販促！

店舗運営には販売促進はつきものですが、この販売促進には2種類あり、新規のお客様を獲得する販促とリピーターを獲得するがあります。

このうちリピーターを作る販促では、お客様の声を聞こうとしてアンケート調査を実施したりしますが、アンケート調査は、店の弱点や改善点が見つかったり等の一定の効果はありますが、積極的な販促にはなかなか結び付きません。一度ご来店されたお客様がその後にご来店されなくなってしまう理由で、お客様の引っ越しや健康上の問題など店側ではどうしようもない理由を除いて、**実は1番多いのが、「ただ何となく」来なくなるお客様です。積極的に行く理由が無い**のです。とくに何かが悪いわけではないので、実際に来て頂いているお客様にアンケートをとってもその声を拾い集めることはできません。

そもそもアンケートは、それに答えたら割引券をもらえる等の特典引き換えのために答えるお客様が多く、何も特典が無い場合は、店に対してとくに何か不満などを言いたいことがある場合に記入されることがほとんどです。

ですから、飲食店の経営者はなるべくお客様と直接対話してお客様の声を聴かなければなりません。チェーン店ではできない**個人店の大きな強みは、経営者自らが接客できること**です。お客様との対話が苦痛に感じる人は、そもそも飲食業に向いていないかもしれません。

「ただ何となく」来なくなるお客様にまた来店してもらうには、**アンケートなど取らず、直接お客様と対話すれば良い**のです。お客様と対話することによって良い印象を持ってもらうことができれば、「行く理由」ができますので、お客様は「またあそこに行こうか」となります。**お客様との会話が一番の販促**だと言って良いでしょう。

チェーン店のマニュアル通りの接客では、お客様とどのように対話するかということまでは記載されていません。

マニュアル教育を終えたスタッフは次のステップとして、お客様との会話をしてもらいましょう。マニュアルには最低限、話題にしてはいけない禁止事項ぐらいは決めておかなければなりませんが、それ以外は基本自由に話してもらいましょう。手本はあなた自身が見せなければなりません。

とくに調理場出身だったりチェーン店出身の経営者は、キッチンにこもって料理の改善や味の追求をすることによってお客様を呼ぼうとしがちですが、キッチンから出て、お客様との対話をしてみて下さい。メニュー開発時から**「会話のきっかけを作りやすいメニュー」**を意識的に作ると始めやすいでしょう。

7-13 目指せ！ 多店舗展開

媒体販促の鉄則は 売れているところをさらに伸ばす！

インターネットや雑誌、チラシなどの媒体を使って新規客獲得のための販売促進をするなら、**売れる時期、曜日、時間に、さらに売上を伸ばすようにやるのが最も効果を得られます。**

飲食店の販促でよくやりがちな失敗は、「売れない時期、曜日、時間をどうするか」と考えて、そこを打破するための販促をしがちです。

例えば居酒屋などでのハッピーアワーです。あまり効果があったという事例は聞いたことがありません。それよりも、例えば居酒屋ならば、週末の売上をさらに伸ばすように販促をするほうが効果はあります。多くの個人店の居酒屋では、何も販促をしなくても週末はそこそこ忙しくなるということでそれで満足してしまい、販促に費用をかけないという店もありますが、通常なら1.5回転のところを、1.8回転、2回転を狙うような販促をすると、高い効果が得られます。

また逆に、グルメサイトなどを使って、日常的に値引きや割引き・サービス特典を付ける店が多いですが、日常的にダラダラと広告宣伝費をかけている店は、その広告効果についてはよく検証してみる必要があります。

たとえば、新規客を誘引したいと5万円の広告費で10% OFFのクーポンを付け、回収が100人30万円だった。という割引き後の原価率設定30%の居酒屋の場合、

(獲得粗利) 30万円×70%＝21万円、
(獲得利益)　21万円－5万円(広告費)＝16万円

一見、効果があったように見えます。ただし、その100人が、本当に「そのクーポンがあったから」来店したのかどうかは分かりません。多くの人は行く店をあらかじめ決めていて、クーポンがあるかどうかは後でインターネットや情報誌をチェックしてみるという行動をとる人のほうが多いのではないでしょうか？

一度はじめると、なかなかやめられないのがこの種の値引き、割引きですが、勇気を持ってやめてみても案外、客数はさほど変わらなかったという店も多いです。「割引きがなければ来てくれない」「サービス特典がなければ来てくれない」もしそれが本当なら、自店の価格を割引き後、値引後の価格に引き下げることも検

討すべきかもしれません。

また、クーポンがきっかけでご来店されたお客様が、その後2回、3回と利用してくれているのかまで追跡調査する仕組みを考えないと本来の効果測定はできません。

ある店に初めて来たお客様がまた来てくれる2回目の来店率は40%、2回目来たお客様の3回目の来店率は80%と言われています（4回目以降も同様）ので、力を入れるべきはやはり初来店のお客様です。

焼き畑農業的な販売促進で無いなら、**初来店で満足して頂き、2回目の来店にきちんとつながっているのかどうか**を測定しないと、「あそこはクーポンを使って行ってみたけど美味しくなかった」というような単に悪評を広めているだけという事態にもなりかねません。

媒体販促の鉄則

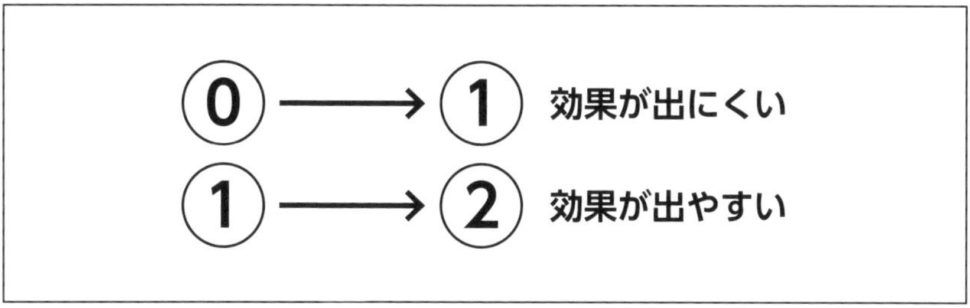

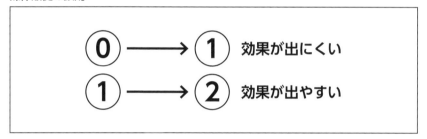

一般的な飲食店のお客様の再来店の傾向

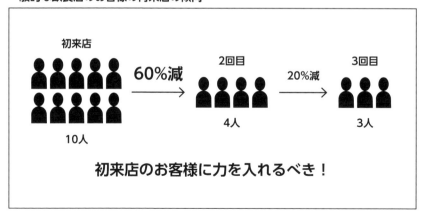

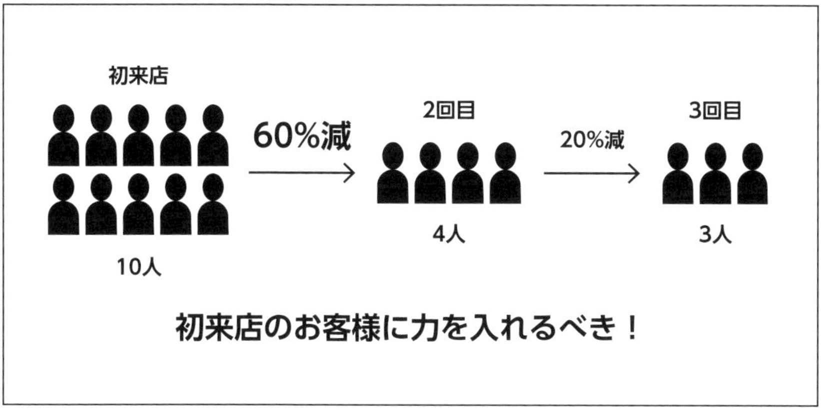

積極的に新たな知識や外部の情報をインプットしよう！

この章の最後に、飲食店の経営は、センスとか感覚とかの感性的なものだと思われがちですが、実は**「理屈」がパズルのように組み合わさって連続**していることは「利益のピラミッド」を理解して頂ければお分かり頂けると思います。いわば左脳的経営です。

ただし、これまで見てきた日常的な店舗QSCレベルの向上は、左脳的経営である程度は実現できますが、新たなメニューやサービスを生み出すには、いわゆる右脳的な「発想」や「ひらめき」が必要になってきます。

では、「発想」や「ひらめき」はどうやって生み出すのかというと、**「発想」**や**「ひらめき」は、知識や情報の量に比例する**と言われています。左脳に蓄えられたたくさんの知識や情報を基にして、新しい良質な「発想」や「ひらめき」を右脳で作り出すのです。いいかえると、「新しい理屈のパズル」を作り出すといっても良いでしょう。

飲食店の経営を始めると、日常的には家と店舗の往復しかせず、休日は疲れて家で寝ているだけという経営者もたまに見かけますが、優秀な経営者ほど休日にも積極的に他店舗視察を行って、新たなメニューや食材が無いか、どんな料理が流行っているのか等をチェックしています。

日々進化する飲食店は、なかなか他店舗視察に時間の取れない経営者よりも、お客様のほうが新しいお店の情報を知っていたりするので、お客様との会話の中から気になった店舗に足を運んでみるのも良いと思います。

良質なアウトプットは、良質なインプットが無いと生まれません。良質なアウトプットのために、他店舗の視察に行ったり、本を読んだり、勉強会に参加したりする等、積極的に新たな知識や情報をインプットする時間を持つことを心掛けましょう。

飲食店の経営は理屈の連続

新しい理屈のパズル創造

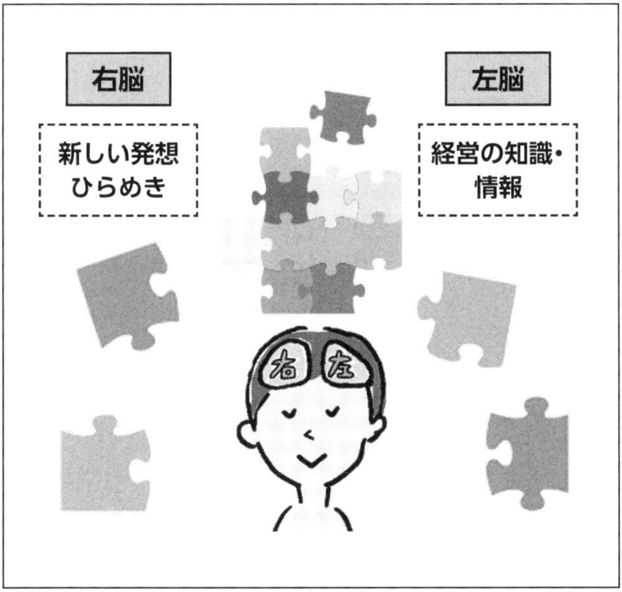

8

意外に知らない基本の「キ」

資金調達のツボ

8-1 開業資金の目安を知ろう！
8-2 初めての資金調達はここへ行こう！
8-3 公庫審査を早める裏ワザ？
8-4 事業計画書と損益分岐点（CVP）分析
8-5 厨房設備はリースにすべきか？

開業資金の目安を知ろう！

ここまで本書をお読み頂いて、大分、事業の全体イメージは固まりましたでしょうか？これまでに見てきた他の章と話が重複する部分がありますが、あらためて開業資金はどのぐらい必要なのかの目安についてお話させて頂きたいと思います。

1.物件取得関連費

項目	標準	幅
前家賃	家賃の1ヶ月分	家賃の0～1ヶ月分
保証金	家賃の10ヶ月分	家賃の3～12ヶ月分
礼金	家賃の1ヶ月分	家賃の0～2ヶ月
仲介手数料	家賃の1ヶ月分	—

まず、物件取得関連費です。

家賃は工事開始日から発生するのが通常で、工事終了後の入居日や開店日まで遅らせてもらうことができれば、非常にラッキーです。

礼金は通常で家賃の1ヶ月分、サブリース物件の場合は2か月分はかかります。保証金は10か月分が標準で、6ヵ月分とか3か月分だとラッキーです。

保証金はテナントが家賃を支払えなくなった時に、**家賃支払い＋原状回復工事費用を担保するもの**で、たとえば、10坪で家賃30万円の物件の場合、家賃の10ヶ月分の300万円を預かっているのは、原状回復工事に坪＠10万円かかるとして、原状回復費用100万円の担保と、残りの200万円(7か月弱分)は滞納家賃分の担保となります。ですから、保証金10か月分の物件では、解約予告が6か月前になっているのが普通です。また、保証金が6ヵ月の物件では、原状回復費用が100万円とすると、80万円(3か月弱)しか家賃担保分が無いので、解約予告が3か月前になっていることが多いと思います。尚、保証金に関連して、保証金の償却は解約時1ヶ月分か10％が標準です。

2.内外装関連費

項目	標準	幅
造作譲渡代金	1階坪@30万円	B1、2階は坪@15万円
内装工事費	坪@50万円	坪@30～80万円
厨房設備費	200万円	0～300万円
看板工事代金	50万円	30～100万円
造作譲渡手数料	家賃の1か月分	0～100万円

次に内外装関連費です。

造作譲渡代金については、「4-10 造作譲渡価格の相場は？」で見たように、東京の山手線各駅とその内側の駅の1階で坪＠30万円、2階やＢ1階で坪＠15万円ぐらいです。スケルトンから工事する場合は坪＠50万円ぐらいはみておきましょう。

また、看板工事は、正面、袖、置き看板の3ヶ所で50万円ぐらいみておきましょう。厨房機器は、そのまま使用して何も買い足さなくても良い場合もありますが、スケルトンで何もない場合は、どのような厨房機器を使用するかによりますが、200万円ぐらいをみておきましょう。

3.運転資金

項目	標準	幅
初期仕入	2日分	1～3日分
生活費	10ヵ月分	0～12ヶ月分

最後に、運転資金です。

開業時の食材の初期在庫は、取り扱い食材や納品可能頻度によっても異なりますが、週5日納品があるとして1日の目標売上の2～3倍の金額をみておきましょう。新規開業者の場合は、初回納品は現金支払いのことが多いです。

営業が軌道に乗るまでの生活費は、好立地の店舗なら初月から売上は爆発するので運転資金は極端な話不要なのですが、次のページの政策金融公庫の調査例では**6割以上の方が10ヵ月以上かかって軌道に乗**ることが多いようなので、生活費を10か月分みておくとすると1ヶ月の生活費を20万円とすると200万円です。

飲食店開業後に軌道に乗りはじめた時期の分布

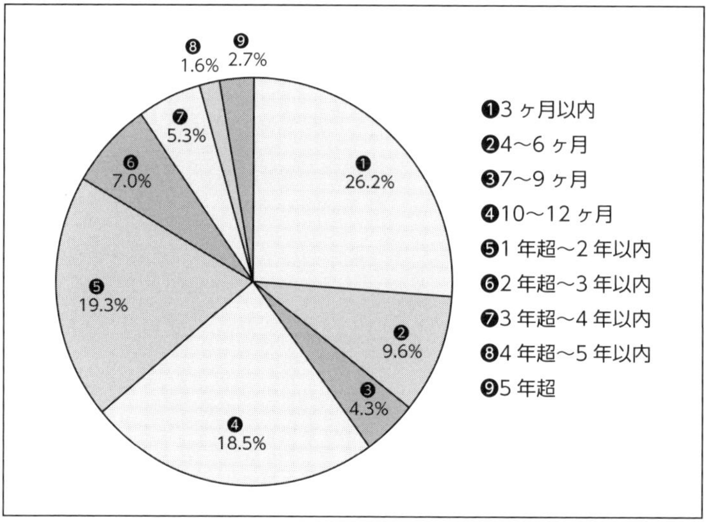

日本政策金融公庫「生活衛生関係営業の景気動向調査（2013年4〜6月期）特別調査結果」から抜粋し加工。

たとえば、これらを1階10坪の造作譲渡付き店舗で厨房機器はそのまま利用可能で、1日売上目標10万円の物件で開業した場合を一覧にすると、下記の表になります。

1.物件取得関連費

項目	金額（円）
前家賃（1ヶ月）	330,000
保証金（10ヶ月）	3,000,000
礼金（1ヶ月）	330,000
仲介手数料（1ヶ月）	330,000
合計	3,990,000

2.内外装関連費

項目	金額（円）
造作譲渡（坪@33万円）	3,300,000
内装工事費（坪@50万円）	0
厨房設備費	0
看板工事代金	550,000
造作譲渡手数料	330,000
合計	4,180,000

3.運転資金

項目	金額（円）
初期仕入（売上目標10万円/日）	200,000
生活費（1ヶ月20万円×10ヶ月）	2,000,000
合計	2,200,000

1＋2＋3＝合計

10,370,000 円

8-2 意外に知らない基本の「キ」

初めての資金調達はここに行こう！

さて、おおまかにいくらぐらいの開業資金が必要なのかを把握したら、自己資金で全て準備できない場合は、金融機関に借入を申し込まなければなりません。

新規開業者の初めての資金調達は、実質1択です。政府系金融機関である「日本政策金融公庫」（以下「公庫」という）に行ってください。

民間の金融機関に行っても、事業実績の無い個人ではまず相手にされませんし、自治体の制度融資も、手続きの煩雑さと審査期間の長さから、飲食店の新規開業にはあまり向いていません。

公庫の「生活衛生貸付」のうち、新たに事業を始める方または事業開始後で税務申告を2期終えていない方は、**無担保・無保証人で利用できる「新創業融資制度」**を利用することが出来ます。この制度の融資金額の上限は、3,000万円（うち運転資金1,500万円）です。

公庫のホームページやパンフレットには、「新たに事業を始める方、または事業開始後税務申告を1期終えていない方は、創業時において創業資金総額の10分の1以上の自己資金を確認できること等の一定の要件に該当することが必要」となっていますが、これはあくまでも申込みできる基準ではありますが、審査をクリアするには**創業資金総額の3分の１以上の自己資金**の準備が無いと、なかなか審査をクリアできないというのが実情です。

また、現在は申込できる基準からは撤廃されているようですが、以前は飲食店の新規開業融資では、「同業種（飲食店）での勤務経験が6年以上あること」という条件がありました。現在は6年という縛りは無くなりましたが、公庫の担当者の方からお話を聞くとやはり飲食店での勤務経験は担当者の審査ポイントではあることに変わりはないようです。

日本政策金融公庫の融資制度

資金名	融資制度1	融資制度2	融資限度額	返済期間	
				設備資金	運転資金
生活衛生新企業育成資金（創業前または創業後概ね7年以内の方が対象）	新創業融資制度（無担保・無保証人）（新たに事業を始める方または税務申告を2基終えていない方が対象）	一般貸付	3,000万円（うち運転資金1,500万円）	13年以内	ー
		振興事業貸付		20年以内	7年以内
	上記以外	一般貸付（有担保）	設備7,200万円	13年以内	ー
		一般貸付（無担保）	設備4,800万円	13年以内	ー
		振興事業貸付（有担保）	設備1億5,000万円 運転5,700万円	20年以内	7年以内
		振興事業貸付（無担保）	4,800万円	20年以内	7年以内

融資申込金額と優遇金利の関係

	融資申込金額	必要なもの	発行元
優遇金利は受けない	500万円以下	無し	―
	500万円を超える	推薦書	生活衛生営業指導センター
優遇金利を受けたい	金額にかかわらず	振興事業に係る資金証明書	生活衛生同業組合

尚、融資を申し込む時に、生活衛生同業組合に加入して融資を受ける（振興事業貸付）場合は550万円を上限に、金利がおおむね1％ぐらいの金利優遇が受けられます。生活衛生同業組合に加入しないで融資を受ける（一般貸付）場合は金利優遇はありません。

手続きとしては、生活衛生同業組合に加入しないで通常の金利で融資を受ける場合は、融資申込金額が500万円以下なら、とくに手続きは必要がありません。融資申込金額が500万円を超えるときは、「生活衛生営業指導センター」から「推薦書」を交付してもらう必要があります。これは「推薦書交付願」に必要事項を記載して提出すれば、即日交付されます。尚、名前は似ていますが、「同業組合」と「営業指導センター」は全くの別物ですのでご注意下さい。

生活衛生同業組合に加入して優遇金利で融資を受ける場合は、生活衛生同業組合から「振興事業に係る資金証明書」を交付してもらう必要があります。これは、組合に加入して「振興事業促進支援融資制度に係る事業計画書」を提出すれば、即日交付されます。

注意しなければならないのは会員費で、たとえば「東京都飲食業生活衛生同業組合」では入会金0円、年会費24,000円です。組合を退会すると優遇金利の適用を受けられなくなり通常の金利に移行されますので、200万円借入をした場合、1％分は2万円なので、1年で返済する計画でも約1％の金利優遇では、支払う会員費と金利優遇分だけを見るとかえって損をすることになります。組合に加入するメリットは組合独自の保険共済制度や各種情報交換会など優遇金利だけではありませんが、自分にとって必要なのかどうかよく考えて加入しましょう。

融資審査のポイントは、公庫でも丁寧に教えてくれますが、以下の3点です。

融資審査のポイント

①勤務経験
先ほども少し触れましたが、以前は６年の勤務経験が必要でした。今は「6年」縛りはありませんが、ある程度の飲食店勤務経験があった方が良いです。また、その経験内容について、店舗運営にどのように役立てるかを事業計画に反映させましょう。

②自己資金
コツコツ貯めた実績が評価されます。預金通帳に積み上げていると計画性が高いと評価されます。逆に、一攫千金で得たお金や第三者から融資してもらった一時金のようなお金は計画性が高いとは評価されません。

③支払い履歴
公共料金…通帳からの引き落とし履歴や支払い明細書をチエックされます。クレジットカード、カードローン　CIC、JICCなどの信用情報機関に情報照会されます。度重なる延滞や、過大な借入金などがあると危険とみなされます。

8-3 意外に知らない基本の「キ」

公庫審査を早める裏ワザ？

公庫への融資の申し込み手続きの流れは下記のとおりです。借入申込時は、公庫様式の借入申込書と事業計画書（創業計画書）と月別収支計画書に賃借予定の「物件チラシ」、改装工事をするなら工事見積書を添えて申し込めば大丈夫です。

申し込み手続きの流れ（初回）

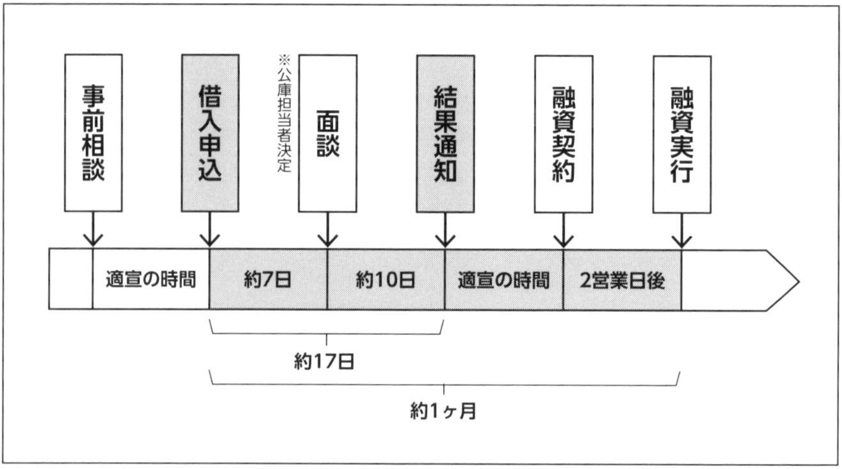

新規開業者にとっては物件の賃貸借契約をする前に、「結果通知」が欲しいわけですが、借入申込をして、結果通知まで上図では、17日間もかかってしまいます。それまで物件が他者にとられずに残っていれば良いですが、1週間以上あれば残念ながら、契約者は他者に内定していることも多いです。

では、2回目以降の借入申込みでも面談をする等、同じような手続きをしなければならないのかというと、同エリアで公庫の担当者の変更も無く、賃借条件も同じような物件が出てきた時の融資申込み手続きの流れは右ページの図のようになります。

申し込み手続きの流れ（2回目以降）

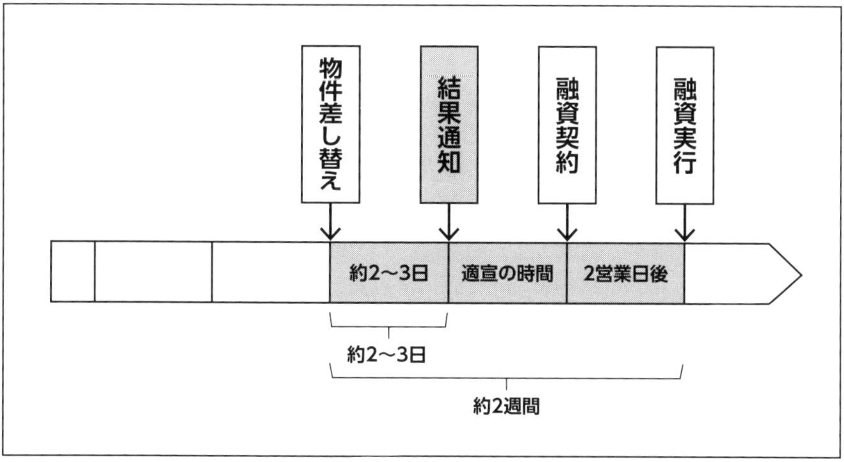

お分かり頂けるでしょうか？　つまり、**2回目以降は同エリアの物件であれば、**既に担当者とは面談済みですから再度面談する必要は無く、**約2～3日で結果通知**を得ることができます。ただし、初回申込からあまりに時間が経過したり、初回申込時と借入金の額が大きく異なる場合は話は別です。

裏ワザというわけではありませんが、この流れを理解しているかどうかは大きな違いです。このシステムをよく理解して、好物件を確保するようにしましょう。

事業計画書と損益分岐点(CVP)分析

融資申し込み時に作成する公庫様式の事業計画書等の書き方については、公庫ホームページに記載例付きで詳しく記載されていますので、あえてここでその内容をなぞることはしませんが、自店舗の損益分岐点売上高(CVP:いくら売れば黒字になるのかの分岐点の売上高)がいくらなのかについては把握しておいたほうが良いと思いますので、その算出方法だけ記載しておきたいと思います。

損益分岐点売上高を算出したら、融資申込みの際の事業計画書の添付資料として提出しても良いと思います。

損益分岐点売上高の計算式は以下のようになります。

損益分岐点売上高

損益分岐点売上高=固定費÷(1−(変動費÷売上高))
(CVP)　　　=固定費÷(1−変動比率)

店舗運営に関わるすべての費用は、変動費か固定費かのいずれかに分類されます。**固定費**とは、売上の増減にかかわらず一定してかかる費用のことで、**変動費**とは、売上の増減に応じてかかる費用のことです。

飲食店の代表的な固定費は、家賃、減価償却費、社員給与などです。代表的な変動費は、食材原価、水道光熱費、消耗品費、アルバイト給与費などがあります。

右ページの表の各項目を簡易的に固定費と変動費に分けたものをベースに計算すると、損益分岐点売上高は、75(万円)÷(100−(30+17+3+5+3))%≒1,785,714(円)になります。

ただし実際には、たとえば、電気代はお客様の有無にかかわらず、固定的に発生する部分がありますし、アルバイト給与もある程度は固定的な部分がありますので、厳密に計算したい場合は、それらも細かく分ける必要があります。

損益分岐点の図

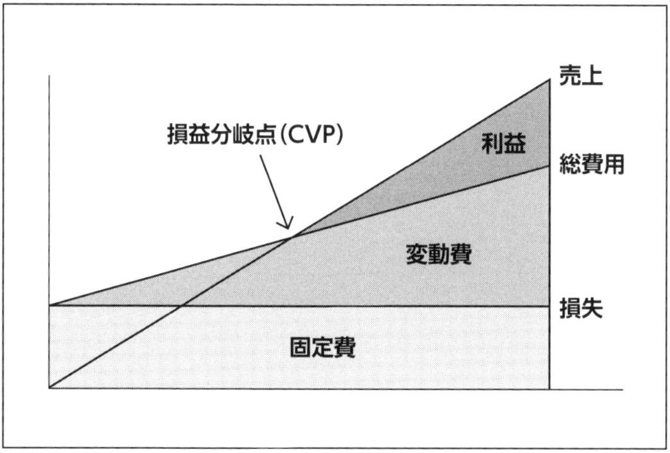

(単位:万円)

売上	300	100%	ー
食材原価	90	30%	変動費
社員給料	30	10%	固定費
アルバイト給料	50	17%	変動費
家賃	40	13%	固動費
広告宣伝費	9	3%	変動費
水道光熱費	15	5%	変動費
雑費	9	3%	変動費
減価償却費	5	2%	固動費
営業利益	52	17%	ー

8-5 意外に知らない基本の「キ」

厨房機器リースは利用すべきか？

居抜き店舗ではあまり利用されませんが、スケルトンから店舗を作る時で、厨房機器も新品で揃えたいという時によく利用されるのが**厨房機器リース**ですが、結論から申し上げますと、**飲食店の新規開業ではあまりおすすめしません。**既に実績のある店舗(業態)の2店舗目、3店舗目を、民間の銀行や公庫に頼らず、急速に店舗拡大したい時以外は手を出さないほうが良いでしょう。

リース利用時と借入利用時の支払い総額の比較

リース(リース料率1.4%)

(円)

物件価格	2,000,000
リース料率	1.40%
リース期間(月)	72
月額リース料(税抜)	28,000
消費税(10%)	2,800
月支払合計	30,800
支払総額(72か月)	2,217,600

(円)

元金均等返済(金利4.0%)

(円)

借入金額	2,000,000
借入利率	4.00%
返済期間(月)	72
支払総額(72か月)	2,236,667

(円)

元金均等返済(金利2.5%)

(円)

借入金額	2,000,000
借入利率	2.50%
返済期間(月)	72
支払総額(72か月)	2,147,917

(円)

月額リース料(税抜)＝物件価格(税抜)×リース料率

リースを利用すると、リース料率というものが適用されます。リース料の内訳は、物件価格、固定資産税、保険料、金利、リース会社の利益、メンテナンスサポート代金で、現金一括で購入するよりも割高になりますが、このことはさほど問題ではありません。

たとえば、リース料率1.4％の料率は元金均等返済での金利に直すと4.0％ぐらいになり、公庫融資の新創業融資の基準利率を仮に2.5％と仮定すると、1.5％以上割高ですが、リースを利用すると固定資産税の支払いが無いことなどを考慮すると、金利は2.5%でも4%でも、支払い総額には、さほど大きな差は出てきません。

何が問題かと言うと、1つ目は、リースを利用する場合の考え方の一つに、「融資枠を温存しておく」という考え方がよく言われることです。たとえば、自己資金が200万円で融資枠(借り入れできる金額)が600万円、開業に必要な資金総額700万円(うち厨房機器200万円)の場合、自己資金200万円、借入金500万円、融資枠残100万円で開業するのではなく、自己資金200万円、借入金300万円、リース利用200万円、融資枠残300万円で開業しましょう、というようなことをリース会社から言われることがあると思います。

リース残高は借入金残高と同じ扱い

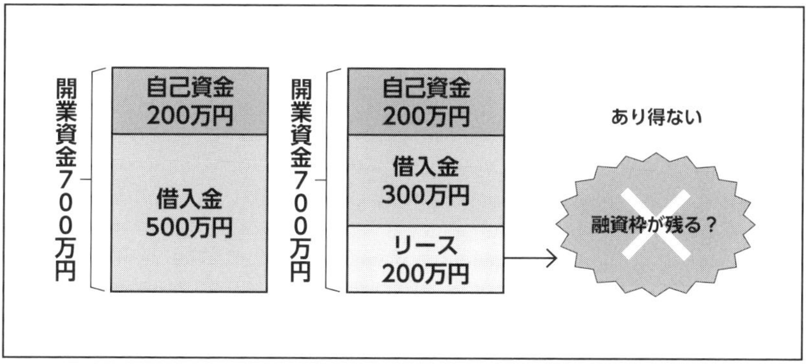

ですが、そんな虫の良い話はありません。リース残高は借入金残高と同じと見なされますので、融資枠をたとえその時に使用しなくても、**新たに借入の申し込みをした時は、その時点の財務状況が審査され、リースは借入金と同じと見なされます。**ですから、「融資枠を残す」のではなく、「現金」を手元に残しておかないと、リースを選ぶ意味はあまりないということです。できるだけ現金を残して開業する方法は無くはないですが、これはグレーゾーンな方法なので、弊社に個別相談頂いた方にのみにお伝えすることにさせて頂きます。

また、止むを得ず閉店・撤退する時のことを考えても、厨房機器は次テナントに売却しやすいほうにしておいたほうが良いので、**厨房機器は自己所有しておき、次テナントへの売却時にリースが足かせにならないよう**にしておいたほうが良いです。リースを次テナントに継承してもらおうとしても次の借主候補が必ずリース審査に通るわけではありませんし、自分で買い取ってから次テナントに売却するにしても、いったんは買い取る資金が必要になりますので、予め自己所有にしておいたほうが支払総額では安く済みます。

最近では、厨房機器のリースと一緒に内装工事も割賦支払いにして開業を勧めるリース会社や内装工事業者などが出てきており、極端な話「自己資金0円」でも飲食店を開業することができる時代になりました。ですが、リースも割賦も結局は借金と同じです。

大手の上場企業などで厨房機器リースが採用されていたりしますが、これはリース対象物がオフバランス取引になるために、総資産利益率（ＲＯＡ）が向上して、投資家から高く評価されるというメリットがあるので積極的に採用されてきたという背景があります。

ですが、これも国際会計基準の見直しに伴い今後は日本基準も改正され、リースを採用するメリットが減るので、厨房機器期リースを利用する会社は減少するのではないかと予測されています。

とくに株式を上場しているわけでもない個人や中小企業ではオフバランス取引になるメリットはとくに無いといって良いでしょう。

居抜き物件がこれだけ普及し低投資で開業できる時代ですから、できれば自己資金のみ、最低でも公庫からの低金利での借入金のみで、**リースは利用せずに開業**できるぐらいまでは自己資金を貯めて開業するようにしましょう。

リース利用時のオフバランス効果

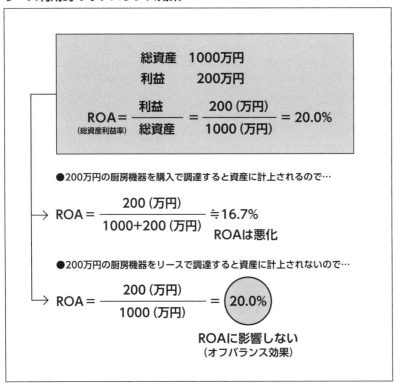

総資産　1000万円
利益　200万円

$$\text{ROA}\ (\text{総資産利益率}) = \frac{\text{利益}}{\text{総資産}} = \frac{200\ (\text{万円})}{1000\ (\text{万円})} = 20.0\%$$

●200万円の厨房機器を購入で調達すると資産に計上されるので…

$$\rightarrow \text{ROA} = \frac{200\ (\text{万円})}{1000+200\ (\text{万円})} \fallingdotseq 16.7\%$$

ROAは悪化

●200万円の厨房機器をリースで調達すると資産に計上されないので…

$$\rightarrow \text{ROA} = \frac{200\ (\text{万円})}{1000\ (\text{万円})} = 20.0\%$$

ROAに影響しない
（オフバランス効果）

9

飲食店開業の、もう一つの手段

フランチャイズ(FC)加盟のツボ

9-1　フランチャイズ（ＦＣ）契約とは何ぞや？
9-2　ＦＣ加盟の連帯保証人に注意！
9-3　パッケージライセンス契約とは？
9-4　4つの指標で絞り込もう！
9-5　撤退店ゼロのマジックを見破る
9-6　売上予測の提示の有無と精度を確認しよう！
9-7　業績の悪い加盟店にこそ話を聞いてみよう！
9-8　同業他店でアルバイトしてみよう

9-1 飲食店開業の、もう一つの手段

フランチャイズ（FC）契約とは何ぞや？

飲食店の運営経験が無い方は、フランチャイズ（ＦＣ）加盟での飲食店経営をお考えの方も多いと思いますので、まずは基本的なフランチャイズの仕組みを見てみたいと思います。

①ＦＣ契約とは

ＦＣ加盟店が、**加盟金**と**ロイヤルティ**をＦＣ本部に支払い、ＦＣ本部は、その対価として**商標（看板）**、**ノウハウ（研修、マニュアル、商品）**、**継続的指導（スーパーバイジング）**をＦＣ加盟店に与える契約です。ＦＣ加盟店もＦＣ本部も個々の独立した事業者なので、ＦＣ加盟店となっても、ＦＣ加盟店は売上が保証されるわけではありません。加盟したけれど売上が上がらない…、利益が上がらない…、こういう場合は全て加盟店の「自己責任」であり、ＦＣ本部は何ら責任を負うものではないというのが基本的な関係です。

ＦＣ契約の基本的仕組み

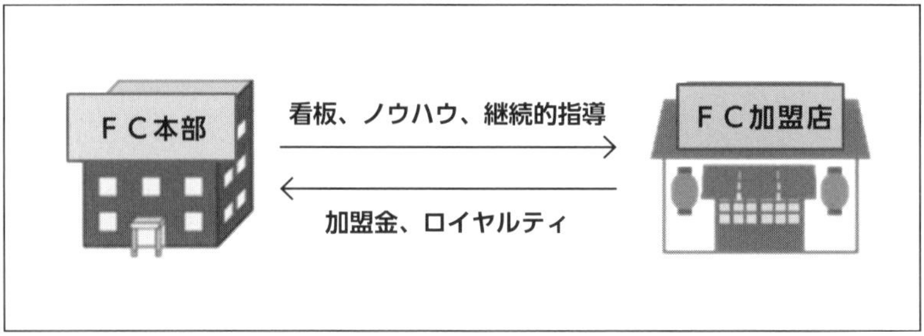

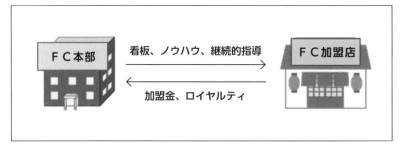

②ＦＣ加盟店のメリット、デメリット

ＦＣ加盟店にとってのメリットは、すでに成功している本部のノウハウを利用して商売が始められること、また、ＦＣ本部の継続的指導を受けられること、チェーン店の看板（ブランド）を利用して集客できることです。

逆にデメリットは、まず毎月のロイヤルティ負担があることです。そして、ＦＣ本部の運営方法（マニュアル）に従わねばならず、独自性を発揮するのが非常に難しいことです。高い独自性を発揮したければ、ＦＣ契約の期間満了を待つか解

約するしかないのですが、ほとんどの場合、多額の違約金(ペナルティー)を支払わないと解約できませんし、加盟契約書には競業避止の条項があり、数年間は同業態での営業を禁じられています。

ＦＣ加盟店のメリット

①既に成功しているノウハウを使って未経験でも開業できる。
②継続的指導が受けられる。
③チェーン店の看板(ブランド)で集客できる。

ＦＣ加盟店のデメリット

①加盟金、ロイヤルティ負担がある。
②独自性を発揮するのが難しい。
③競合避止、多額の違約金。

③フランチャイズ本部のメリット、デメリット

ＦＣ本部にとっては、金融機関からの資金調達力以上に、また自社内の人材育成スピード以上に、チェーンとしての店舗展開速度を速めることができまることにより３つのメリットが生まれます。店舗が増えると、それだけ知名度も上がりますし、スケールメリットによるバイイングパワーも生まれます。もちろん、継続的なロイヤルティ収入や本部指定商材等から徴収する収入も、ＦＣ本部にとっては大きな収益源になります。

一方、あまりはっきりとは言われないことですが、ＦＣ本部の側には実は、ほとんどデメリットがないのです。ＦＣ加盟店が本部の決めた運営方法、指導に従わずに、消費者からの信頼を失うというリスクもありますが、そのような事態に備えて必ずＦＣ加盟契約にはペナルティ条項を設けており、止むを得ない場合は当該の加盟店とのＦＣ加盟契約を解除するなどして厳しくＦＣ加盟店を管理しています。最近ではSNSでＦＣ加盟店のアルバイト従業員が勤務中に投稿した動画が不適切な行為をしたとして炎上するなどの事件が起こったりしていますが、そのようなＦＣ加盟店は契約解除処分になったり、多額の損害賠償請求をされているというようなニュースを見たことがあると思います。

また、加盟店がＦＣ本部の売上予測からあまりにもかけ離れた売上実績(一般的には6割以下といわれている)しかあがらなかった場合、ＦＣ加盟店から裁判で訴えられる等のトラブルになる可能性があるというリスクはありますが、これはあくまでも「売上予測を提示した場合」であり、売上予測を提示しなければ何ら違法性を問われることはありません。多くの場合は、ＦＣ加盟店側が裁判に時間も費用もかけられないので**ＦＣ加盟店側の泣き寝入り**というのが実情です。集団訴訟を起こされるようなＦＣ本部もありますが、これはかなり稀なケースであると言って良いでしょう。

さらに、ＦＣ加盟店の募集費用もほとんどの場合は加盟金で補われていますし、ＦＣ展開の初期の段階では、その会社のトップ（社長）が営業マンになります。研修やマニュアルもわざわざＦＣ加盟店向けにイチから作成するということはほとんど無く、直営店用に作成した研修スケジュールやマニュアルを流用するので、募集広告費以外は直接的に大きな費用となるものはないというのが実態です。

このように、フランチャイズとはＦＣ本部とってはメリット盛りだくさん、デメリットはほぼ無いといっても良いのだということを、よく覚えておきましょう。

ＦＣ本部のメリット

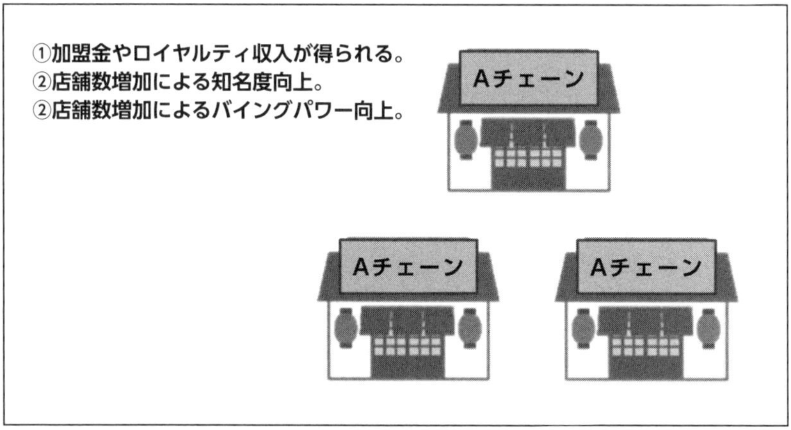
①加盟金やロイヤルティ収入が得られる。
②店舗数増加による知名度向上。
②店舗数増加によるバイングパワー向上。
Aチェーン
Aチェーン
Aチェーン

ＦＣ本部のデメリット

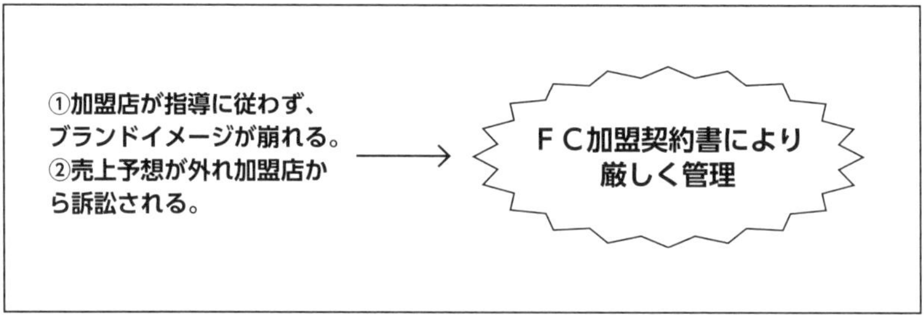
①加盟店が指導に従わず、ブランドイメージが崩れる。
②売上予想が外れ加盟店から訴訟される。
ＦＣ加盟契約書により厳しく管理

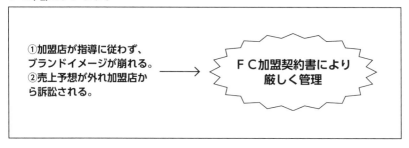

9-2 飲食店開業の、もう一つの手段

ＦＣ加盟契約の連帯保証人に注意！

ＦＣ本部によっては、そこのＦＣ本部の会社が金融機関からの借り入れの連帯保証人になってくれるような場合がありますが、そのような場合は注意が必要です。ＦＣ本部とのＦＣ加盟契約には、ロイヤルティの支払いや食材仕入れ代金の支払を保証するという理由で、**第三者の連帯保証人**を要求されるはずです。しかし、そのＦＣ加盟契約の連帯保証人は、金融機関からの借金の連帯保証人にはなってもらっていなくても、結局は、借金の連帯保証人になるのと同じことになります。

なぜなら、金融機関への借金返済が滞れば、ＦＣ本部が連帯保証人なので一時的に**金融機関に代位弁済**してくれますが、その分、結局、ＦＣ加盟店はＦＣ本部に対して借金を背負うことになるからです。これは、**ＦＣ加盟の連帯保証人になっている第三者も自動的に、その借金の連帯保証人になる**ということになります。「金融機関からの借金の連帯保証人じゃないし、加盟保証金もいくらか預けているようだし、まあ良いか…」、そう思ってＦＣ加盟の連帯保証人になってくれた人も、自動的に金融機関からの借金の連帯保証人にさせるのと同じことになりますので、十分に注意して下さい。

それでも、ＦＣ本部が連帯保証人になってくれるなんて、随分親切なＦＣ本部だと思うかもしれませんが、ＦＣ加盟契約で、第三者の連帯保証人を要求している時点で、最終的に自分たちが損をしないように（とりっぱぐれが無いように）しているということは、忘れないで下さい。

この辺りの話は、失敗というマイナスイメージを伴う内容なので、合同の加盟説明会ではもちろん、個別相談会などでもあまりＦＣ本部の側から積極的に話されることはありません。「じゃあ契約しよう」となった時に初めて知らされるか、**知らされないまま（説明が無いまま）話が進んでしまう**ことが多いのではないかと思います。ＦＣ加盟の連帯保証人の実態がどういうものなのを理解しないまま契約してしまい、自分だけでなく、連帯保証人になってくれた方も後で後悔させることが無いように、事前に十分に連帯保証人の責任の範囲について確認するようにしましょう。

加盟説明会や個別相談会ではあまり積極的に語られないこと＝連帯保証人の責任の範囲

連帯保証人の責任の範囲をよく確認しよう

注意

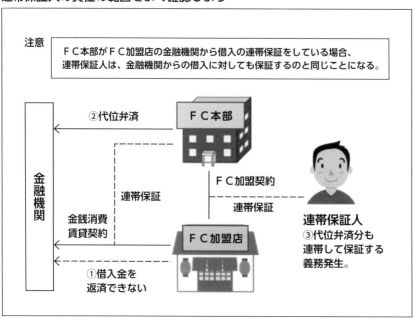

ＦＣ本部がＦＣ加盟店の金融機関から借入の連帯保証をしている場合、連帯保証人は、金融機関からの借入に対しても保証するのと同じことになる。

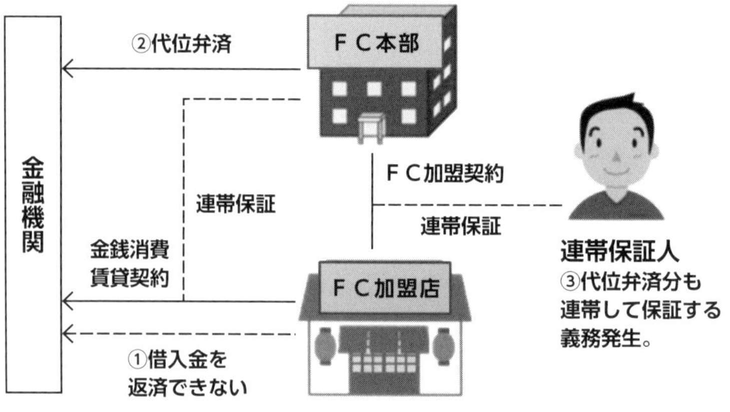

9-3 飲食店開業の、もう一つの手段

パッケージライセンス契約とは？

フランチャイズ契約によく似たものとして、パッケージライセンス契約というものがあります。これは、すごくザックリ説明すると、ＦＣ加盟契約から、本部の継続的指導とロイヤルティを無くしたものです。

ＦＣ加盟金は、「権利金」などの名称になり、毎月のロイヤルティは無くなるか、まれに「ライセンスフィー」などの名称にかえて定額を徴収することもあります。また、一般的にはＦＣ加盟金よりもパッケージライセンス契約の権利金のほうが高額なことが多いようです。継続したロイヤルティが無い分、一度に多額の権利金で徴収するということです。継続的指導とロイヤルティが無いということは、**オープンサポートのパッケージ（開店パッケージ）**だと考えて良いでしょう。

ライセンス店（ライセンシー）は、ＦＣ加盟契約ほど事業運営上の拘束は少なく、一部のＰＢ商品を除いてライセンス本部（ライセンサー）からの食材供給などもありません。これは、仕入れやメニュー開発の自由度が増すということですが、ライセンシーの事業運営能力が問われるということでもあります。たとえば、スタート時のメニューは本部に依存しても、その後は自社で開発していかなくてはなりません。また、本部のブランドのイメージを崩してはいけないという義務はあります。

ライセンス本部は、お分かりの通り、スーパーバイザーを養成する必要もありませんし、継続的指導義務が無いので、仮に従来のＦＣビジネスにおいて代表的なトラブルである、「本部の売上予測どおりに売上が上がらない」という事態になっても、責任を回避できます。ただし、自社ブランドが適切に使用されているかどうかの監督義務は一応あります。

一般的には、ＦＣ加盟店に比べてライセンシーの裁量権が広い＝ライセンシーの力量に頼るところが大きい。ことから、飲食ビジネスにある程度慣れた人や企業向けの契約形態といえるでしょう。

パッケージライセンス契約の基本的仕組み

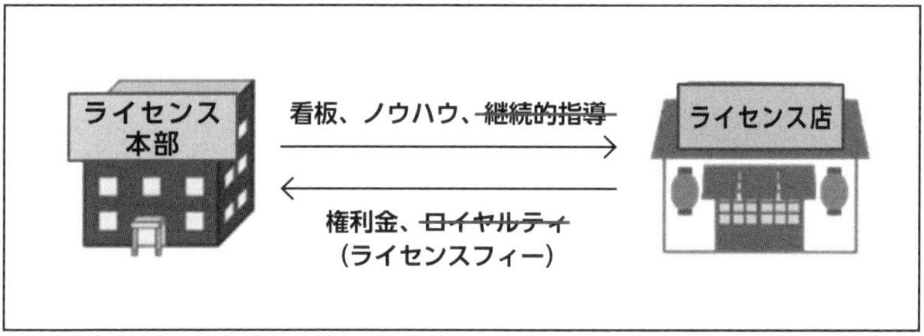

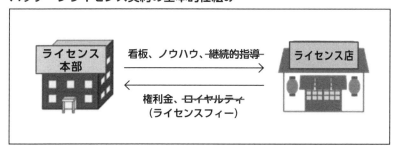

フランチャイズ契約の基本的仕組み

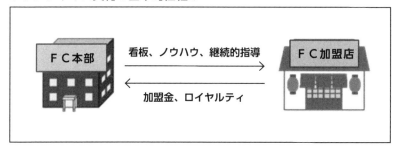

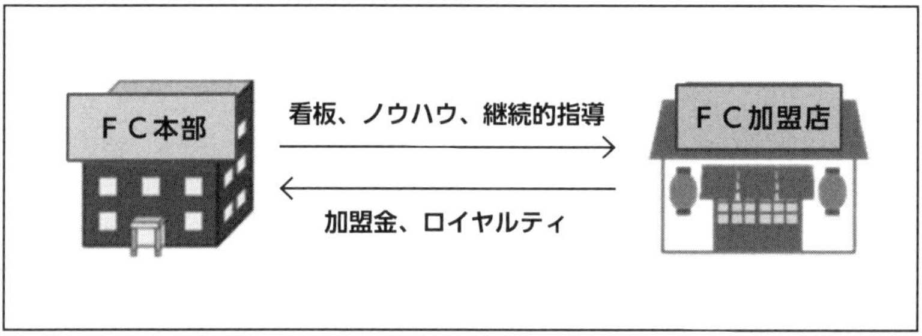

9-4 飲食店開業の、もう一つの手段

4つの指標で絞り込もう！

「フランチャイズビジネスは玉石混交」と言われますが、高い加盟金を払ってまで加盟する価値のあるＦＣ業態というのは、ほんのひと握りです。まずは、**「収益性」「認知性」「安定性」「ノウハウ蓄積度」**にいて４つの簡単な指標を使って、非常に大雑把ですがＦＣ業態を絞り込んでみましょう。

収益性は、「業態開発のツボ」にも書きましたが、モデル損益のＦＬＲ率の合計を見て下さい。ただし、モデル損益は、開業1年後の店舗の平均実績とし、**極端に業績の良い店舗をモデルにしているＦＣ本部の数字は使用しないように注意**してください。また、個人向けＦＣでオーナー人件費が含まれていないものは、オーナー人件費を一律30万円として計算しましょう。

収益性（FLR比率合計）

60%以内	60～63%	63～65%	65～67%	67～70%
5点	4点	3点	2点	1点

認知性は、「○○といえばあそこ」という認知を得ているかどうかで、同業態のチェーンの売上高順位を見て下さい。

認知性（同一業態内でのそのチェーンの売上高順位）

1位	2位	3位	4位	5位
5点	4点	3点	2点	1点

安定性は、すなわち継続性ということです。その業態の最も古い店（1号店）の営業開始からの年数を見て下さい。

安定性（1号店営業開始からの営業年数）

20年以上	15年以上	10年以上	5年以上	1年以上
5点	4点	3点	2点	1点

ノウハウ蓄積度は、直営店とＦＣ加盟店の合計店舗数で見てみましょう。

ノウハウ蓄積度（直営店+加盟店数）

100店舗以上	80店舗以上	50店舗以上	30店舗以上	20店舗以上
5点	4点	3点	2点	1点

これら４つの指標の合計が、16点以上＝優良、14点以上＝良、12点以上＝可、として、絞り込んでみましょう。

ＦＣビジネスは**ミドルリスクミドルリターン**を期待する事業ですから、「継続性のある儲かる仕組み」を持っていることが優良ＦＣ探しの条件であると考えますので、収益性以外は、ある程度の年月と店舗数を必要とする指標としています。ですから、新興ＦＣ業態はなかなか「可」には入ってこないはずです。ハイリスクでも今後の成長性に期待したいという人は、「収益性」のみで絞り込めば良いでしょう。

9-5 飲食店開業の、もう一つの手段

撤退店ゼロのマジックを見破る

ＦＣ事業を行う小売業や飲食業は、中小小売商業振興法(平成23年6月23日改正)によって「法定開示書面」を加盟店に開示する義務があります。そこでまず注目すべきは法定開示書面の開示事項について定められた第11条6項です。

法定開示書面の開示事項について定められた第11条6項(中小小売商業振興法)

六　直近三事業年度における加盟者の店舗の数の推移に関する事項

イ　各事業年度の末日における加盟者の店舗の数
ロ　各事業年度内に新規に営業を開始した加盟者の店舗の数
ハ　各事業年度内に解除された契約に係る加盟者の店舗の数
ニ　各事業年度内に更新された契約に係る加盟者の店舗の数
　　及び更新されなかった契約に係る加盟者の店舗の数

たまにＦＣ募集広告で「撤退店ゼロ」を加盟店募集のうたい文句にしているのを見かけますが、店舗自体は存続していても、「オーナーチェンジ」といって**別の加盟店主に経営が変わっていたり、直営店化されていたり**というのはよくある話です。このような「撤退店ゼロのマジック」もこの項目を精査することによって見破ることができます。契約を解除または更新されなかった加盟者があるのに「撤退店がゼロ」を謳っているということは、オーナーチェンジが行われたということです。

売上の厳しい店の経営を引き継ぐ加盟店などいるのだろうかと思うかもしれませんが、たとえば、加盟店Aは初期投資3000万円のうち2000万円を借り入れて、毎月の返済義務が60万円だったとします。しかしキャッシュフローが毎月30万円しかない場合、残念ながら返済していくことができませんが、新たな加盟店Bがこの加盟店Aの営業設備を安価(または無償)で譲り受け、借入金も無ければ、キャッシュフローは毎月30万円でも十分に経営していけます。借入金はもとの加盟店Aに残ります。このようにしてオーナーチェンジは行われます。

売上が厳しい店のキャッシュフロー

(例)売上	170万円
(ー)給料(オーナー生活費)	20万円
(ー)減価償却費	10万円
(ー)その他の経費	100万円
経営利益	40万円
(ー)法人税など(50%)	20万円
税引後利益	20万円

キャッシュフロー＝減価償却費＋税引後利益
＝10万円＋20万円＝30万円

キャッシュフロー　30万円
(ー)返済　60万円
ー30万円…返済源泉が足りない。

ＦＣオーナーチェンジの図

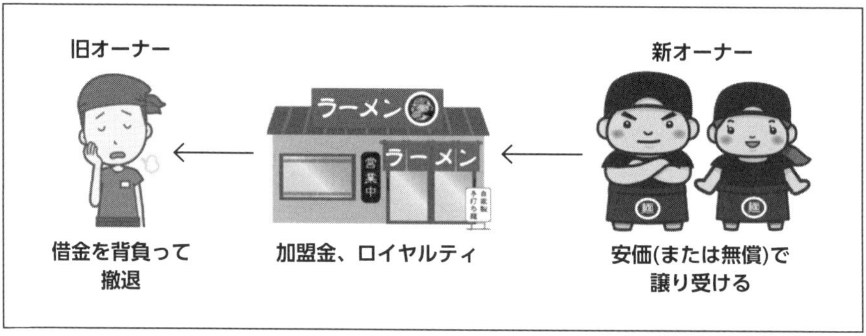

9-6 飲食店開業の、もう一つの手段

売上予測の提示の有無と精度を確認しよう！

ＦＣ事業を行う小売業や飲食業は、さらに、独占禁止法ではサービス業も含めた「フランチャイズ・システムに関する独占禁止法上の考え方について（フランチャイズ・ガイドライン）」（平成23年6月23日改正）が発表されていて、ＦＣ本部はこのガイドラインにのっとってＦＣ事業を運営しなければなりません。

ここでまず注目すべきは、**「ＦＣ本部が加盟者に売上予測を提示する場合は、合理的算定方法によるものでないといけない」**としていることです。あなたが加盟しようとしているＦＣ本部は売上予測を提示してくれるでしょうか？また、提示してくれる場合は、どのような方法で売上予測がなされ、これまでの精度はどのぐらいあるでしょうか？これから飲食店を出店するにあたって、一番気になる項目かもしれません。提示してくれない場合は、売上予測のノウハウが蓄積されていないと思って良いでしょう。納得いくまでＦＣ本部にヒアリングしましょう。

売上予測と実際の売上に著しく差異が出た場合、これまでの判例や紛争の事例では、売上予測に合理的算定方法が無く、加盟者が予測売上の60％に満たない売上しか達成できない場合、ＦＣ本部に**「ぎまん的勧誘行為」**（実際のフランチャイズ・システムの内容よりも著しく優良または有利であると誤認させ、ＦＣ加盟に勧誘する行為）があったと認定されているようです。

また、フランチャイズ・ガイドラインでは、ＦＣ本部の**「優越的地位の濫用」**についても制限がされています。これによって、加盟者は正当な理由がないのに、本部または本部の指定業者とのみ取引をさせることができなくなりました。つまり、同等商品であれば、加盟者は食材仕入れや内装工事などは自ら発見した業者とも取引可能だということです。この辺りを実際に加盟を検討しているＦＣ本部ではどのような方針・対応なのかについてもよくヒアリングして加盟を判断しましょう。

業績の悪い加盟店にこそ話を聞いてみよう！

小さなＦＣ本部では、加盟説明会や加盟希望者との個別面談時にＦＣ本部の社長自ら登場し、「良い面も悪い面もよく見てくださいね。まだウチのノウハウは十分ではない部分もあるけれど、“優秀な○○さん（加盟希望者）”と一緒に、これから一緒にチェーン店を作り上げていきましょう！ 2号店、3号店とどんどん店舗を増やしていって下さい！」などと夢のある話を熱っぽく語りかけ、脱サラ加盟希望者をすっかり舞い上がらせ、加盟を検討している人が本来持っている判断力を欠いてしまうことがよくあります。

脱サラ加盟希望者は自分がもはや成功への片道切符を手に入れたかのような錯覚に陥ってしまい、舞い上がってしまうと、できるだけ多くのＦＣ加盟店に話を聞いたほうが良いことは分かっていても、「もう加盟することに決めた！」と、ＦＣ本部にとって都合の良い、成功している加盟店のインタビューなどだけを見て、「加盟店に話を聞いたこと」にしてしまいがちです。

これは、売上不振店を見に行ったり、話を聞きに行こうとすると、ＦＣ本部から「あそこはオーナーの質に問題があるから、見に行っても仕方ないですよ…」と言われることも原因の一つです。これはＦＣ本部が売上の上がらない加盟店があることに対する言い訳をする時の常套句で、なるべく会わせたくないのです。

しかし、実際はオーナーの質が売上を左右しているわけでは無く、立地が悪かったり、業態自体がその地域での競争力がなかったりすることがほとんどで、ＦＣ本部の売上予測が大幅に外れたか、その後もＦＣ本部が売上アップのための十分な指導が出来ていないため、ただ単にＦＣ本部との仲が険悪になってしまった加盟店なのです。ですから、本来はこういう売上不振の加盟店こそ話を聞きにいかないといけないのですが、舞い上がってしまうとＦＣ本部の言うことだけを信用していまいがちです。**情報はキチンとウラをとらないと意味がありません。**

さらに、「ウチのノウハウは十分じゃない部分もあるから…」と失敗した時の予防線を張りつつ、ワザといくつかの話せる失敗例（既に閉店済みでＦＣ加盟店側から話を聞くことはできない）を話して、「何でもかんでも隠さずに話していますよ」という態度をとることによって加盟希望者を信用させようとするのもＦＣ本部のよくやるやり方ですから十分に注意して下さい。

ＦＣ加盟店にインタビューしてみよう

インタビュー項目（例）

●実際に予測どおりの売上はあるか？
●営業してみて一番大変なことは？
●アルバイトスタッフは集めやすいか？
●２店舗目は出店したいか？
●本部から適切な指導はある？

9-8 飲食店開業の、もう一つの手段

同業他店でアルバイトしてみよう！

飲食店勤務経験者であれば、そのＦＣ本部が持っているとされているノウハウが、本当に多額のお金を払う価値のあるノウハウなのかどうか、店舗視察に行くだけである程度の「目利き」ができるかもしれません。

しかし、飲食店勤務未経験者であれば、事前に加盟を検討しているフランチャイズ業態かそれに近い同業他店で アルバイトをしてみることをおすすめします。

話は少しそれますが、**飲食店の現場は、自分が想像しているより肉体的に、あるいは精神的にシンドイかもしれません。体力が要りますし、基本的には毎日地味な作業と同じことの繰り返しの世界**です。

飲食店開業後に「見る」のと「やる」のでは大違いだったと後悔する人もいます。肉体的な部分はある程度慣れてくるものですが、それまであちこちを飛び回って刺激の多い世界で働いていた営業マンなどをやっていた方にとっては、毎日同じ場所での地味な繰り返し作業というのは非常に退屈でツマラナイ仕事だと感じるかもしれませんし、ある程度の年齢の方なら高校生などの若いアルバイトスタッフとはコミュニケーションがとれないということもあるでしょう。

実際に飲食店で働くことによって、良い面も悪い面も含めた「飲食店の現実」が見えてきます。**人間関係もけっこうドロドロしていることが多いです。**

アルバイトすることによって、「フランチャイズノウハウの現実」も見えてくるかもしれません。全くの素人の人から見たら「ノウハウ」に見えても、同業界の人が見ると「こんなものをノウハウとして数百万円も取るの？」とびっくりしてしまうほどお粗末なノウハウのＦＣ本部もあるというのが実態です。

ほとんどのことが、そこでアルバイトしている間に身につけることのできるノウハウだったというＦＣ本部も珍しくありません。反則技ですが、そこでアルバイトすることができれば、お金をもらって研修を受けるようなものです。

ＦＣ加盟候補者が加盟前にそのＦＣ本部の直営店や加盟店でアルバイトすることはなかなかＦＣ本部は了承しないでしょうから、その場合はよく似た同業他店でやってみると良いでしょう。それでも尚、そのＦＣ本部が持つブランド力や商品力に魅力を感じれば、加盟を検討すれば良いのです。

フランチャイズに加盟して独立するということは、看板とマニュアル、商材だ

けは本部から貸与・供給してもらえるものの、何ら収入の保証は無いという点において、フルコミッションの営業マンに転職することに似ています。しかし、フルコミッションの営業マンになるのに大きな費用はかかりませんが、フランチャイズ加盟店になるのには多額の費用がかかります。面倒だと感じる気持ちは分かりますが、数百万円〜数千万円をドブに捨てなくても良いかもしれません。あるいは、大切な家族に迷惑をかけたり、自分の一生を棒に振ることを避けられるかもしれないのです。**飲食店で働いた経験が無いという方は、ぜひアルバイトにチャレンジされてみることをおすすめします。**

10

そして、このことも知っておきたい

上手な「閉店」のツボ

10-1　その解約予告はちょっと待った！
10-2　動産屋を活用しよう！
10-3　撤退のボーダーライン決めと実験店舗

その解約予告はちょっと待った！

売上不振、人材不足、本業集中、オーナー様の急病、高齢化など店舗を閉店される理由は様々あります。最近では、売上不振により経営が立ちいかなくなるという理由での閉店はあまりなく、だらだらと続けていても「サラリーマンをやってるほうが収入が良かったから」閉店するという方や、だんだんと体力的に厳しくなってきたので、将来的なことを考えて、別の事業を立ち上げるために飲食店を閉店するという方が非常に多くなってきています。

さてこの時に、理由はどうあれ、ほとんどの店舗では家主に解約を通知するのは6ヶ月前に通知しなければならない契約になっています。そのため、最低6ヶ月は営業を継続しなければならなかったり、すぐに閉店したとしても、まとめて6か月分の家賃を違約金として支払わなければならなくなっています。

また、店舗の明け渡し時には、看板、内装はもちろん厨房機器や家具、食器にいたるまで全て撤去し、原則スケルトン（現状に回復した状態）で明け渡さなければなりませんが、原状回復工事費用は1坪あたり10万円ぐらいの費用がかかります。

ですから、たとえば20坪の店舗で家賃が50万円で保証金が500万円預けてあったとしても、何らかのやむを得ない事情ですぐに閉店すると、カラ家賃の支払いだけで50（万円）×6（ヶ月）＝300万円かかり、原状回復工事で10（万円）×20（坪）＝200万円かかりますので、急遽閉店すると戻ってくる保証金は、解約時償却が無い場合でも、0円になってしまいます。

そうならないためには、上手に次の借主に造作譲渡しなければなりませんが、いきなり不動産業者や家主に解約予告通知を出すと、思ったように造作譲渡できないことがよくあります。なぜなら、不動産業者も家主も、**「あなたの造作がいくらで売れようが関係ない」**という現実があるからです。

最近多い閉店の理由

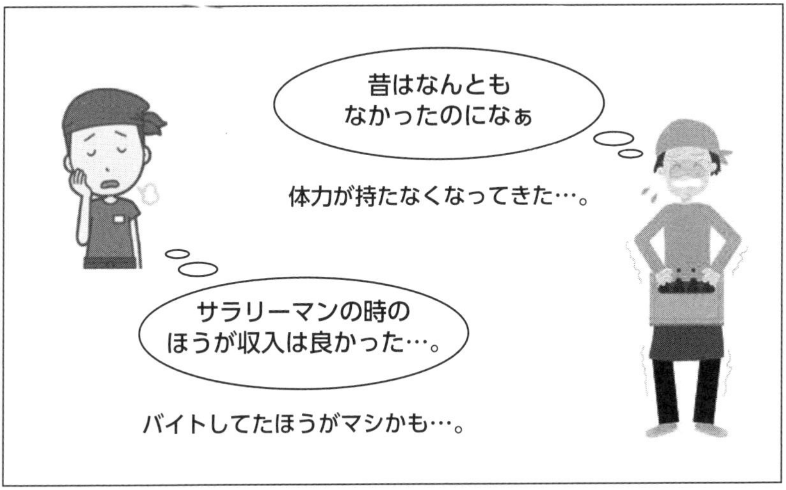

どのように閉店するかにより手残り現金に大きな差が出る！

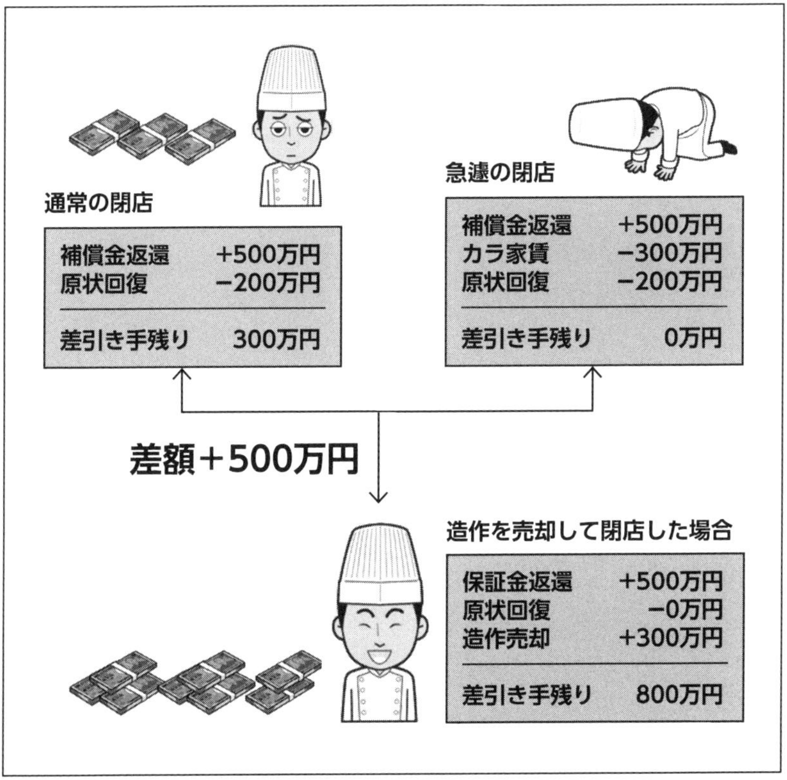

10-2 そして、このことも知っておきたい

動産屋を活用しよう！

次の借主＝造作の買主が、自分で知り合いに声をかけて見つけることができれば一番良いですが、自分で見つけられないと、不動産業者に「解約予告通知」を出して、次の借り手（造作の買い手）を見つけてもらうことになると思います。この時にきちんと認識しておかなければならないのは、大事なことなのでもう一度言いますが、不動産業者も家主も、「あなたの造作がいくらで売れようが関係ない」ということです。

不動産業者にしてみれば、なるべく手間をかけずに早く次の借主を見つけて、仲介手数料と家主からの信頼を得ることですし、家主にしてみれば、切れ目なく次のテナントから家賃収入を得ることができれば良いわけです。あなたの店舗造作を高く売却してあげようというモチベーションは全く無いといって良いでしょう。

「解約予告通知」を出したら最後、もし期限までに希望価格で買い取ってくれる借主が現れなかったら、安く叩き売るか、原状回復工事をして退去しなければならないのです。

そこで相談すべきなのが、店舗の造作売買を専門に行っている**「動産屋」**です。弊社の宣伝になり恐縮ですが、弊社のメイン業務が飲食店舗の造作売買（動産屋）です。

不動産屋が、動かすことのできないスペースそのものを扱うのに対して、動産屋は、厨房機器や家具等の動かせるモノを扱うということで、こう呼ばれています。サブリース業者との違いは、スペースそのものの貸主になって転貸しないことです。

サブリース業者も、いわば家主の立場なので、現借主の造作がいくらで売れようが関係ありません。サブリース業者は、家賃も保証金も上乗せして、次の借主を探しますので、次の借主の方は、造作の買取りに回せるお金（予算）が十分にあれば良いですが、ギリギリの資金しかない場合は、**真っ先に値下げ交渉の対象になるのが造作譲渡金**です。

動産屋に依頼した場合は、現借主は、家主に「解約予告通知」を出していない限り退去する必要は無いので、動産屋が連れてくる買主候補（借主候補）の造作買取金額に納得できなければ、そのまま営業を続けていれば良いのです。

また、この時にかかる造作売買手数料も基本的には買主が負担しますので、無料で買主候補を探してもらうことができます。もちろん、**サブリース業者ではありませんので、家賃の上乗せも保証金の上乗せもありません。**

たまに、造作売買をしたことが無い人からは「解約予告通知が6か月前に提出しなければならないとなっているので、退去や造作売買は6か月後にしかできないのでは？」という質問を受けることもありますが、基本的には次の借主が決まっていて、家賃の切れ目がないようにすれば、よほど家主とトラブルになっていて関係悪化していない限りは、家主はすぐにでも、次の借主との賃貸借契約締結に応じてくれるはずです。

動産業者の仕組み

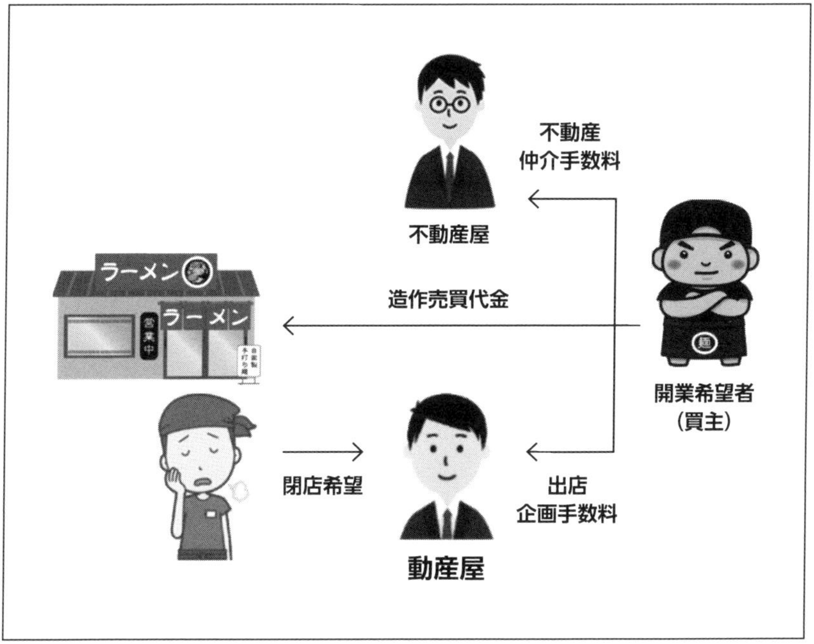

撤退のボーダーライン決めと実験店舗

最後に、動産屋の仕組みを上手く使うと、本格的な出店の前に、新しい業態の**「実験店舗」**を運営するということも可能になります。相場以下の小型の造作譲渡物件を見つけて実験店舗を開業し、新しい業態のメニューなどについてお客様の反応をみて実験店舗としての役割を終えたら、また次の借主（買主）に相場価格で売却すれば良いのです。

具体的には、物件を賃借する時に支払う「礼金＋保証金償却額＋仲介手数料＋造作価格＋造作売買手数料＋看板工事代」の合計金額が、売却時の造作価格以内であれば損失を出すことなく実験店舗を運営することが可能になります。場合によっては転売利益が出ることもあります。ですから、造作無償譲渡の物件などは

実験店舗の考え方

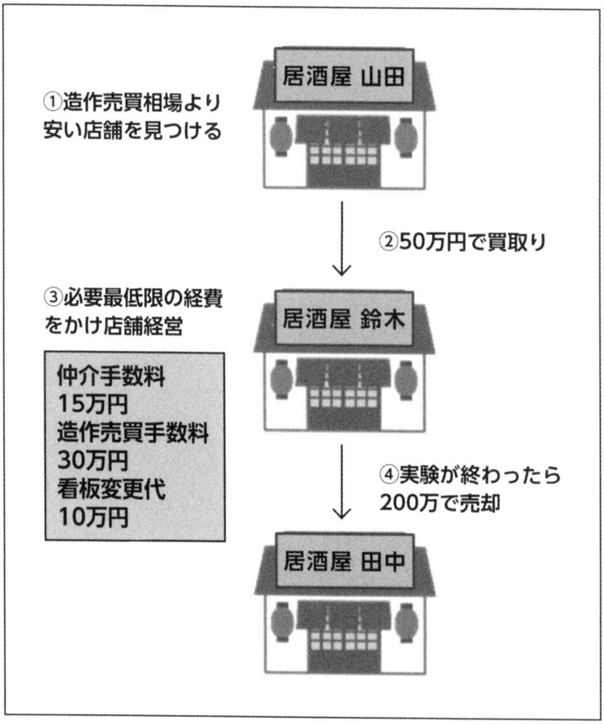

とくに狙い目です。

造作価格が著しく相場から離れている物件で、追加投資がそれほどいらなければ、限りなく経済的リスクはゼロです。そんなに都合の良い物件は無いだろう、と思うかもしれませんが、出店エリアさえ選ばなければ結構出てきます。

実は、弊社でもこの考え方で昨年、実験店舗をＯＰＥＮさせました。すでに閉店しましたが、色々な実験を行ったので非常に有意義な取り組みでした。

飲食店の1店舗目の開業というのは、業態が受け入れられるかのリスクと立地が適しているかどうかのリスクのダブルリスクの状態で開業しなければなりません。ターゲットになりそうなお客様がいる立地で実験店舗を運営し、業態リスクだけでもある程度減らすことができれば、いきなり大型店舗で大失敗するリスクは回避できます。

今の時代、リスク管理は非常に重要です。売上が思ったように上がらないからといって次々と追加投資して借金が雪だるま式に増えてしまい、最後は「バンザイ」というような事態だけは避けなければなりません。

実験店舗でもそうでなくても、**「閉店を想定して出店する」**ことを心がけましょう。ダラダラと営業を続けるのではなく、撤退のボーダーラインを決めておくのです。撤退する場合、何がだめだったかを分析して、次の出店につなげましょう。とくに、立地や物件での選択ミスは後で修正しようがないことが多いので、いさぎよく撤退しましょう。大手チェーン店ではこの「見切り」が非常に速いのですが、中小個人店ほど、あれやこれやと手をつくすのですが、結局は無駄金を使って撤退するというケースを山ほど見てきました。

体は一つしかありませんので、時間を効率よく使うことを考えなければなりません。**限りある時間の無駄が一番の無駄**です。上手に閉店することができれば、何度でも、すぐにでもやり直しは可能です。

【参考資料】
業務用食品卸売年鑑　2019年版（流通企画）
新版フランチャイズハンドブック（一般社団法人日本フランチャイズチェーン協会編・発行／商業界）
よくわかる！フランチャイズ入門（一般社団法人日本フランチャイズチェーン協会編・発行／同友館）
店舗出店戦略と売上予測のすすめ（ディー・アイ・コンサルタンツ編・発行／同友館）
これが「繁盛立地」だ！（林原安徳著・発行／同文館出版）
立地の科学（ディー・アイ・コンサルタンツ　榎本篤史、楠本貴弘著・発行／ダイヤモンド社）

あとがき

本書を最後までお読み頂きありがとうございました。いかがでしたか？ちょっと難しかったですか？本書はなるべく多くの方に、広範囲な知識を持って頂くために書かせて頂いたので、皆さん個々のケースにはそのままストレートに当てはまらないという部分もあるかと思います。喫茶店もラーメン屋も高級レストランも全て「飲食店」という一つの業種の話として語っていますので、本来は業態ごとに語らなければいけない部分も多いのですが、紙幅の都合上、どうしてもそのような部分が出てくることはご容赦頂きたいと思います。

また、本書に書かせて頂いた内容はあくまで一般的なセオリーであり、セオリー外のことをやっていても立派に繁盛している店もあります。私自身が出店のお手伝いをしたお客様のなかにも、かなり入口がセットバックしていて、かつ看板も満足に出せないような物件で開業しようとしていたお客様に「この物件での出店はあまりおすすめしませんよ」というお話をしたのですが、そのお客様の店舗が、開業後すぐに行列の出来る店舗になり、今では完全予約制で予約すら簡単に取れない店舗になったという店舗もありますので、あくまでも一般的なセオリーはこうですよ、というお話としてご理解頂ければと思います。いわゆる「逆張り」の経営でうまくいくこともあります。

話は変わりますが、飲食店にも最近ようやく働き方改革の波が訪れてきました。若年者の労働人口が減少し、ますます深刻な人手不足になることが予測されていますが、これはこれまでデフレ下で行われてきた、低価格競争をしながら人件費抑制によって飲食店を運営していく手法は、ますます個人や中小規模の飲食店はもちろん、大手チェーン店でもできなくなるということです。

私が本書を書いている東京・池袋の事務所周辺では、ファストフード店は8割以上が外国人スタッフで、深夜の時間帯ではほぼ100％が外国人スタッフという状況です。このような状況になったのは、外食のお店で働くということ＝ブラック企業で働くというイメージが出来上がったからだと思います。

これまでは、飲食店の労働環境は1日10時間ぐらいは当たり前、ひどいところでは1日12時間労働、13時間労働も珍しくない状況でした。大手企業から徐々に働き方改革として、時短労働が推進されていますが、多くの飲食店の従業員は疲弊しきっています。薄利多売の飲食店は限界がきているということです。私は、これをある意味チャンスととらえて、本書の中で紹介した「ちょっと上」業態を開発することによって十分な粗利益を確保し、従業員にそれを還元していくことができれば労働環境も改善され、人手不足解消にもつながっていくのではないかと思っています。

飲食店の経営は大変なことも多いですが楽しいものです。ぜひ1人でも多くの方が、本書をお読みになって10年、20年と続く繁盛飲食店を経営するきっかけになれば幸いです。

最後に、本書の執筆の機会を頂き、出版までのご尽力を頂きました株式会社旭屋出版の編集部の皆様には心から御礼申し上げます。

2020年1月　筆者

著者

森 和也 Kazuya Mori

1975年生まれ、富山県出身。1998年立命館大学経営学部卒業。
大学卒業後、株式会社ベンチャーリンク、株式会社ウィンテグレータ（現ユニバーサルフード株式会社）等での勤務を経て、2001年有限会社店舗開発サービスを設立。大手外食チェーン店のコンサルティングを行いながら、フランチャイズに加盟して焼き鳥居酒屋経営も行う。その後、一旦会社を解散し、サンマルクホールディングスグループの株式会社バケットにて代表取締役、地方の外食企業での常務執行役員を歴任後、2013年株式会社リバイブを設立。個人や中小法人の居抜き物件出店コンサルティングを行いながら、イタリアンレストラン、ワインバー等の経営も行う。現在は持病の腰痛の様子を見ながら、居抜き物件での開業コンサルティングに専念中。
http://www.revive-jp.com/

これからの
飲食店開業成功のツボ

発行日　2020年1月31日　初版発行

著　者　森（もり）　和也（かずや）
発行人　早嶋　茂
発行所　株式会社旭屋出版
〒160-0005
東京都新宿区愛住町23-2 ベルックス新宿ビルII 6階
電話　03-5369-6423（販売）
03-5369-6424（編集）
FAX　03-5369-6431（販売）
旭屋出版ホームページ　http://www.asahiya-jp.com

郵便振替　00150-1-19572

●編集　井上久尚
●デザイン　冨川幸雄（スタジオフリーウエイ）

印刷・製本　株式会社シナノ

ISBN978-4-7511-1405-6　C2034
